2015 年广东省精品教材项目

数据新闻：
操作与实践

THE PRACTICE OF
DATA JOURNALISM

毛良斌◎主编　汤子帅◎副主编

ZHEJIANG UNIVERSITY PRESS
浙江大学出版社

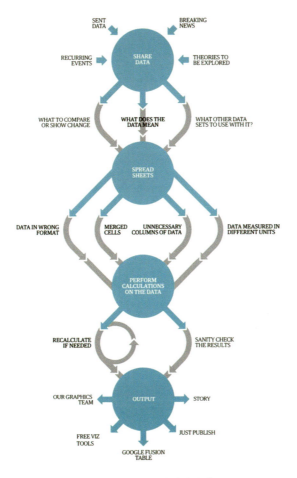

图2.1　《卫报》数据博客的制作过程

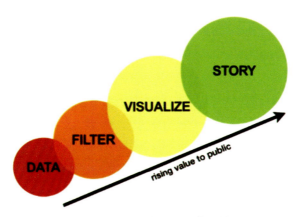

图2.2　数据驱动新闻的生产过程

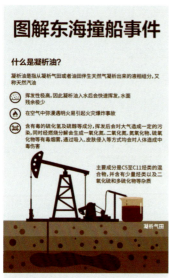

图3.1 财新数字说《图解东海撞船事件》报道

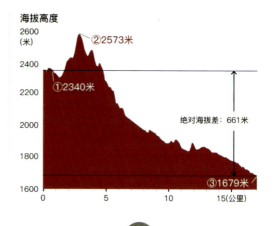

注：②号路段海拔最高，为2573米，但由于是隧道，Google earth测绘时可能取的是此处山的海拔，较公路实际海拔高

数据来源：Google Earth

图3.2 财新数字说《兰州高速甘肃段17公里夺命下坡路是怎样的一段路？》报道

图3.3 《场馆们的后奥运时代》报道封面

图3.4 财新数字说《场馆们的后奥运时代》报道

2

图3.5 财新数字说《场馆们的后奥运时代》报道

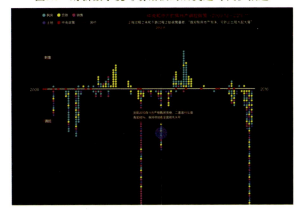

图3.6 财新数字说《年终策划：2016年的楼市》报道

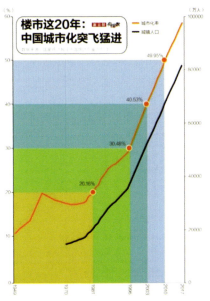

图9.1 新京报有理数《房贷AB面：市场连踩22个月刹车 增速仍高于整体贷款》报道

3

图9.3 多家共享单车陷入困境

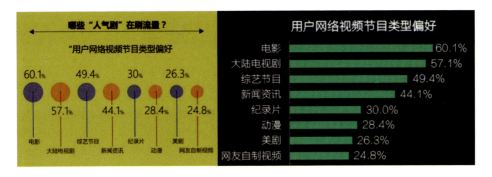

图9.4 对于用户网络视频节目类型偏好的不同数据可视化方案

图9.5 《华尔街日报》互补色配色方案

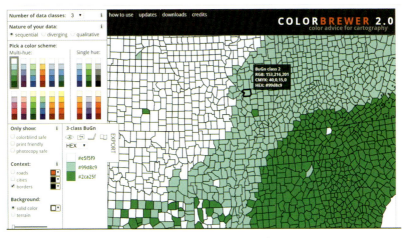

图9.6 COLORBREWER 2.0操作页面

5

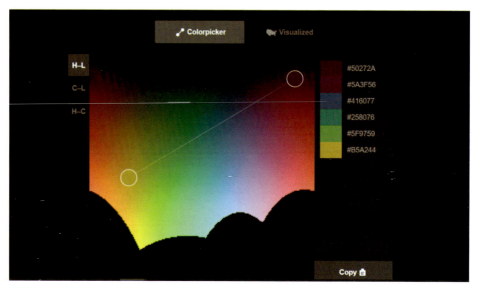

图9.7　Colorpicker for data操作页面

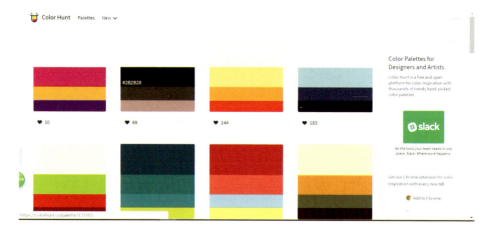

图9.8　Color Hunt页面

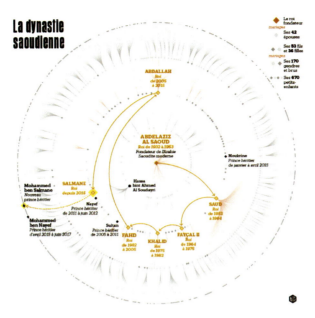

图9.9　Rawgraphs运用实例之沙特王朝

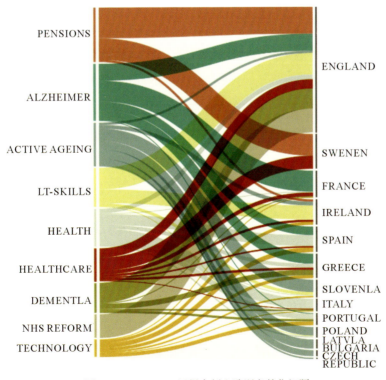

图9.10　Rawgraphs运用实例之欧洲老龄化问题

图9.11　D3.js网站

Data summary

Deaths and wounded Click heading to sort						
YEAR	Coalition forces	Iraqi forces	Civilians	Enemy	TOTAL DEATHS	TOTAL WOUNDED, all categories
2004	747	1,031	2,781	5,995	**10,554**	18,567
2005	856	2,256	5,746	3,594	**12,452**	24,850
2006	821	4,370	25,178	4,657	**35,026**	41,164
2007	919	4,718	23,333	6,793	**35,763**	55,804
2008	282	1,948	6,362	2,635	**11,227**	23,632
2009	146	873	2,681	310	**4,010**	12,365
TOTAL	**3,771**	**15,196**	**66,081**	**23,984**	**109,032**	**176,382**

图10.1　《伊拉克战争的伤亡规模》报道中公布的数据集

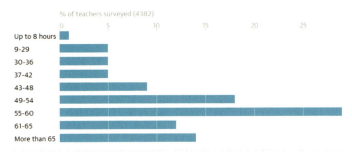

图10.2　教师工作小时数分布

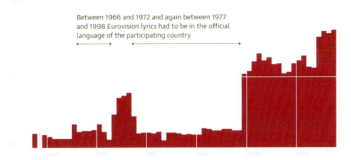

图10.3　英语在欧洲电视网歌唱大赛中的地位变化趋势

图10.4　数据图表

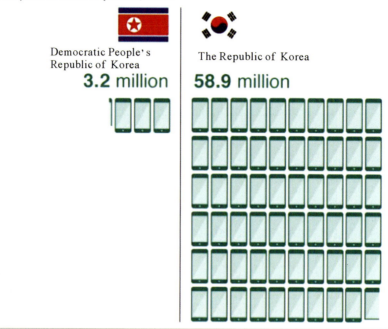

图10.5　形象化图表

图10.6　"The word at seven billion"交互网页

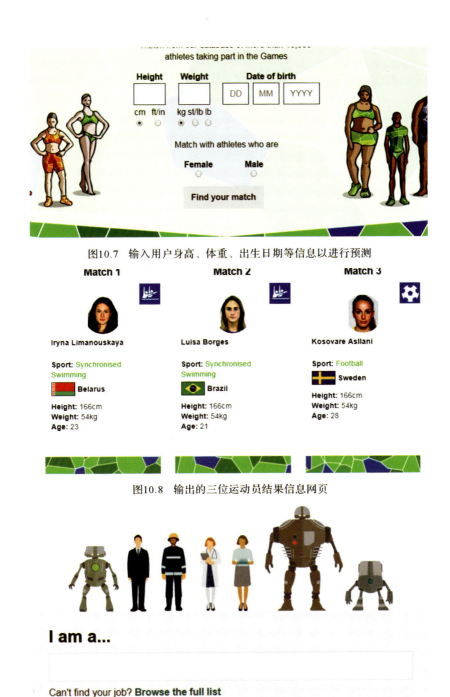

图10.7 输入用户身高、体重、出生日期等信息以进行预测

Match 1

Iryna Limanouskaya

Sport: Synchronised Swimming

Belarus

Height: 166cm
Weight: 54kg
Age: 23

Match 2

Luisa Borges

Sport: Synchronised Swimming

Brazil

Height: 166cm
Weight: 54kg
Age: 21

Match 3

Kosovare Asllani

Sport: Football

Sweden

Height: 166cm
Weight: 54kg
Age: 28

图10.8 输出的三位运动员结果信息网页

I am a...

Can't find your job? **Browse the full list**

Find out my automation risk ›

图10.9 《机器人会抢了你的饭碗吗?》报道网页截图

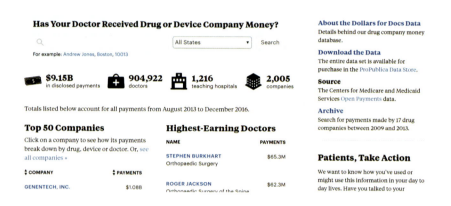

Dollars for Docs

By Mike Tigas, Ryann Grochowski Jones, Charles Ornstein, and Lena Groeger, ProPublica. Updated June 28, 2018

Pharmaceutical and medical device companies are required by law to release details of their payments to a variety of doctors and U.S. teaching hospitals for promotional talks, research and consulting, among other categories. Use this tool to search for general payments (excluding research and ownership interests) made from August 2013 to December 2016. | Related Story: Opioid Makers, Blamed for Overdose Epidemic, Cut Back on Marketing Payments to Doctors →

Has Your Doctor Received Drug or Device Company Money?

For example: Andrew Jones, Boston, 10013

All States   Search

$9.15B in disclosed payments   **904,922** doctors   **1,216** teaching hospitals   **2,005** companies

Totals listed below account for all payments from August 2013 to December 2016.

Top 50 Companies

Click on a company to see how its payments break down by drug, device or doctor. Or, see all companies »

COMPANY	PAYMENTS
GENENTECH, INC.	$1.08B

Highest-Earning Doctors

NAME	PAYMENTS
STEPHEN BURKHART Orthopaedic Surgery	$65.3M
ROGER JACKSON Orthopaedic Surgery of the Spine	$62.3M

About the Dollars for Docs Data
Details behind our drug company money database.

Download the Data
The entire data set is available for purchase in the ProPublica Data Store.

Source
The Centers for Medicare and Medicaid Services Open Payments data.

Archive
Search for payments made by 17 drug companies between 2009 and 2013.

Patients, Take Action
We want to know how you've used or might use this information in your day to day lives. Have you talked to your

图10.11　ProPublica《给医生的美元》报道页面

The Opportunity Gap
Is Your State Providing Equal Access to Education?

By Jennifer LaFleur, Al Shaw, Sharona Coutts and Jeff Larson, ProPublica, Updated January 24, 2013

This database includes all public schools in districts with more than 3,000 students from the 2009-2010 school year -- about three-quarters of all such students in the country. Use it to find out how well your state provides poor and wealthier schools equal access to advanced classes that researchers say will help them later in life. | Our latest data also includes AP pass rates and sports participation | Related: About the Data and Our Analysis ».

How States Compare   RESET

...at providing students these programs across all income levels...   WORSE   BETTER   ...at enrolling and passing students in Advanced Placement classes...

SPORTS
AP (PASSING)
AP CLASSES
GIFTED/TALENTED
ADVANCED MATH   AP PASS RATE
PHYSICS   AP ENROLLMENT
CHEMISTRY

Ala.
Alaska
Ariz.
Ark.
Calif.
Colo.
Conn.
D.C.
Del.
Fla.
Ga.

Find a School

Your Address, ZIP, or school name   Submit

For example: 1605 E. 55th St. Chicago, IL or 77054 or Stuyvesant High

ProPublica intern Sergio Hernandez contributed research to this project.

Source: *U.S. Department of Education Office for Civil Rights*

图10.12　ProPublica《机遇鸿沟》报道页面

图10.13　ProPublica《因生育去世的母亲》报道页面

图10.14　ProPublica "数据商店" 网页展示

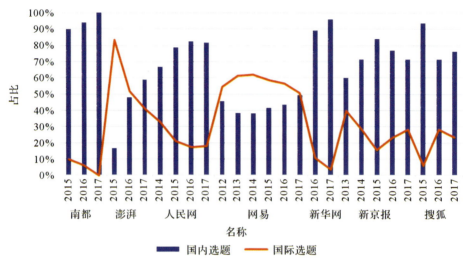

图11.1　样本各数据新闻栏目历年作品选题范围分布

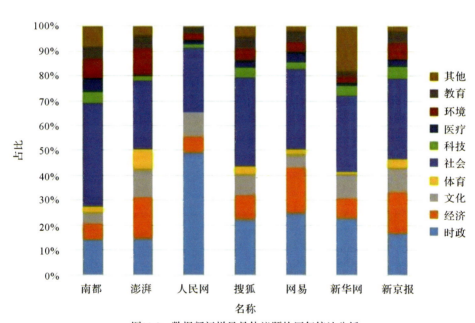

图11.2　数据新闻栏目具体议题的历年统计分析

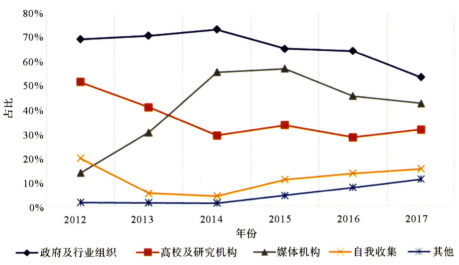

图11.3　数据新闻作品数据来源历年统计分布

图11.4　数据新闻作品可视化类型历年统计分布

图11.5 交互式数据新闻产品——《征程》

图11.6 数据新闻中深度报道作品历年统计分布

前　言

　　大数据技术的发展,政府数据开放运动的日益深入,为数据新闻的发展提供了有利条件。数据新闻利用大数据技术采集数据,从政府开放数据中为公众解读更多有价值的信息,在满足公众信息需求方面具有独特的价值。

　　近几年,国内外数据新闻实践发展迅速,国内很多媒体纷纷开设数据新闻专栏,并组建专业团队负责生产数据新闻作品。数据新闻的发展,对传统新闻教育也提出更大的挑战。新闻学院培养的学生需要适应大数据发展的技术背景,他们不仅应当具备扎实的新闻采写基本功,还需要有较高的数据素养,并在计算机编程、网络技术、数据获取、数据分析以及数据可视化等方面具备一定的专业知识。

　　目前,国内很多新闻学院都已经开设数据新闻课程,而且近几年国内也陆续有相关的数据新闻教材推出。根据本人近几年数据新闻教学的体会,目前国内的数据新闻教材中,理论性和案例介绍性的居多,比较缺少偏实务性操作内容的教材,对于入门学生来讲,非常需要一本偏实务操作内容的数据新闻教材,这正是我编写本教材的主要原因。

　　本教材结构内容的安排基本遵循数据新闻制作的流程:第一、二章主要介绍数据新闻的基本概念以及整个制作流程,这是对数据新闻整体性的情况介绍;第三章主要介绍数据新闻的选题与策划,这是数据新闻作品制作的第一步;第四、五章主要介绍数据获取和数据清洗,这是进行数据分析之前的准备工作;第六、七、八章主要介绍数据分析的方法,本部分介绍了数据描述、数据推论以及计数数据的一些基本统计方法,数据新闻作品的价值主要来源于可以从现有数据中分析得到的有价值的信息;第九章主要介绍数据可视化的原则和工具,这是将数据分析结果转化为可视化信息传播的重要步骤;第十、十一章主要介绍国内外数据新闻实践的现状,国外数据新闻实践主要介绍《纽约时报》、《卫报》、BBC 和ProPublica 四家媒体的数据新闻实践,这四家媒体的数据新闻各有特色,代表当前全球数据新闻实践的顶尖水平,国内数据新闻主要选择了七家有代表性的媒体的数据新闻实践进行分析,分析当前国内数据新闻实践的特征、存在的问题,并对未来发展提出建议。

教材的编写并非由一人之力可以完成,教材编写团队成员包括两位在国内主要媒体任职的数据新闻记者,一位是任职于《新京报》数据新闻专栏的汤子帅,另一位是任职于财新数据可视化实验室的丁苗,他们都是汕头大学长江新闻与传播学院毕业的研究生,并在数据新闻业务方面表现得非常出色。教材各章的分工如下:第一章(汤子帅)、第二章(汤子帅)、第三章(丁苗,汤子帅)、第四章(毛良斌)、第五章(毛良斌)、第六章(毛良斌)、第七章(毛良斌)、第八章(毛良斌)、第九章(汤子帅)、第十章(毛良斌)、第十一章(毛良斌)。毛良斌负责教材的统稿。

　　本教材有两个重要特色:一是教材内容偏操作性,且适当兼顾对数据新闻实践的理论阐述;另一个是引入大量的数据新闻实践作品作为操作性内容的案例说明,教材编写团队中两位从事数据新闻一线记者工作的成员为教材编写提供了大量鲜活的实践案例。

　　当前数据新闻实践发展迅速,教材中介绍的一些技术和工具可能在编写时还算比较新,但到了出版的时候,可能已经有更新的技术和工具出现。限于编者的水平,教材内容对数据新闻实务操作各个具体环节的论述也难免存在欠妥之处,需要广大读者给予谅解,期待从事相关工作的媒体从业者以及从事数据新闻教学的学界同行对本教材提出批评和进行指正。

毛良斌

2018 年 12 月

目　　录

第一章　数据新闻导论

　　"数据新闻"是新闻传播领域一个新兴的事物,如今我们对于"数据新闻"的认识起源于近十年新闻媒体实践的发展,互联网技术发展带来了大量数据、处理大体量数据的技术和工具,加上政府推动"数据开放",让人们有机会发现数据的价值,因此产生了诸多有影响力的数据新闻报道。但时至今日,对于数据新闻概念的认知依然模糊,各学者从不同角度给出了定义。虽然"数据新闻"是近年提出的概念,但新闻报道中使用数据的历史已经很长,由此产生的诸如精确新闻报道、计算机辅助报道、数据可视化等概念,都与数据新闻有着千丝万缕的联系,但又各有不同,需要学习者理清认知。

　　数据新闻的发展与媒体的实践分不开,特别是国外知名媒体《纽约时报》《卫报》等在这方面的尝试,推动了数据新闻在全球新闻传播中的流行。国内一些媒体,例如网易"数读"、财新"数字说"、搜狐"数字之道"等也在这方面进行尝试并取得一定成绩。但中外因为起步时间以及发展环境的不同也存在一些差异,国内媒体在专业上还需进一步规范。

　　在弄清楚什么是数据新闻以后,我们将进入对全新的新闻报道生产流程的学习之中,在此之前我们还需要知道如何规范使用数据、确保数据的科学准确,以及维护他人的权益。

第一节　什么是数据新闻

　　数据新闻并不是一个新事物,在很早以前的新闻媒体中就有过这种报道方式。可考证的最早的数据新闻报道是1821年5月5日出版的《卫报》创刊号上刊印的一个数字表格,上面罗列了曼彻斯特和索尔福德地区每所学校的学生人数和年均学费,首次告诉人们接受免费教育的学生人数和本地区贫困儿童的数量(见图1-1)。这篇最原始的数据新闻报道通过表格让信息一目了然,借由数据去构建一个公平正义的教育体系。①

虽然《卫报》在1821年就有这样的报道实践，但那时人们并没有真正认识到数据新闻的力量。数据新闻真正进入媒体报道领域始于近年来的新闻实践，特别

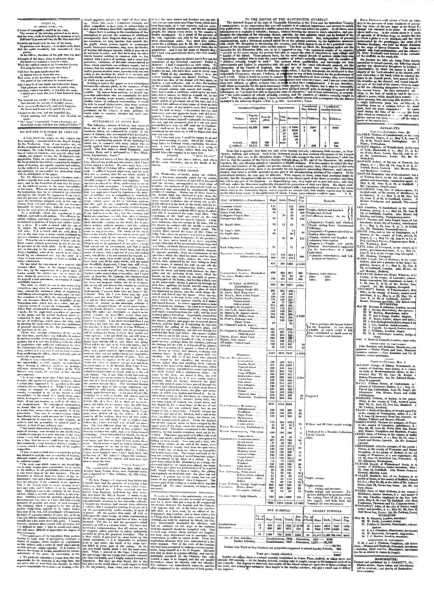

图 1-1　1821 年曼彻斯特和索尔福德地区学校的统计（影印版）

---

①　资料来源：https://www.theguardian.com/news/datablog/2011/sep/26/data-journalism-guardian。

是《卫报》和《纽约时报》等媒体处理维基解密所公布的大量数据的方式。《华盛顿邮报》软件开发人员兼 EveryBlock 网站创建人阿德里安·霍洛瓦蒂(Adrian Holovaty)在 2006 年的一次题为 *How newspaper websites needed to change* 的演讲中率先提出这一概念,指出媒体机构应该如何处理数据。受到阿德里安·霍洛瓦蒂的启发,比尔·阿代尔(Bill Adair)和马特·韦特(Matt Waite)在 2007 年创办了事实核查网站 PolitiFact,随后该网站获得了 2009 年普利策奖。①

数据新闻在世界范围内获得迅猛发展始于 2010 年蒂姆·伯纳斯-李(Tim Berners-Lee)声称"分析数据将成为未来新闻的特征",同时伴随着一些相关的讨论以及政府开放数据运动的发展。2010 年 8 月在荷兰阿姆斯特丹举办了第一届国际数据新闻会议(Data-driven Journalism Amsterdam Round-table),该会议由欧洲新闻中心(European Journalism Centre)和荷兰阿姆斯特丹大学(The University of Amsterdam)主办。2011 年由欧洲新闻中心和开放知识基金会(Open Knowledge Foundation)倡导,在伦敦 Mozilla 大会上的 48 小时工作坊中初步形成了全球第一本专门探讨数据新闻的著作,而后经过几十位媒体一线的数据新闻倡导者在线编写完成。② 该书展示了诸多国际知名媒体数据新闻的实践案例,并试图回答数据新闻是什么、为什么会产生以及怎样去做的问题。数据新闻渐渐进入媒体讨论的主流范围,但是关于数据新闻的概念,至今仍无定论。

对于数据新闻概念的讨论,不同学者从不同角度进行了论述。Lorenz 在 2010 年的国际数据新闻会议上,从数据新闻生产与传统新闻的差异出发,提出数据新闻是一种工作流程,包括以下基本的步骤:通过反复抓取、筛选和重组来深度挖掘数据,聚焦专门信息以过滤数据,可视化地呈现数据并合成新闻故事。数据新闻可被视为一个不断提炼信息的过程,在这一过程中,原始数据转换成有意义的信息。只有把复杂的事实组织成条理清晰、易于理解和记忆的故事,公众才能获取更多益处。③ 数据新闻改变了传统新闻工作的方式,它围绕数据深入展开工作,通过各种技术手段从数据中发掘新闻价值。

有人从数据新闻与传统新闻形态差异的角度进行定义。中国传媒大学的沈浩、罗晨认为数据新闻即信息社会中一种新型新闻形态,立足于对新近发生的事件予以数据支持,或者从大量数据中提取出可供报道的事实性信息。在制作过程中必须依靠互联网技术采集、处理和分析数据,最后通过可视化的表达形式制

---

① 资料来源:http: // towcenter. org/wp-content/uploads/2014/05/Tow-Center-Data-Driven-Journalism. pdf。

② 资料来源:http: // datajournalismhandbook. org/。

③ 资料来源:http: // www. africafoicentre. org/index. php/reports-publications/18-data-journalism/file。

作发布新闻,数据新闻力求在传统新闻要素基础上结合海量数据,提供更有公信力的新闻叙事。[①]

对于数据新闻的定义,还有很多国内外学者给出了不同论述,基本上还是从新闻实务的角度,论述数据新闻在生产流程、呈现方式或业内前景方面与传统新闻的差异,比较给出定义。结合众多定义,本书认为要理解什么是"数据新闻",重点是要把握数据新闻是一种新闻生产方式,这种生产方式的核心是数据处理。数据新闻(data journalism)又称数据驱动新闻(data-driven journalism),顾名思义,数据在新闻报道中是驱动因素,生产活动围绕数据展开,对数据的处理包括抓取、清洗、理解分析以及呈现。而伴随着人类社会发展,新闻报道中遇到的数据十分庞大,为方便受众接受信息,我们还需要合理运用一些计算机数据处理、数据可视化技术与工具。

数据新闻的核心是数据处理,这里必须强调的是数据(data)不等同于人们熟知的数字(number),如果将 data 等同于 number,就会大大缩小数据新闻的可用范围。在中国台湾地区,"data journalism"被翻译成"资料新闻学",因为在互联网技术发展的今天,现实生活中的所有事物都可以被量化,通过技术手段对其进行统计分析。所以数据新闻的适用范围很大,不只是出现数字才能使用数据新闻的报道方式。

数据处理过程包括数据获取、整理、分析以及呈现等。如果只是呈现数据,而缺乏根据报道目的对数据进行必要的处理,没有去挖掘数字背后存在的意义,就不能称之为数据新闻。数据新闻最终的表现形态有很多种,像传统新闻一样纯文字的报道,只要其核心是对数据处理分析得出有新闻价值的信息,也算是数据新闻;目前更成熟形态的数据新闻是用少量的数字元素和更多可视化元素去讲述一个新闻故事,在这种形态中文字不再是主要的叙事手段,而需要用多种可视化元素来架构故事。

第二节　几个与数据新闻相关的概念

数据新闻虽然是新闻传播领域一个新兴的概念,但新闻报道中的数据运用由来已久,因此也产生了一些相关的概念,这些概念因为对象都涉及"数据"而产生一些关联,了解其间的关系,有助于我们加深对数据新闻概念的理解。"数据"真正成为新闻报道中的"主角"始于精确新闻和计算机辅助报道。

---

① 沈浩,罗晨.数据新闻:现代性视角下的历史图景[J].新闻大学,2016(2):1-5.

一、数据新闻与计算机辅助报道

被视为现代计算技术奠基者的霍尔瑞斯在 1880 年发明了穿孔卡片,以适应人口数据采集的需要,随后霍尔瑞斯发明了一台制表机,可以一次读取 40 张卡片的数据,设计的巧妙在于其自动统计。此制表机开启了数据的自动化处理时代,也正是这种数据处理的方法,构成了电脑"软件"的雏形。[1] 1936 年美国的霍华德·艾肯(Howard Aiken)提出用机电方法而不是纯机械方法来实现分析机,数据处理迎来再一次飞跃。与此同时,美国军方为处理武器参数计算问题,发明了一台被称为 Atanasoff-Berry Computer(简称 ABC 计算机)的机器,它使用电容器来进行数值存储,被誉为第一台现代计算机。从此,人类开始使用计算机技术处理算术问题。[2]

计算机技术被引用到新闻报道中与美国当时民意调研的发展关系密切。20 世纪 30 年代民众对政治选举民调的关注,推动媒体运用计算机主机生成、处理数据,这有力地促进了媒体人员对计算机技术的了解和运用。民调的发展极大地推动了计算机技术在新闻报道中的运用,但由于民调所涉及的工作耗资巨大,且需要专业统计人员,在媒体中常态运作的可能性不大。后来在商业市场推动下,发展出了商业调查、市场咨询与调研等方向,媒体中的民调也演变成可营利的独立的媒介调研部门。

20 世纪 50 年代计算机技术最先被应用在大型的政府数据库的信息处理上,少数大型媒体的记者根据政府机构提供的计算机磁带来制作调查性报道。计算机辅助报道的出现,与 20 世纪 90 年代互联网的发展和普及关系更大。伴随着个人计算机的普及,个人可以担当起分析数据的烦琐任务,互联网的接入,让各种数据库上的信息可访问,综合诸多因素,计算机辅助报道变得真正切实可行。计算机技术极大地扩大了记者的新闻信息来源,提升了记者获取、挖掘、分析和传播信息的能力。至此计算机辅助报道在技术和形式上都得到了极大的丰富,Paul 将其内容概括为"4Rs":rendezvous(线上交流)、research(辅助调查)、reference(辅助参考)和 reporting(辅助报道)。[3]

计算机辅助报道更多侧重的是一种工具性,它偏向于是一种报道新闻的工具。而在当今技术条件下,计算机在新闻媒体工作的辅助作用涉及面十分广泛,例如写稿、排版、图形视频编辑、在线采访、数据统计分析等等,对于计算机辅助

---

[1] http://www.tcij.org/sites/default/files/u4/Data%20Journalism%20Book.pdf.

[2] 苏宏元、陈娟. 从计算到数据新闻:计算机辅助报道的起源、发展、现状[J]. 新闻与传播研究,2014(10):78-92.

[3] Paul N. Computer Assisted Research: A Guide to Tapping Online Information[M]. 3rd ed. Petersburg, Florida: The Poynter Institute,1996.

报道的概念,梅耶指出:"任何采用计算机技术获得信息和分析信息的报道,都可称为计算机辅助报道。"①这个定义也是较为宽泛的,为了便于与数据新闻比较,在此将其限定为利用计算机对新闻信息源进行数据处理、分析,以便完成新闻报道的过程。

二、数据新闻与精确新闻报道

20 世纪 30 年代解释性报道在美国兴起,解释性报道注重挖掘和运用背景材料对新闻故事进行叙述,但这也不可避免地将主观因素带入到报道中,对客观性原则形成冲击。到了 60 年代,新新闻主义和调查性报道两种形式出现:新新闻主义以文学创作手法渲染新闻故事,彻底抛弃了客观性原则;调查性报道则侧重揭露社会阴暗面,通过收集大量证据,最大限度还原现实,这无形中促进了新闻报道对于数据和证据双重要求的提高。②

正是在这样的背景下,精确新闻(precision journalism)应运而生。1967 年底特律市发生严重的黑人骚乱,时任奈特-里德报业集团(Knight-Ridder)国内通讯员的菲利普·梅耶(Philip Meyer)与另外两位社会学家采用随机抽样的方法,对当地的 437 位黑人进行了一次访问调查。在对调查数据进行分析后,梅耶在《底特律自由报》上发表了题为《十二街那边的人们》的报道,并将这种报道方式称为精确新闻学。梅耶关于底特律的黑人骚乱系列报道为《底特律自由报》获得了 1968 年的普利策奖,也使得精确新闻报道进入新闻传播领域,成为美国乃至世界新闻传播普遍重视的一种新闻报道方式。

1973 年梅耶出版了《精确新闻学——一个记者关于社会科学方法的介绍》(*Precision Journalism: A reporter's Introduction to Social Science Methods*)一书。梅耶在书中将精确新闻定义为"将社会科学和行为科学的研究方法应用于新闻实践的报道",这些方法包括抽样调查、内容分析、实验法、观察法、电话调查 CATI 等等,并对调查得到的数据进行分析处理,从中挖掘意义,进行报道。精确新闻让新闻在经历了解释性报道和新新闻主义的冲击以后,重新回归对客观性的追求。

综上,计算机辅助报道涉及的内容最为广泛,不管是 20 世纪 70 年代出现的精确新闻,还是近年新生的数据新闻,都需要计算机辅助来完成工作。数据记者、德国之声电视台的米尔科·劳伦兹认为,计算机辅助报道主要是一种工具,而不是从根本上改变新闻生产流程的方法。但这并不影响它的价值,利用计算

---

① Bowers T A. "Precision Journalism" in North Carolina in the 1800s[J]. Journalism & Mass Communication Quarterly, 1976, 53(4): 738-740.

② 喻国明. 从精确新闻到大数据新闻——关于大数据新闻的前世今生[J]. 青年记者, 2014(36): 43-44.

机在大型数据库中搜索仍然是进行调查性报道需要掌握的一项重要技能。计算机辅助报道是最早出现的概念,20世纪50年代开始被运用在新闻报道中,90年代伴随技术提升得到普遍运用;精确新闻概念出现在20世纪六七十年代,并成为新闻媒体普遍重视的一种报道方式;而数据新闻概念在2006年初次得到实践,到了2014年左右,各大媒体开始重视并推进它的实践发展。三者在新闻报道方面都涉及数据的处理,因此存在一定的延续关系,但没有谁取代谁的关系。

精确新闻与数据新闻都是以计算机辅助报道为工具,都是各时代出现的一种新兴报道方式,而且两者都涉及对数据进行处理,从中挖掘意义进行报道。但精确新闻并不等同于数据新闻。精确新闻是20世纪70年代美国经历新新闻主义对客观性的冲击,媒体人寻找系统、科学的报道方法来重塑新闻客观性的背景下产生的;而数据新闻则是在数据处理技术提升、数据资源极大丰富,人们开始关注数据价值的背景下应运而生的。精确新闻以追求新闻的客观性,维护公共利益为目的;数据新闻则在于挖掘丰富数据背后的意义,满足用户需求。

除此之外,精确新闻和数据新闻在技术要求、呈现方式和用户对待方面都存在诸多差异。精确新闻实践除了涉及数据统计分析的技能,还要求实践者掌握社会科学研究方法,知道如何抽样、如何调查访谈、如何进行实验观察等等,以确保新闻的科学、客观;而数据新闻涉及的技术包括对数据的获取、清洗、分析以及可视化呈现、社交传播等,要求通过多种渠道获取数据,结构化数据,对数据素养的要求更高。精确新闻通过社会科学方法获取数据,并通过统计分析挖掘其中的意义,但主要还是通过文字报道或数据报告这样的形式进行发布;而数据新闻的呈现形态多样,除了文字形式报道,目前成熟且常见的形态是通过数字和视觉元素组合,实现可视化新闻故事叙述。在对待用户方面,精确新闻一开始就是从媒体自身追求客观性的角度出发;而数据新闻不仅通过可视化方式吸引用户,还通过交互设计以及"众包"等其他方式扩大用户参与程度,满足不同受众群体的需求。

三、数据新闻与大数据

大数据是近年来十分火爆的一个事物,大数据的炒热,也推动了数据新闻的发展,但大数据和数据新闻是两个完全不同的概念,大数据新闻不等同于数据新闻。数据新闻报道中只有一部分报道与大数据有关,而大部分还是"小数据新闻"。这里所谓的小数据新闻是指我们使用传统方法,例如抽样、调查、实验等方法收集到的样本数据,并依此进行处理生产出来的新闻;而大数据新闻则是指收集来的数据体量十分巨大,数据对象涉及全体。

对于大数据很多人的认识还很模糊,只知道它的体量很大,而实际上大数据除了体量大以外,还有其他诸多特点。目前公认的大数据特点有"4V"。

(1)volume。volume 是指数据体量巨大,随着互联网的发展,以及计算机技术、传感器技术等的发展,人类每天产生的数据不计其数,其规模已经不是用 G、T 这样的数据量单位就能够统计的,它是以 PB、EB,甚至 ZB 为单位进行计量,而每一个单位所代表的大小是前一个单位的 1024 倍,也即 1PB＝1024TB,以此类推。而处理多大数据量的新闻为大数据新闻呢？目前业界尚无定论,但至少是 TB 级别的数据量。

(2)variety。通过传统方式收集到的数据多是数字或文本数据,大数据收集到的数据类型多样,来源多样,其包括网络踪迹记录、空间位置信息、传感器传输的数据,甚至个人社交平台动态等,数据不限于文本,也可能是视频、图片、音频等。

(3)velocity。对于 velocity 的理解,有人认为是数据的运转和增长速度十分快速,也有人认为是处理数据的速度十分迅速。而这都是传统数据处理所不可及的。

(4)value。对于 value,有人认为是大数据因为体量巨大,无所不记,所以存在大量的"熵",价值密度低;但也有人认为 value 是指大数据是全体数据,包括空间和时间维度上的全部数据,可以运用于数据分析和预测,商业价值高。

在数据新闻实践中我们会发现,大多数数据新闻处理的数据并不能称为大数据,数据来源仍然是使用传统的统计方法收集数据,数据体量小、类型单一,因此只能称为小数据新闻。但也有一些成功的大数据新闻报道,例如央视联合百度公司做的"据说"系列报道,就是使用大数据技术分析全国民众春节迁徙的趋势。由于大数据目前大多掌握在互联网巨头公司手上,且处理大数据对技术要求更高,要求的人力和时间更多,因此目前在数据新闻报道中这类报道还为数不多。但因为大数据分析往往能揭示具有重大影响力的问题,因此仍然是数据新闻未来十分重要的发展方向。

四、数据新闻与数据可视化

数据新闻是一种新闻生产方式,对整个新闻生产流程都会产生影响。在整个生产过程中数据处理是核心,中国人民大学方洁认为,一则数据新闻的产生需要经历制作和传播这两个关键环节。在制作阶段,发现、收集、整理和分析数据是核心内容;而在传播阶段,则需要运用可视化,并整合大众媒体和社交媒体两种传播渠道。[①] 这其中涉及数据处理的具体步骤就有发现、收集、整理、分析和可视化。英国《卫报》网站"数据博客"和"数据仓库"(guardian.co.uk/data)前任主编西蒙·罗杰斯估计,就所花的时间而言,统计分析和信息图制作可能会占整

---

① 方洁.数据新闻概论:操作理念与案例解析[M].北京:中国人民大学出版社,2015:37.

个数据新闻作品生产的80％,这显示出数据新闻生产过程中数据的统计分析和可视化处理的高显示度和重要性。①

虽然可视化不是数据新闻呈现的唯一方式,但它是数据新闻制作和传播的一条非常有效的途径。目前国内外大多数数据新闻网站或频道采用的是可视化的呈现方式。诺阿·伊林斯基(Noah Iliinsky)将可视化(visualization)和可视效果(visual)等同,指所有结构化的信息表现方式,包括图形、图表、示意图、地图、股市行情图形以及不是很正式的结构化插图。② 研究可视化的专家邱南森对可视化的定义提出疑问,"可视化是否只用于分析数据? 还是用于定量认识? 抑或是用于唤起情感? 什么时候可视化深深扎根于视觉领域成为一门艺术呢? 回答者的身份不同,答案也不尽相同。这些问题已经在各学科领域内及不同学科之间引起了激烈的争论,但这还只是学者和从业人员之间的争论而已"③。根据学科领域划分,可视化大致可以分成四种,即科学可视化、数据可视化、信息可视化和知识可视化。而在数据新闻可视化实践中经常见到的主要是数据可视化和信息可视化,其中以数据可视化居多。

数据可视化和信息可视化两者之间并非泾渭分明。就其对象而言,数据是数字、文字、图片、音频等客观事物、现象的记录或表示,数据可视化一般处理的是结构性的数值型数据;信息则是经过有意加工和处理过后的数据集,信息可视化一般处理的是非结构化的抽象数据,由于处理的对象都是"数据",有研究者用数据新闻可视化泛指"数据可视化"④。中国人民大学方洁也认为信息图和数据可视化之间的差异在于它们聚焦的对象不同,信息图处理的对象是"信息",它未必以数据的方式呈现,而数据可视化处理的对象是数据,其着重于对数据进行结构化的呈现⑤。虽然两者在数据新闻可视化中的界限不清晰,但都是一种基于数据的视觉传播。

数据可视化不仅能给受众带来情感上的影响,而且对于受众高效接受信息也有很大帮助。王国燕、韩飞飞认为,数据可视化的视觉传播价值主要体现为受众从数据图像中获取的信息量的大小,其视觉传播价值可用公式表示为:价值＝收益－成本。其中,收益源于两个方面:信息的快速传播,受众对数据图像内容的把握。成本大致来自四个方面:数据整合(采集、管理、分析和处理)的成本,数据整合后映射为视觉符号的成本,传播渠道使用成本,受众将视觉元素转换为抽

① 罗杰斯. 数据新闻大趋势:释放可视化报道的力量[M].岳跃,译.北京:中国人民大学出版社,2015:5-7.
② Steele J, Iliinsky N. 数据可视化之美[M].祝洪凯,李妹芳,译.北京:机械工业出版社,2011:7.
③ 邱南森. 数据之美:一本书学会可视化设计[M].张伸,译.北京:中国人民大学出版社,2014:44.
④ 周冉冉. 大数据时代门户网站数据新闻可视化探究[D].济南:山东师范大学,2015:11.
⑤ 方洁. 数据新闻概论:操作理念与案例解析[M].北京:中国人民大学出版社,2015:199,200.

象信息内容的成本。① 数据新闻的可视化传播因在报道中的重要性,具有不同于以往新闻视觉传播的效果。

第三节　国内数据新闻的发展

　　国内直到 2012 年才出现冠以"数据新闻"标识的新闻报道。数据新闻对于国内媒体界来说是舶来品,从一开始起步就和国外存在一些差异。不同于西方数据新闻主要由例如《纽约时报》《卫报》这些老牌传统媒体实践推动,中国的数据新闻报道实践是由四大门户网站腾讯(新闻百科)、网易(数读)、新浪(图解新闻)、搜狐(搜狐之道)为主力推广的。直到 2013 年部分传统媒体才开始在数据新闻报道方式上有所尝试②。

　　2012 年 1 月 13 日,网易在其新闻网站上创立了"数读"栏目,这是国内媒体最早设立的"数据新闻"栏目。财新数据可视化实验室(原财新数据新闻与可视化实验室)成立于 2013 年 10 月,是结合编辑部门和研发部门的虚拟实验室。这两家媒体的数据新闻实践在国内都开展得较早,并形成了一定特色。网易"数读"栏目③标榜"用数据说话,提供轻量化的阅读体验",栏目隶属于网易新闻中心,内容涉及政治、经济、社会、环境等领域。"数读"栏目的报道在数据来源上倾向于依据国外权威机构发布的数据,力争保证每一篇报道的数据都有据可查,由于数据来源往往比国内其他媒体新颖,故常有不同的反响。网易"数读"团队由选题文编和数据可视化设计师构成,在报道呈现形式上一般采用信息图表加文字的形式,文稿能独立表达出报道的意思,但信息图不能独立存在,有读者反映"数读"的图表相对于其他门户网站的数据可视化作品更加难懂。

　　财新数据可视化实验室④相对于门户网站的数据可视化新闻项目发展较晚,但依托财新传媒强大的采编团队,推出了多篇影响力很大的报道,如"青岛中石化管道爆炸事故"系列报道。该系列报道还获得亚洲出版业协会(SOPA)2014 年卓越新闻奖之卓越突发性新闻奖,是国内新闻史上第一次程序员获得新闻奖,其作品主要呈现在财新网"数字说"⑤专栏。财新数据可视化实验室是由内容编辑、程序员和设计师等组成的非独立跨部门虚拟实验室。其作品呈现形式除了部分涉及动态交互形式,大部分还是采用单一的图解新闻形式。

---

① 王国燕,韩飞飞.编码解码视角下数据可视化的传播效果研究[J].情报杂志,2014(11):169-174.
② 刘义昆,卢志坤.数据新闻的中国实践与中外差异[J].中国出版,2014(20):29-33.
③ http://data.163.com/
④ http://vislab.caixin.com/
⑤ http://datanews.caixin.com/

相较于欧美国家媒体的数据新闻实践,国内数据新闻实践还存在一些差异,除了上文提到的主推媒体差异,国内数据新闻报道在数据来源渠道、呈现形式等方面与国外媒体的差距也比较大。这一方面是由于信息开放环境存在差异,另一方面也因为国内在数据新闻报道专业规范上认识不足。方洁、高璐在对国内五个数据新闻栏目定量研究以后就发现,缺乏专业规范的数据新闻正在逐步蚕食这个领域的公信力和专业价值,使之丧失竞争优势。研究显示,国内数据新闻存在与传统新闻界限模糊,缺乏交互性、深度科学性,呈现形式简单、单调等诸多问题,亟待改进。[①]

第四节　数据素养:数据使用规范

前面我们定义并厘清了与数据新闻相关的一些概念,并介绍了国内知名媒体在数据新闻方面的实践发展,提出了新闻报道者在生产实践中应该注意的专业规范,下一章我们将进入数据新闻生产的实务学习阶段,在此之前有必要学习一下在数据领域媒体常出现的一些侵权问题,以便学习者在以后的实践中加以防范,提升数据新闻生产的社会规范性。互联网上数据信息海量,媒体在利用网络寻找报道素材时,要了解什么样的数据是个人数据,什么样的数据涉及个人隐私,以免一不小心就造成侵权,带来不必要的麻烦。

一、什么是个人数据

本书所说的"个人数据"主要是指网络上属于个人所有的数据。我国学者对于网络上的个人数据的提法有很多种,例如网络个人信息、电子信息、网络个人数据、个人数据等,本书统一使用个人数据这一提法。对于个人数据的解释,OECD 在其 1980 年的《隐私保护与个人数据跨境流通的指南》及 2013 年的修订版中,将个人数据定义为"与一个身份已被识别或可被识别的自然人相关的任何信息"。2013 年 6 月我国《电信和互联网用户个人信息保护规定》第四条规定,所称用户个人信息,是指电信业务经营者和互联网信息服务提供者在提供服务的过程中收集的用户姓名、出生日期、身份证件号码、住址、电话号码、账号和密码等能够单独或者与其他信息结合识别用户的信息以及用户使用服务的时间、地点等信息。[②] 还有学者认为个人数据是指涉及个人的已被识别和可被识别的

①　方洁,高璐. 数据新闻:一个亟待确立专业规范的领域——基于国内五个数据新闻栏目的定量研究[J]. 国际新闻界. 2015,37(12):105-124.

②　史三军. 个人数据保护若干问题的反思[J]. 信息安全与技术,2014(11):6-9.

任何资料。①

　　个人数据中个人不愿为他人知悉的部分就涉及个人隐私了。由于网络的特殊环境，个人数据的持有者往往不只是个人自己，还包括网络服务商、网络信息收集者等。因此，有学者认为个人数据隐私权是传统隐私权在现代信息社会的延伸，由传统隐私权"独自享用的权利"发展为"控制有关自己私人资料的权利"②。数据新闻生产中也许需要收集每个个体的信息，然后进行统计分析，在这时就需要做到尊重个人隐私，进行脱敏处理，不肆意泄露他人信息。

二、数据新闻实践侵犯他人权益的情况

　　新闻生产领域涉及数据的环节主要是获取数据、使用数据以及传播数据。也正是在这些环节极易产生侵犯个人数据权益的情况。传统隐私权的一条重要的抗辩理由就是当事人同意，所以对于当事人同意实名公开个人数据的情况不在以下讨论范围内。

1. 获取个人数据不当

　　如今在新媒体的促进下，新闻的生产方式正在发生着一些改变，传统媒体与新兴媒体的融合，使整个媒体行业对数据的使用频率迅速上升。使用网络数据的第一步即是获取数据。在这里，获取数据的方式有两类：一是媒体根据报道需要自己收集，例如通过网络搜索、问卷调查等形式；二是媒体向其他持有相关数据的组织机构直接索要或购买。可能构成侵权的情况有：

　　（1）未经个人允许将个人信息实名化公开。我国于 21 世纪初开始酝酿上网实名制，对 BBS、博客、微博等是否采取实名制，经过激烈的争论，确定了"后台实名、前台自便"的原则。虽然网络实行了实名制，但只有后台网络服务商、监管者掌握实名信息，而且不得随意公开，而前台身份公开是自愿的，如果记者混淆网络实名制概念，使用技术手段获悉匿名身份者的真实身份及信息并实名公开，则虽然数据信息是公开的，但可能仍然侵犯了个人隐私。

　　（2）破解私人空间获取个人信息。传统隐私权中也包括私人空间，其是指私人场所，除住宅外，至少还应有在一定时限内归个人专门使用的生活场所，在公共场所中人们具有合理的隐私期望的场所。③ 反映到个人数据隐私方面就是网络上个人加密不愿公开的网络空间以及极私人的网络空间，例如网络讨论组、群内聊天等。记者出于好奇或急于挖掘信息，使用技术手段破解个人加密空间、加

　　① 张新宝.信息技术的发展与隐私权保护[J].法制与社会发展,1996(5):16-25.
　　② 易艳,陈文涛.浅析个人数据隐私权的法律保护[J],武汉理工大学学报(社会科学版),2001,14(6):598-600.
　　③ 魏永征.新闻传播法教程[M].4 版.北京:中国人民大学出版社,2013:140-141.

密相册或者加密云存储,侵入或潜入群组、讨论组获取信息也可能会侵犯个人隐私。

(3)在未告知身份、目的的情况下获取个人数据信息。个人数据可以通过线上、线下的调查收集获得,这也是传统获得个人信息数据的主要方式。但当记者未告知被采信息者身份,也未告知被采信息者所采信息的使用目的时,不仅有欺骗行为的嫌疑,也可能导致主体无意间泄露个人信息,侵犯个人数据权益。

(4)直接引用或购买数据时,未查明原始数据来源、原使用目的。媒体新闻报道使用个人信息时,经常会引用或者直接从别处购买数据资料,这一方面可能会带来失真的潜在性危险,另一方面,由于不知道原始数据在采集时向被采集者承诺的使用目的,如果这样获得个人数据并使用,则可能侵犯个人数据权益。

2. 违规处理个人数据

在获得个人数据以后,媒体会根据报道需要对个人数据进行处理,但处理不当也可能会侵犯个人数据隐私权益。

(1)超出承诺使用范畴使用个人数据。个人数据在被采集时一般采集者都会告知被采集者数据使用的目的、范围和时间限制,如果没有被告知就可能涉及窃取个人数据,那是另一种侵犯个人数据隐私的行为。一旦你告知了被采集者,你就相当于对被采集者做了承诺,如果违反承诺,你也有可能侵犯个人数据隐私权益。而在现实中,为了节约成本和追求时效,新闻报道在使用个人数据时可能违规随意使用已收集的个人数据,造成侵权。

(2)数据太过详细,拼凑识别出个人数据主体身份。大数据的工作原理就是通过对数据的宏观综合、混杂性分析最后得出概括性的结论。这一技术也可以运用到对一个人的识别,如果媒体报道提供的信息太多或太过详细,虽然这些信息从单项上看是匿名的,但若多项组合导致信息主体可被识别,那也会造成对个人数据隐私使用上的侵权。

(3)空间数据处理不当,泄露个人信息。空间数据因为其本身具有的结构化和层次性等特点,如果处理时地理比例尺过小或特征过于具体,极易被识别,造成个人信息被泄露,侵犯个人数据主体的权益。

3. 传播数据信息超限

在经过获取和处理使用阶段以后,个人数据信息在报道作品中进入传播环节。当个人数据信息以新闻作品的形式进入大众媒介流通时,也进入到了无法控制的阶段。这一阶段对于个人数据隐私的侵权控制是最难把握的,可能出现以下情况:

(1)个人数据信息超司法管辖区流动造成侵犯隐私。这种情况可能会出现在一些国际性的媒体实践中,由于目前各国对于个人数据隐私保护的法律制度不同,对于个人数据隐私的范畴的理解也不同,①这就导致一些个人数据信息在一国司法管辖下不是隐私,而在另一国可能是。如果这种信息从一国流动到另一国,就可能会引起法律纠纷,造成侵权。

(2)传播信息超常规隐私范畴,造成损害事实,陷入侵权纠纷。个人数据纷繁复杂,特别是网络上大量存在的个人信息,一些信息在平时生活中看来并不是个人隐私,在未进入大众传播之前个人数据主体也没有隐私期望,但一旦进入大众视野,形成舆论压力或对个人数据主体造成伤害,个人数据主体出于对自身利益维护,隐私期望值上升,可能会以侵犯隐私的名义控告媒体。

随着互联网和数据运用技术的发展,数据资源变得十分丰富,而其中很大一部分都是个人数据。数据在新闻领域的运用正在变得更加多样和深入,新闻报道实践领域的数据运用也在逐渐变多,这加大了新闻报道者与个人数据主体产生冲突的可能性。随着媒体融合和大数据在新闻领域的使用,业界人士在使用个人数据的同时更需要加强对个人数据隐私权益的重视,这样才能促进新闻报道运用数据的良性发展。

本章内容小结

2010年8月在荷兰阿姆斯特丹举办了第一届国际数据新闻会议,Lorenz在会上提出数据新闻是一种工作流程,包括以下基本的步骤:通过反复抓取、筛选和重组来深度挖掘数据,聚焦专门信息以过滤数据,可视化的呈现数据并合成新闻故事。而后又有不同学者从各自角度对数据新闻概论进行论述,但是关于数据新闻的概念至今仍无定论。理解什么是"数据新闻",重点是要把握数据新闻是一种新闻生产方式,这种生产方式的核心是数据处理。

"数据"真正成为新闻报道中的"主角"始于精确新闻和计算机辅助报道。但计算机辅助报道更多侧重的是一种工具性,它偏向于是一种报道新闻的工具。精确新闻与数据新闻都是以计算机辅助报道为工具,都是各自时代出现的一种新兴报道方式,但两者在技术要求、呈现方式和用户对待等方面都存在诸多差异。大数据新闻不等同于数据新闻,数据可视化也不等同于数据新闻,它们之间的概念范畴存在交集。

数据对于很多媒体人来讲还比较陌生,因此在开始处理它们之前,最好先了解哪些行为可能犯错,例如获取个人数据不当、处理个人数据违规、传播数据信息超限等问题,这些都需要学习者在开始数据新闻报道实践之前注意规避。

---

① 关伟明.欧美个人数据保护制度简述[J].信息与电脑(理论版),2014(8).

本章练习

1. 数据新闻的核心是什么?
2. 数据新闻、精确新闻和计算机辅助报道之间有什么关系?
3. 可视化有哪些类型? 数据新闻常遇到的类型有哪些?
4. 简述大数据新闻与小数据新闻的差异。
5. 中外数据新闻实践发展有哪些差异?
6. 数据新闻实践专业规范有哪些?
7. 数据新闻报道实践中使用数据需要注意哪些问题?

推荐参考资料

[1] The Art and Science of Data-driven Journalism. 获取网址:http://academiccommons. columbia. edu/doi/10. 7916/D8Q53/V/.

[2] Data Journalism Handbook. 网址:http://datajournalismhandbook. org/.

[3] The Centre for Investigative Journalism:Data Journalism. 获取来源: http:// www. tcij. org/sites/default/files/u4/Data％20Journalism％20Book. pdf.

[4] Bowers T A. "Precision Journalism" in North Carolina in the 1800s. Journalism ＆ Mass Communication Quarterly，1976，53(4).

[5] 迈尔-舍恩伯格,库克耶. 大数据时代[M]. 盛杨燕,周涛译. 杭州:浙江人民出版社,2013.

[6] Steele J, Iliinsky N. 数据可视化之美[M]. 祝洪凯,李妹芳,译. 北京:机械工业出版社,2011.

[7] 关伟明. 欧美个人数据保护制度简述[J]. 信息与电脑(理论版),2014(8).

第二章 数据新闻的生产与运作

上一章我们介绍了数据新闻的基本概念,并对与数据新闻相关的概念进行了厘清,回顾了数据新闻的发展过程,对数据新闻报道实践需要注意的规范性问题进行了探讨。本章开始,我们进入数据新闻报道实务操作的学习环节。数据新闻报道是一种全新的新闻报道方式,它的生产流程与以往的新闻生产存在巨大的差异,所以学习者需要首先熟悉数据新闻一般的报道流程,时刻清楚自己的工作处于生产线上的什么位置,这有利于协调团队合作,把握工作进度。

虽然一些数据新闻报道是由个体独立完成的,但由于其生产中涉及多种技术,因此大多数媒体都采用团队协作的方式。然而不同媒体的团队协作形式和团队工作侧重点不尽相同,团队需要根据自身情况做出合理安排,提升资源利用率。但不管怎样的团队,有些基本的技能或者职位是必定会有的,例如记者/编辑、数据处理技术人员、设计人员等,而这些不同工种就存在着分工与合作的生产流程。

第一节 数据新闻类型

不同类型的数据新闻在资源投入和技能要求上存在着差异,在制作流程上也存在着不同。不同学者根据不同的标准对数据新闻类型进行了划分,这有利于我们细分对待数据新闻生产具体操作。无论是哪种类型的数据新闻,其处理对象最终都将落到"数据"上。在制作开始之时,理解选题和数据,确定报道所属类型是第一步。

一、调查型和常规型

不同类型的数据新闻,在生产制作上也存在着一些差异。在了解如何生产数据新闻作品之前,有必要了解数据新闻的不同类型。Uskali 和 Kuutti 通过对多位数据新闻实践者的调查发现,数据新闻正发展出两种类型(models),即调查型数据新闻(investigative data journalism)和常规型数据新闻(general data journalism)。除了这两种主要的数据新闻类型以外,他们还发现一种新出现的类型,即实时数据新闻(real-time data journalism),在哥伦比亚大学又被称为传感器新闻(sensor journalism),是指通过算法对传感器传输数据进行自动处理而生成数据新闻,这种类型的数据新闻目前仅在美国存在。

在 Uskali 和 Kuutti 看来,调查性数据新闻和一般性数据新闻在耗时、耗力及报道逻辑等方面都存在着诸多差异。调查性数据新闻报道常耗时几个月甚至更长,而一般性数据新闻则只需要几小时或几天就能完成。调查性数据新闻经常使用包括编程在内的复杂数据处理技术,需要团队协作;而一般性数据新闻只需要基本的数据处理,使用类似 excel 这样的工具即可满足需要。调查性数据新闻需要记者根据报道的主题和观点收集、处理数据;而一般性数据新闻从已拿到的数据集出发,根据数据集中的内容确定报道的主题和观点。在数据来源方面,调查性数据新闻来源广泛,经过核查验证;而一般性数据新闻多依靠已公开的数据集,一般不再做数据核实。调查性数据新闻与一般性数据新闻还在与传统采编的协作程度上存在差异。由于一般性数据新闻相较于调查性数据新闻在技术、团队等方面的要求更低,所以已经被大部分新闻媒体所接受,成为一种常见的形式;而调查性数据新闻只有少数资源丰富的媒体偶尔实践。[①]

二、其他类型划分

中国人民大学方洁也对数据新闻的类型进行了划分。他根据不同的分类标准将数据新闻划分成了多个类型。根据支撑报道的数据的性质划分,将数据新闻划分为"大数据新闻"和"小数据新闻";根据数据新闻中数据的来源划分,分为自我采集数据型和现有数据再利用型;根据选题的性质划分,分为以事件为选题的数据新闻和以话题为选题的数据新闻。

"大数据新闻"和"小数据新闻"的区别在上一章已经讨论过。自我采集数据型是指报道者直接通过深度访谈、问卷调查、田野调查等社会科学研究方法获取第一手资料,并将这些资料量化为数据后进行处理,最后制作成新闻报道;现有数据再利用型是指报道者收集其他企业、科研机构、媒体或个人发表的与报道主题相关的数据分析报告或新闻报道,按照自我的报道意图对其中的数据新闻价值进行再挖掘,将已有数据按照报道的叙事逻辑进行分析重组后制作成新闻。以事件为选题的数据新闻是指将报道选题聚焦于某一新闻事件,对事件呈现出来的具有新闻价值的数据进行解读和呈现的新闻报道;以话题为选题的数据新闻是指将报道选题聚焦于某类新闻话题,围绕此类话题收集数据,并对之进行解

① Uskali T, Kuutti H. Models and Streams of Data Journalism[J]. The Journal of Media Innovations, 2015,2(1): 77-88.

读和呈现的新闻报道。①

在媒体数据新闻实践中,由于综合考虑收益问题,目前媒体大部分数据新闻都是"一般性数据新闻"、"小数据新闻"或"现有数据再利用型"这一类的报道,虽然根据不同的标准得出了诸多分类名称,但这一类数据新闻有一些共同的特性,那就是耗用资源相对较少,技术门槛要求较低,数据来源明确单一。而"调查性数据新闻""大数据新闻""自我采集数据型"则相反,一开始就需要报道者把握主动性,根据报道主题和观点挖掘数据,这必然需要投入更多资源,对制作技能的要求也更高。

三、数据新闻类型对制作流程的影响

无论是哪种类型的数据新闻,其制作过程中都是以"数据"为处理核心,在众多介绍数据新闻媒体实践的文章中,也都是把"获取数据"作为制作流程的开端。但这并不意味着数据新闻从"数据"开始。

在数据新闻的生产实践中,并非必须先找到数据,然后根据数据集中的内容确定新闻报道内容,进行数据处理,呈现报道。现实中,有时候也会先由记者编辑按照传统的新闻策划模式,先确定选题,再通过多种方式收集数据支撑报道。

在实践中,处理不同类型的数据新闻此类问题的方式也不一样,这直接影响到后续的制作流程。以上文提到的数据新闻类型为例,在调查型数据新闻报道中,报道者常需要根据故事的主题和观点确定记者如何收集和处理数据,因此是先定选题,后找数据,而找数据的过程也是对选题的验证过程,也需要根据找到的数据结果对报道进行调整。

在大数据新闻中,由于大数据具有体量庞大、类型多样、全样本等特点,所以需要记者编辑先有一个大致的选题设想,根据这个设想对数据进行清理使之结构化,印证设想,因此大数据新闻也多是先定选题角度。利用多种社会科学研究方法自采数据型的报道也是需要先定主题,因为任何调查都必须先确定调查的目的,才能保证数据结果科学准确。以事件为选题的数据新闻报道一般在一开始做选题时就已经大致确定。

与此相应,一般性数据新闻、小数据新闻或现有数据再利用型新闻等大多都是利用现有数据,然后根据数据确定选题,有需要的话会根据确定的选题进一步从其他地方寻找补充数据。

关于数据新闻类型对数据新闻生产的影响我们在后续的章节还会进行详细讨论。

---

① 方洁.数据新闻概论:操作理念与案例解析[M].北京:中国人民大学出版社,2015:26-37.

第二节　数据新闻生产操作环节

虽然数据新闻的类型会影响到其后的操作流程,但数据新闻作为一种全新的新闻报道方式,自有一套普遍适应的流程。一篇数据新闻报道的制作往往需要经历进行数据处理以确定报道逻辑框架,以及选择传播形式以确定呈现框架这两个阶段。在确定内容逻辑框架时需要获取、清洗、分析数据;在确定呈现框架时需要根据传播渠道确定表现结构、可视化方法等。

一、意义建构过程:从逻辑架构到可视化映射

数据新闻生产一般经历从搜集获取原始数据,再到整理清洗、分析数据,最后到呈现数据的过程。在原始数据获取阶段,记者根据既定选题收集数据,或者在数据中寻找选题;确定选题以后,记者编辑会根据需要整理手头上的数据,删除或添补需要的数据,对数据进行结构化以使之符合自己的需求;然后会分析数据,运用运算方法找出数据中的新闻价值;最后采用合适的方法呈现这些数据结果。

数据新闻生产中的数据筛选、分析和呈现的过程,实质上就是一种意义建构行为。Card 建立了信息可视化和数据分析过程中的意义建构循环模型,他认为信息可视化是从原始数据到可视化形式再到人的感知认知系统的可调节的一系列转变过程,Card 等人对信息可视化(information visualization)的定义为:对抽象数据使用计算机支持的、交互的、可视化的表示形式以增强认知能力。① 该模型的关键变换是可视化映射,从基于数学关系的数据表映射为能够被人的视觉所感知的图形属性结构。②

这里的数学逻辑关系并非凭空产生,在数据新闻的生产流程中,它产生于前期的数据收集、整理和分析,这些步骤最终确定了这则新闻内容的逻辑关系。逻辑关系最终呈现在读者面前大多还要经过可视化的过程,而可视化过程也并非无意识的自发行为,它的制作带有明确的导向性。

根据格式塔心理学理论,人倾向于将看到的事物当作一个整体感知,而不是一开始就区分各个独立的部分,为了便于理解,人类大脑会"自动补全信息",对

---

① Card S K, Mackinlay J D, Shneiderman B. Readings in Information Visualization: Using Vision to Think[M]. San Francisco: Morgan Kaufmann Publishers, 1999.
② 任磊,杜一,马帅,等. 大数据可视分析综述[J]. 软件学报,2014,25(9):1909-1936.

客观事物获得一个整体的感知。[①] 而制作人员可以利用接近、相似、闭合等不同原则，给受众带来不同的视觉感知，从而造成不同的视觉暗示。中国人民大学方洁认为设计可视化的过程相当于对这些视觉元素进行编码的过程，这个过程依赖于人类大脑对这些视觉元素长期存储的认知模式，即人们已经习惯于在日常生活中针对相应的视觉元素的相互组接和影响形成较为固定的视觉暗示，当可视化中出现类似的视觉设计时，大脑会自动地做出认知和理解的反馈，从而快速地读懂视觉元素背后承载的信息。[②] 由此可见，数据可视化过程是一个可能带有明显导向性的架构过程，其意义传达可以被人为设计。可视化可以增强人们对其传递内容的认知，而这其中的关键是数学逻辑关系经正确的可视化转变成了人视觉可感知的视图。

综上所述，数据新闻生产带有两个明显的意义架构阶段：一是数据收集、整理和分析以确定数字逻辑关系的逻辑结构阶段；另一个是将逻辑关系经可视化转变成人视觉可感知视图的形式架构阶段。它们使用两个不同的符号系统进行意义建构，这种建构过程可能存在主观偏向性，因此就有进行专业学习的必要性。

二、数据新闻生产编辑室流程

传统新闻报道流程一般经过"定选题—采写—编辑审稿—定稿发表"这几个环节，数据新闻的处理对象是"数据"，记者/编辑面对的不再是一个个具体的采访对象和发生过的事实叙述，而是要面对列表上并没有显现出关系的数字，如何从中发现其间的结构和关系，从中挑选出具有新闻价值的部分进行报道，是数据新闻制作的关键。

每一篇数据新闻背后都有着一系列的制作流程，虽然不同类型的报道会略有不同，但万变不离其宗的是一些基本的操作环节。《卫报》"数据博客"前主编西蒙·罗杰斯(Simon Rogers)在介绍他们怎样制作数据新闻时，将其过程归纳为以下环节(图2-1[③]，见彩插)：首先通过多种途径查找数据、接收数据，比如突发新闻中的数据、政府发布的数据、记者自己的调查研究等等；接着，在有了数据之后，需要对拿到的数据集根据需要进行提取、合并或归纳，在此过程中要注意需要合并的数据集不能带格式、保持代码的一致性等；然后就开始执行数据运算，这时就能发现数据中有没有故事可挖，同时也可以通过加总等方法对数据进

---

① 曾悠.大数据时代背景下的数据可视化概念研究[D].杭州：浙江大学，2014.

② 方洁.数据新闻概论：操作理念与案例解析[M].北京：中国人民大学出版社，2015：206.

③ 数据新闻的制作流程：从检索信息到发布结果。图片来源：Behind the Scenes at the Guardian Data-blog，http://datajournalismhandbook.org/1.0/en/in_the_newsroom_3.html。

行合理性检查;数据新闻制作的最后一步——输出,具体是写成一篇文字报道,还是做成图表和可视化作品,这些都需要记者编辑考虑,如果是可视化呈现,需要和设计师合作,毕竟设计图表和分析数据是两码事。[1]

知名数据新闻记者、德国之声的劳伦兹也绘制了一幅展示数据新闻制作流程的示意图(图2.2,见彩插)。在劳伦兹看来,数据新闻制作就是从数据中不断挖掘提炼出有价值的信息并将之以故事化的形式呈现给受众。在此过程中首先需要对原始数据进行清洗,过滤掉无用的数据;然后对剩下的有价值的数据进行可视化处理,使抽象的数据更易被人理解;最后通过可视化元素与少量文字架构出一个新闻故事。从原始数据到新闻故事是价值不断提升的过程,因为有了这个制作过程,"数据"对于受众才有了意义。[2]

综上所述,虽然不同学者对于数据新闻制作操作环节的描述略有差异,但基本上都涉及以下几个步骤:

(1)获取数据。数据新闻的处理对象是数据,就像传统新闻报道中依靠的是事实信息一样,得到有用、可靠的数据是数据新闻制作的开始。如果选题已经确定,第一步就是找数据;如果没有确定选题,更是要有数据才能从中发现选题方向。获取数据的途径有很多种,除了在互联网上进行挖掘,记者编辑还可以通过采访、调查、申请等途径获得数据。

(2)汇整数据。在数据新闻报道实践中,我们拿到的数据经常是不完整或不符合我们报道需要的,这时就需要对数据进行整理,对数据按照我们的目的进行结构化,常涉及的处理包括合并、删除无关项、排序、统一格式等,以便下一步分析。

(3)分析数据。分析数据是数据新闻报道中的关键环节,可以帮助我们了解数据背后的意义和关系,形成故事叙述逻辑。在分析的过程中,除了运算方法,还可以通过可视化分析方法帮助寻找新闻点;同时也可以在分析的过程中,通过加总、比较等方法检验数据的准确性。

(4)呈现故事。前面讨论过数据新闻最终的呈现形态可以是文字,也可以是"文字+图表",或者是"可视化元素+少量文字"。而最后一种形式是目前各媒体较为成熟、普遍运用的。但这种呈现不是简单的图表堆砌,而是要有一定的叙事逻辑,这依靠数据分析得出的内容逻辑与可视化呈现框架逻辑的对接。

总结起来数据新闻生产有四个基本环节,而数据获取、汇整和分析又可以归

---

[1] 罗杰斯.数据新闻大趋势:释放可视化报道的力量[M].岳跃,译.北京:中国人民大学出版社,2015:278-285.

[2] Mirko Lorenz提出的从数据到新闻故事的生产过程,通过数据新闻生产者将数据中的价值挖掘出来传递给公众。图2.2来源:http://www.mirkolorenz.com/?id=6。

为数据处理阶段,这一阶段的最终目的是确定内容逻辑。可视化阶段则是为了让抽象的数据关系转变成更容易被人理解、接收的图形信息,而其中在数据处理和可视化操作之间有一个非常重要的衔接,即可视化映射,从基于数学关系的数据表映射为能够被人视觉感知的图形属性结构。罗杰斯指出,他们在制作一篇数据新闻时,70%的时间花在收集和过滤数据并发现有价值的新闻故事上,而30%的时间花在可视化操作环节。① 这个可以供大家在实践分工时参考,而实际中因为面临的选题不同、数据新闻报道类型不同,不同环节花费的时间也会有很大差异。

第三节　数据新闻生产团队

数据新闻制作通常都是一个团队协作完成的,但不同媒体的数据新闻团队组成方式不同,表现出不同的特点。媒体需要根据自身的条件和需要做出合理的选择,以确保团队能够持续、有效地运作。另外,不同媒体所属数据新闻团队可能有着不同的类型,但团队里都会存在一些基本的岗位,例如数据新闻记者/编辑、数据处理人员、可视化设计人员等。

一、团队运作模式

虽然一些数据新闻报道由记者、独立撰稿人等个人完成,但在媒体中大部分数据报道是由一个团队协作生产的。对于数据新闻团队的构建,不同媒体采取的模式不同。刘琼在总结了国外大报的数据新闻实践后,将不同媒体的数据新闻团队归纳为以下三类模式。

(1)独立组织。是指媒体成立专门的数据新闻部门专注于数据新闻生产,部门具备独立收集数据并分析加工成数据新闻,而不依靠其他部门记者的能力。例如《泰晤士报》新视觉新闻团队是相对独立的工作团队,核心成员有三人,分别是数据记者、信息编辑和内容设计编辑。数据记者的工作是写作、调查,根据数据形成观点、制图、缩小数据搜索范围等,负责挑选题、挖掘数据和编辑数据;信息编辑负责制图,需要掌握各种图表的设计制作;内容设计编辑是项目的主要策划人,负责确定选题、编辑数据、制图、出品成稿等;另外还有负责效果展现的程序员、数据挖掘人员和设计人员等。②

(2)虚拟组织。这种模式是指不设立专门的数据新闻团队,而采用集中各部

① https://simonrogers.net/2013/01/27/a-data-journalism-workflow/.
② 刘琼.国外报纸如何做数据新闻[J].中国报业,2016(9):36-39.

门进行合作的结构,团队的成员分散在媒体的各个部门,可能是文字记者、图表部的设计人员等,召集人根据项目需要召集不同的人一起组成临时团队完成一篇报道。例如,《卫报》在 2009 年建立数字新闻部,成员有 5 人,除两名核心成员外,其他成员并非全职的数据新闻记者,而同时隶属于其他部门。《卫报》的视觉设计人员分散在采编的各个部门,新闻部美编共 5 人,其中 3 人负责当天新闻版面设计,1 人负责版面提前设计,其他部门例如体育部、专题部也有设计师,数据新闻项目负责人会根据项目需要召集不同的数据记者编辑或设计师等组队制作数据新闻。①

(3)融入组织。以《芝加哥论坛报》的"新闻应用团队"为例,其融入新闻编辑部一起工作,一方面为记者提供技术支持,另一方面在合作中找到潜在的数据项目。所有与应用相关的想法都来自于编辑部的记者和编辑们,技术专家与记者同在编辑部工作,在面对面交谈中找到需要做的东西。②

上述三种模式中,"独立组织"和"虚拟组织"在当下媒体中都很常见,以国内媒体为例,网易新闻的"数读"栏目背后就是独立组织运作,栏目共有数名编辑,其中包括:文字编辑,负责内容策划、收集数据和编写文案;视觉编辑,负责参与策划、制作图片。而《新京报》作为国内较早实践数据新闻报道的传统媒体,其背后的数据新闻生产团队则是一个虚拟的组织,数据新闻记者编辑、视觉设计人员等同时隶属于报社的其他部门,只有在需要的时候由"主持人"召集,然后大家根据项目需要分工协作。

各种模式各有利弊,需要媒体根据自身情况而定。独立组织数据新闻团队人员配置完备,资源投入稳定,数据处理、可视化呈现等技术力量强大,但缺点是新闻报道常遇到不同领域,独立团队有时缺少对各领域都熟悉的人员,从而影响报道效果;而虚拟组织数据新闻团队能有效弥补独立组织这一不足,且分散式布局能提高媒体资源利用率,有效节约数据新闻成本,但一些媒体缺乏横向管理,部门和部门之间沟通消耗大,跨部门带来的资源分配问题等都是数据新闻制作中的障碍。

二、人员组成及技能要求

不同媒体的数据新闻团队建构采取了不同的模式,但无论哪家媒体的数据新闻团队都会存在一些基本的职位,这些职位代表着数据新闻制作过程中不同方面的技术要求,在不同媒体里对应的职位名称可能不同。美国西北大学教授

---

① 郑蔚雯,姜青青.大数据时代外媒大报如何构建可视化数据新闻团队?——《卫报》《泰晤士报》《纽约时报》实践操作分析[J].中国记者,2013(11):132-133.

② http://datajournalismhandbook.org/1.0/en/in_the_newsroom_2.html.

Rich Gordon[1]根据数据新闻涉及的三个不同技术维度，认为数据新闻团队需要三种人（见图 2.3）。

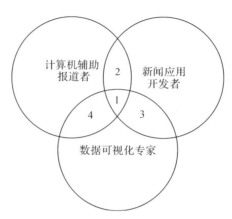

图 2.3　想建立一个数据新闻团队你需要这三种人[2]

（1）计算机辅助报道者。这类人需要具有获取、分析数据并从中发现有新闻报道价值的选题的能力，他们使用电子表格、数据库和绘图软件，现在有些媒体还要求他们具有编程能力以便从网页上抓取有用数据。

（2）新闻应用开发者。这是数据新闻在新闻编辑室发展的最新的职位，他们需要掌握后端编程、数据库架构和管理以及 HTML、CSS 和 JavaScript 等计算机技术，以便能制作数据新闻应用的交互页面。

（3）数据可视化专家。他们要知道如何通过有趣、有用的方式展现数据，还需要掌握可视化设计的原则，除了静态可视化设计，还需要通过前端编程或者例如 D3 这样的开源 JavaScript 库开发动态交互的作品。

"Visualization Data"网站的博主 Andy Krik 从一个项目的角度对数据新闻团队的成员构成进行了思考。他认为一个数据新闻团队应该包含这 8 种角色：决策人、数据科学家、记者、计算机科学家、设计师、认知科学家、谈判专家、项目经理。这并不是指一个数据新闻团队必须要有这 8 个职位，而是一个团队必须有人去做这 8 个职位应该做的事，多数时候可能是一人身兼数个角色。[3] Rich Gordon 是从数据新闻制作技术要求维度提出的数据新闻团队人员要求，而

---

①　http：// knightlab. northwestern. edu/2013/06/28/want-to-build-a-data-journalism-team-youll-need-these-three-people/.

②　Rich Gordon 提出为了做好数据新闻，新闻机构需要雇用具有三种不同技能的人——计算机辅助报道者、新闻应用开发者、数据可视化专家。图片来源：Knightlab 网站。

③　资料来源：http：// www. visualisingdata. com/2012/06/article-the-8-hats-of-data-visualisation-de-sign/。

Andy Krik 则是将数据新闻制作看成一个项目,按照项目需要列出了 8 种数据新闻团队角色设置。

结合上述观点,以及数据新闻生产流程需要和国内外媒体实践,本书认为一个数据新闻团队一般包含以下几种基本人员:

(1)召集人。这个职位又被称为项目经理、决策人、负责人或主持人,为适应各种模式的数据新闻团队,这里统称召集人。顾名思义,召集人就是把团队人员笼络到一起的人,无论是独立组织还是虚拟组织的团队,都需要一位团队领导者,负责整个数据新闻生产流程中的决策和管理。一个数据新闻项目或报道首先需要一个召集人根据新闻报道的难度、规模、形式等因素召集相应配置的人员;由于数据新闻生产涉及多种不同技术背景的人员,如何保持团队沟通高效、协作融洽也是召集人需要考虑的;召集人的工作比较烦琐,涉及面较广,需要召集人具备一定的数据新闻生产综合能力。

(2)数据记者/编辑。无论是传统报道还是数据新闻报道都需要记者/编辑具备新闻敏感性,善于发现新闻价值,挖掘新闻事实。Paul Bradshaw 认为数据新闻记者需要具备以下四项能力:(a)发现数据,具有专业知识并掌握计算机辅助报道技能获取数据;(b)询问数据(interrogating data),意味着你需要了解与数据相关的专业术语和知识以及统计学,能熟练使用电子表格;(c)可视化数据,以前数据分析和可视化都是由设计师或程序员完成的,但现在越来越多的记者/编辑开始这方面的尝试;(d)混合数据(mashing data),使用 ManyEyes 或 Yahoo! Pipes 这类的工具对数据进行比较分析和呈现。由于数据新闻记者/编辑需要在生产的过程中不断发现数据的价值所在,并对数据背后隐藏的意义或结构进行解读,因此上面 Paul Bradshaw 提到的四方面技能,记者或编辑最好能够掌握,但这并不意味着数据记者/编辑必须掌握编程等更难懂的东西才能工作,数据新闻记者的主要工作是发现新闻价值,但我们鼓励记者/编辑打破界限去学习新技能。

(3)数据处理人员。这类人员或被称为数据科学家、数据分析师等,他们不一定需要具备新闻专业知识,但应该掌握数学、统计学、情报科学等相关专业的知识,在数据新闻生产中提供数据收集、清洗、分析等方面的技术支持。数据处理人员应该掌握数据基础知识、统计学、编程、机器学习、数据挖掘、数据可视化等与数据相关的工具或技术。

(4)可视化设计人员。可视化设计人员在传统媒体中被称为“美工”,负责日常版面的图表设计工作,而数据新闻的可视化设计人员比传统美工更要求具备数据统计思维,了解数据记者/编辑的报道意图,结合受众阅读喜好,选择合适的可视化形式,构建数据新闻报道最终的呈现形态。更复杂的数据新闻报道需要可视化设计人员能够理解整个报道的逻辑关系和数据结构,并依此利用绘图软件甚至编程技术创作出新颖的可视化表现形式。

以上四种人员配置是一个数据新闻团队不可或缺的,但这并不意味着一定需要在团队中固定设置这样的职位。这四种人员代表着四种职能需要,有时候一个数据新闻记者/编辑同时还具备数据处理人员或者可视化设计人员的能力,或者报道涉及的技术要求本身较为简单,记者/编辑凭借自己现有掌握的技能就能搞定,诸如此类的情况经常发生。我们鼓励学习者打破这种专业隔阂,学习掌握更多的技能。

本章内容小结

本章我们进入数据新闻实务操作环节的学习当中,不同类型的数据新闻在资源投入和技能要求上存在着差异,在制作流程上也存在着不同。目前媒体大部分数据新闻都是"一般性数据新闻"、"小数据新闻"或"现有数据再利用型数据新闻"这一类的报道,虽然根据不同的标准得出了诸多分类名称,但这一类数据新闻有一些共同的特征,那就是耗用资源相对较少,技术门槛要求较低,数据来源明确单一。而"调查性数据新闻""大数据新闻""自我采集型数据新闻"则相反,一开始就需要报道者把握主动性,根据报道主题和观点挖掘数据,这必然需要投入更多资源,对制作技能的要求也更高。

数据新闻生产流程有两个阶段,一是通过处理数据确定内容逻辑关系的阶段,另一个是将基于数学关系的数据表映射为能够被人视觉所感知的图形属性结构阶段。具体而言有四个步骤:获取数据—汇整数据—分析数据—呈现故事。

不同媒体的数据新闻团队组成模式不同,通过概括各家媒体团队的特征大致可以分为三种模式:独立组织、虚拟组织和融入组织。虽然组成模式不同,但数据新闻团队中不可或缺地存在着召集人、数据新闻记者/编辑、数据处理人员和可视化设计人员,这四种人员配置代表着四种技术背景要求,而不是固定职位设定。我们鼓励学习者打破原先的专业隔阂,在往后的学习过程中注重跨专业知识的学习。

本章练习

1. 数据新闻的类型有哪些?
2. 数据新闻生产中是"先定选题后找数据"还是"先找数据后定选题"?
3. 简述数据新闻制作流程的基本环节。
4. 数据新闻中数据处理和可视化操作之间转化的关键是什么?
5. 数据新闻团队有哪些组成形式?
6. 你想处在数据新闻团队中的什么位置?

推荐参考资料

［1］Uskali T，Kuutti H. Models and Streams of Data Journalism ［J］. Journal of Media Innovations，2015，2(1).

［2］方洁.数据新闻概论:操作理念与案例解析［M］.北京:中国人民大学出版社,2015.

［3］刘义昆,董朝.数据新闻设计［M］.桂林:广西师范大学出版社,2015.

［4］Card S K，Mackinlay J D，Shneiderman B. Readings in Information Visualization：Using Vision to Think［M］. San Francisco：Morgan-Kaufmann Publishers，1999.

［5］罗格斯.数据新闻大趋势:释放可视化报道的力量［M］.岳跃,译.北京:中国人民大学出版社,2015.

第三章　数据新闻的选题与策划

在前面两章我们介绍了什么是数据新闻以及数据新闻生产的一般流程,本章我们将进入到数据新闻生产实操的第一步——选题策划环节。数据新闻的生产环节中,选题与策划是第一步,也是极为重要的一步。在日常新闻报道中常看到,当一个新闻事件发生后,不同媒体关于这一事件总是能提供不同方面的内容,这是因为不同媒体的选题角度不一样。在制作数据新闻报道时,我们该如何选择角度,如何用数据去解构报道对象呢?这既需要考虑新闻价值的实现,也需要考虑数据的限制,需要在新闻和数据两个维度之间进行平衡。

第一节　数据新闻选题分类与选择

一、数据新闻选题的分类

如果要对数据新闻选题进行分类,本文认为大致可以分为两大类:数据驱动和故事驱动。这里的数据驱动并非 data-driven 的含义,而是指先获得数据,再寻找故事。故事驱动即先有讲一个故事的想法,再去寻找数据。

数据驱动的选题又包含五大类:上市公司的财报(季报和年报),通过看财报获得一个公司的经营状况、未来发展方向,某个行业的发展情况等等;政府、中央机构发布的季度、年度数据,如 GDP、CPI、生育率等,通常反映国民生活、国家发展的侧面;研究机构、智库等发布的报告,如瑞银、摩根、亚行、皮尤、中国社会科学院等发布的调查报告;非营利组织,如世界卫生组织、世界银行等发布的报告或建立的数据库;还可以与商业机构合作,在数据脱敏的前提下,进行一些数据处理与分析,如中国天气网的天气数据、滴滴的打车数据、百度地图的出行数据等等。

故事驱动的选题也可分为五类:突发新闻,通常要围绕这个事件寻找更多的信息,其中的操作包含对现场的还原、类似事故的梳理等;节日性新闻,如世界艾滋病日、全球肥胖日等,围绕某一节日主题进行策划;赛事,如世界杯、超级碗、奥运会,除了比赛结果的报道,还可以多角度解析;纪念性事件,如汶川地震十周年、北京奥运会十周年等,这种总结回顾性的选题,纪念性意味较强;自己感兴趣的新闻点,其实做数据新闻,第一步是取悦自己,做自己喜欢的东西很重要,这类选题即使不能找到现成的数据,但兴趣会推动你进行探索,甚至自己去做问卷调查获取数据也是可以的。

以上的分类有把"数据"窄化的嫌疑——不应该将数据仅仅理解为数字,"data"不等同于"number"。更多的时候,科普类的信息图、事件的梳理也包含在"数据新闻"范畴内,这是需要注意的一点。

二、确定选题角度的标准

确定选题角度有何标准呢? 首先,除了自己感兴趣,还要符合传统新闻选题标准,即大众关心的、重要的、贴近的等等;其次,实际新闻生产中还要考虑到媒体的占位性。如奥运会、汶川十年等,是媒体人预计到几乎所有媒体都会播报的,这个时候如果你没有发声,就有把题"跟丢"的极大可能。此外,各家媒体的风格不同也会有一些选择倾向差异,以财新为例,其一直以严肃媒体形象示人,财新总编辑王烁曾说过:"做自己能做的、重要的、读者应该读的选题,而不是必然做读者爱看的选题。不是说要跟读者的偏好对着干,而是说读者的偏好不是新闻工作者选择做什么报道的准绳。"

三、从数据新闻类型谈选题操作

Uskali 和 Kuutti 曾对英、美和芬兰等国六位知名的数据记者进行深度访谈,[①]发现数据新闻正发展出两种模式,即"调查型数据新闻"(investigative data journalism)和"常规型数据新闻"(general data journalism)。中国人民大学学者方洁曾对上述研究中这两种模式的诸多区别进行了整理,如表 3.1 所示。

通过表 3.1 的差别对比可以发现,当你的数据新闻报道属于不同的报道类型时,其后续的很多工作都受到影响,存在很大不同。数据新闻报道前期的选题角度选择对后续生产工作影响广泛,同时上述的生产差异对数据新闻报道选题策划也会产生影响和限制。下面我们将详细讨论这其中的细节问题。

表 3.1　调查型数据新闻与常规型数据新闻的区别①

区别	调查型数据新闻	常规型数据新闻
耗时	时间充裕,报道经常需要耗时几个月甚至几年完成	只有数天甚至几小时来进行报道
数据技能	经常使用编程等复杂的数据处理技能,需要团队协作	只需基础的数据处理技能,包括使用 Excel 和部分数据分析工具、可视化工具等
报道逻辑	故事主题和观点决定了记者如何收集和处理数据	数据集是报道的起点,记者根据数据集的内容决定报道的主题和观点
数据来源	非官方数据和机密数据在调查中起着关键作用;需要多源数据;需要核查、交叉比对和证实不同渠道的数据	大量的政府数据和可公开获取的数据决定报道的方向;数据来源较为单一,数据集经常就是数据来源;数据集被视为值得信赖的数据来源,通常不经过数据核实的工作。
其他资料	记者收集的事实材料和记者的解释在报道中不可或缺	仅需依靠计算机辅助数据分析
选择数据的优先权	编辑室有独立的权力决定使用哪些数据集来报道	编辑室的选择优先权让渡,因为开放数据本身具有传播的广泛性和获取的便利性,不需要编辑把关

第二节　从数据角度谈选题策划操作

　　虽然数据新闻仍然需要传统新闻的选题操作动作,但数据新闻与传统报道最大的区别在于它需要确定一个选题中将会使用的数据指标和数据切入角度,这导致在选题策划时还需要考虑一些传统新闻选题操作之外的事情。数据新闻报道中数据是报道的主要内容,在选题策划阶段你需要了解你可以拿到怎样的数据,以及数据可以做什么和怎么使用它们。具体而言,就是当你确定一个选题以后,你需要考虑怎么从数据的角度去解剖你的报道对象。

一、数据维度和纵深

　　正如在本章第一节提到的数据新闻的两种模式——调查型数据新闻和常规

　　①　资料来源:方洁,高璐.数据新闻:一个亟待确立专业规范的领域——基于国内五个数据新闻栏目的定量研究[J].国际新闻界,2015,37(12):105-124.

型数据新闻,对于不同模式的选择,其后续的投入会有很大差距。但是我们该怎么选择模式呢?除了从新闻价值角度进行判断,有时我们还需要从数据的角度进行考虑。

一篇新闻报道总是有所指的具体事物,不论是一个现象、事件或者问题,它总是有所指的,而数据维度就是关于这个具体报道对象的不同方面的数据集。数据纵深可以理解为关于这个报道对象在时间或者空间变化过程的数据集。这对于我们判断一个选题到底可以选择哪种模式进行操作很重要。

案例 新京报报道《比一个季度增加 4 万艾滋感染病人更麻烦的问题》(节选)

增长原因:不是某类群体那么简单

随着报告艾滋感染病例数量的增加,舆论圈产生了各样的原因剖析,例如高校、男同、没有入境限制等,但有理数通过梳理全国艾滋病流行时空维度上的数据发现,增长的原因很复杂,而不是简单地归咎于某类群体。

报告艾滋病数量的上升,一方面和全国扩大监测有一定关联。2008 年时全国艾滋病病毒检测量仅为 0.45 亿人,十年来检测力度逐渐加大,到 2016 年,中国有 1.69 亿人次接受艾滋病病毒检测。

另一方面,在每年报告的新发现 HIV 感染/AIDS 病人中,有一个很明显的变化,即性传播的艾滋病例占比在逐渐扩大,此外的其他途径传播的病例占比在逐渐缩小。性观念的逐渐开放和性教育、性安全教育的缺乏,部分影响着性传播成为近年艾滋病的主要增长点。

中国疾病控制中心报告的传染病数据显示,不只是艾滋病,与性相关的传染病报告数近年来也在增加。2017 年梅毒、淋病两类性病报告发病人数在全国甲乙类传染病中分别排名第三、第四,排位均有上升。

除了艾滋病传播途径占比结构随时间变化,中国各地艾滋疫情也随时间聚集发展。《基于地理信息系统的我国艾滋病聚集性流行的空间分析》的研究结果显示,我国在不同时期艾滋病聚集的地区也在发生变化,新的疫情聚集区及其聚集格局不断出现。早期引起局部地区艾滋高流行的传播途径较为单一明确,例如 1989 年云南因吸毒暴发的艾滋疫情。但随着时间的推移,多种因素交织。

根据公共卫生科学数据中心数据库提供的 2006 年/2016 年全国各地 HIV 发病率数据,西南地区成为过去十年全国艾滋病毒感染者重要增长地区。

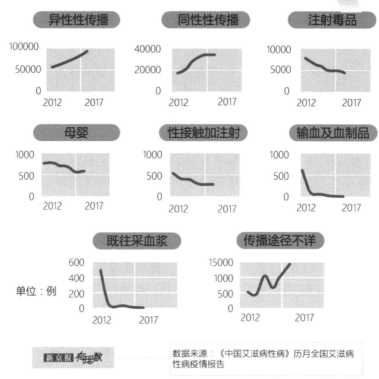

传播途径
性传播是主要增长点

异性性传播	同性性传播	注射毒品
母婴	性接触加注射	输血及血制品
既往采血浆	传播途径不详	

单位：例

数据来源：《中国艾滋病性病》历月全国艾滋病性病疫情报告

以四川为例，四川省卫生和计划生育委员会发布的2017年全省人群健康状况及重点疾病报告数据显示，报告感染率由2012年的0.06%升至2017年的0.13%。根据2011年原国家卫生部、UNAIDS和WHO联合做的中国艾滋病疫情分析，四川是注射吸毒感染和暗娼HIV抗体阳性率检出率同时处于全国高位水平的少数几个地区之一。

不论是特定传播路径感染者的增长，还是个别地区的高流行率，如今中国艾滋病的流行增长已不再是简单地说由某个易感染群体造成，其背后的社会、教育及环境问题都需要深究。

全文见：http://www.bjnews.com.cn/graphic/2018/11/01/516669.html。

在《新京报》这篇关于艾滋病的数据新闻深度分析报道中，从报道的内容看，使用关于艾滋病传染途径、艾滋病发病率等方面的数据,这是数据的维度;而与此同时,还有艾滋病传染途径随时间的变化、艾滋病发病率随空间的变化,这是数据的纵深。试想,如果你经过前期的努力发现只能拿到关于艾滋病每年发病数的变化,没有更多维度和纵深的数据,这时正确的选择是什么呢?做一篇常规报道,因为你很难再做深入分析。

因此,在数据新闻报道选题策划的工作中,我们需要依据新闻价值对多个选题角度进行判断,同时也要在前期尽可能地搜集能拿到的数据,对数据维度和纵深进行判断,然后在这中间选择一个合适的选题角度进行报道。数据维度和纵深越多元,选题策划的空间越大,能找到独特的、具有数据分析角度的可能性越大。

二、切口小,集中叙述

以上是对数据新闻报道中根据手上数据资源情况进行选题策划选择的建议,而下面将进一步从数据角度对数据新闻选题策划操作提出一些建议。

首先,对于同一个报道对象,不同的解构思路,会产生完全不同的切入角度和报道思路。但不论新闻报道的目标是简单传递信息还是深入挖掘,切口越小,叙述越集中,其传播效果越好。这就要求从一开始的选题策划阶段就避免泛泛而谈地展开新闻叙述。

从数据的角度看,常规型数据新闻报道其数据使用多偏向描述性,调查型数据新闻报道更多会倾向对比数据,这两种模式出现泛泛而谈的情况也不尽相似。

选题即新闻报道的角度,一个报道对象有很多方面,所谓选题角度即我们选择其中一个方面来进行报道叙述。对于初学者来说,在进行常规性数据新闻报道时,常陷入的误区就是把关于对象的所有数据做成图表堆积到页面上,这个时候你呈现的越多,读者得到的越少。对于常规型数据新闻报道,制作者要尽量将切口变小,选择一个角度并一文贯之;或者选择不同方面,但要尽量保证这些方面是彼此相关的,上下文没有关联的数据呈现是没有选题角度的报道。

而对于调查型数据新闻报道,更多时候误区是把注意力都放在数据的分析对比上,而忘了最初的选题角度设置,或是数据分析对比过程破坏了最初的选题构思,如果这个时候没有合理调整,文章叙事会失去重心。

三、避免先入为主,确保数据和结论的逻辑性

"让选题切口小,叙述更深入"有时候又会陷入另一个陷阱——先入为主,这是一个在传统新闻报道中常被拿出来讨论的问题。

数据虽然客观、准确,但是数据新闻报道还是有可能"撒谎",这个我们会在后面章节进行详细介绍。一般情况下选题策划生产者会根据手上掌握的数据和自我判断,选择一个角度进行构思,并努力让报道按照这个思路进行下去。选题

策划无法避免的是生产者的先见，但这种先见是客观的吗？如何保证这种先见不影响后续报道的事实正确？

我们在做科学研究时常使用到的思路就是"假设—检验"，即在研究某个问题的一开始依据以往的经验/理论/研究提出一个假设，然后收集资料、数据，验证这个假设。数据新闻的选题策划及后续生产过程中，为了避免先入为主导致的分析结论错误，建议最好也采用这种思路。

在一个选题策划的开始我们避免不了会有自己的观点，你要分清那是你的主观想法还是你依据前期收集的数据做出的客观判断。什么是客观判断呢？即你的数据分析结论是站在公众的角度，你分析的过程符合因果逻辑、经得住推敲。在数据新闻报道的数据分析过程中，要努力做到事实认定优先于价值判断。因此，对于选题策划做出的选择要持开放的态度，因为数据分析本来就是个"假设—验证"的循环。

第三节　选题策划在实战中的抉择

对整个选题所做的判断，即策划。通常有两种处理方式，一种是作为日常稿件，这既有作为栏目保持更新的压力，也有来自题材、数据特点的限制。日常稿件追求时效性，新闻点不要求太多，以静态信息图为主，数据量通常不是太大，由记者和设计师主导进行。第二类属于项目类，周期长、投入大，对可视化要求较高，数据丰富，故事向纵深发展，常涉及交互因而有工程师参与。在项目类的数据新闻中，记者除了对内容进行把关，还需要把握进程节奏，角色类似于项目经理。接下来我们将就一些新闻报道案例进行讲解，以期有所帮助。

一、突发新闻与数据新闻是否有天然矛盾？

突发新闻求快求新，而数据新闻的制作周期一般较长，二者如何达到自洽？

案例一　《财新》数字说栏目报道《东海撞船事故现场还原　环境影响几何？》记者手记——丁苗

2018 年 1 月 6 日 19 点 50 分，船长 274.18 米、装载共计 11.13 万吨南帕斯凝析油的伊朗船只"桑吉"轮，在上海长江入海口以东约 160 海里的东海，与船长 225 米、载粮食 6.4 万吨的中国船只"长峰水晶"轮相撞。"长峰水晶"轮的船头撞上"桑吉"轮的右舷，造成后者起火爆燃，船上 32 名船员全部遇难。1 月 14 日，"桑吉"轮沉没。

事故刚发生时，财新环科组即成立了报道组，并派记者前往一线。

该篇数据新闻的作者在看到这个新闻后,认识到了事件的重大性,他觉得应该做一个数据新闻,并且对事故过程的还原是十分适合用动态图表现的。在向编辑报题通过之后,作者迅速联系了环科组的记者进行合作,因为单靠作者一个人去网络搜索获得二手信息显然不够准确和迅速,一线记者获取信息更快更准确。同时作者和工程师进行沟通,迅速将事发过程做了一个动图,并将动态图嵌在环科组的报道里发布。

同时,作者和设计师合作,制作了一组长图《图解东海撞船事件》,包含对凝析油的科普、可能带来的危害的分析以及以往石油泄漏事故的梳理,如图 3.1(见彩插)所示。这篇报道在"数字说"栏目发布,并且之前做的动图也在这篇报道里得到复用,收到了很好的反馈。

这篇报道的作者认为做突发事故时,还原现场非常重要。因为在事情刚发生的时候,很多信息是模糊的,读者的疑问很多,可视化就是直观地呈现过程,其形象程度远超文字。但要注意选择的可视化手段一定要简单易操作,且不能要求对数据太过深挖或者过于追求报道全面而错过了时机。这个想法也在后来的一次报道中得到印证。

案例二　《财新》数字说栏目《兰海高速甘肃段 17 公里夺命下坡路是怎样一条路?》报道记者手记——丁苗

2018 年 11 月 3 日晚,G75 兰海高速兰州南收费站附近发生惨烈交通事故。当晚,一辆拉运塔吊的辽宁籍半挂车沿兰海高速公路由南向北行驶,经新七道梁 17 公里长下坡路段,行驶至距兰州南收费站 50 米处,与排队等候缴费通行的车辆发生碰撞。事故造成 15 人死亡、44 人受伤,其中重伤 10 人,肇事司机轻伤,31 车受损。

关于事故原因,公安部门的调查显示,肇事司机因频繁刹车致刹车失灵,临危采取措施不当,又是第一次在兰海高速行驶,不了解路况,车辆失控后惊慌失措,行至兰州南收费广场时发生交通事故。而据媒体报道,这段路程有 17 公里的下坡路,这是司机频繁刹车的原因,这段夺命下坡路到底是什么状况,一时难有一个直观的呈现。

这篇报道的数据新闻记者想如果能获取这 17 公里的海拔落差,并进行横截面展示,将有助于说明这个问题。接下来就是寻找有海拔数据的地图,在尝试了百度、高德均失败的情况下,最后在 Google Earth 找到了这一功能,迅速和工程师合作,用 Google Earth 定位了这段路程,并标示出了这段路的海拔差,差值竟然至少有 661 米! 路段如此危险,问责呼之欲出。我们迅速制作了一张静态图进行了发布,如图 3.2(见彩插)所示。整个过程只用了一天时间,虽然数据只有一组,但能找准一个痛点进行展示就是应对突发新闻的成功，这是数据新闻选题策划要求的第一点。

第二点就是对时间窗口的把握。财新"数字说"编辑黄晨曾总结说，一般一个事情的完整周期中包含三个时间窗口：事故刚发生的时候、有了新进展的时候、调查结果出来的时候。这时你要明确自己的报道抓的是哪个窗口：事故现场的还原要抓第一时间窗口，更进一步的梳理可以抓第二、三窗口，二、三窗口是可以做一些长线操作的。

第三点就是要和一线记者保持密切沟通，掌握一手资料。

二、数据有所缺失的选题应该如何策划？

案例三　　《财新》数字说栏目《场馆们的后奥运时代》报道记者手记
　　　　　　——丁苗

2018年是北京奥运十年的节点，财新"数字说"曾做了一个"场馆们的后奥运时代"项目，想看看当年建造的奥运场馆的现状，核心数据应该是各场馆的建造成本、运营成本、运营利润等，但遗憾的是这些数据都没找到。后来"数字说"在豆瓣同城找到了2009年至2018年的奥运场馆举办的活动的信息，这算是有了一个支撑点：从各场馆举办的文化演出、体育赛事、嘉年华等活动看出各场馆的利用率，但仍感觉有所欠缺。这时候数据新闻记者了解到图片部也想做这个选题，图片记者有亲自去各场馆拍摄，于是将很多反映场馆现状的照片放入项目，起到了很好的增补作用，如图3.3（见彩插）、图3.4（见彩插）和图3.5（见彩插）。

这个项目一方面是想说跨部门协作的重要性，另一方面是要讲，融媒操作是数据新闻很重要的一点，可以用这部分补数据短板。

当然，如果数据缺失太多，还是要适时选择放弃。一个记者要接受选题被毙掉或者走投无路的命运，这甚至比选题通过更为常见，唯一能做的就是马上思考下一个选题。

三、关于"data-driven"的"迷思"

案例四

发现数据背后的秘密可能是很多数据新闻工作者执着的理想，就像1854年约翰·斯诺（John Snow）医生通过标注霍乱病患的位置而推断饮用水是霍乱传播的渠道而非空气一样，数据新闻工作者很想通过数据发现隐藏在数据背后的规律，而不仅仅是数据的华丽展示，虽然展示是媒体发挥传播效用很重要的一点。

这通常不容易,秘密有时被层层叠盖,并非仅仅由数据可以揭露,但有这种可能性的时候,记者能做的就是敏锐捕捉,在关键时刻助推一把。

财新"数字说"在《年终策划:2016年的楼市》这篇报道中,在第二张信息图里(图3.6,见彩插),将楼市政策与房价走向叠加,最终窥视到一个秘密,即政府政策在房价下跌前半程最为密集,在房价上涨后半段才最为密集,所以地方政府到底更怕房价涨还是更怕房价跌,微妙心理尽显其中。

本章内容小结

本章介绍了数据新闻生产环节的第一步——选题与策划相关的理论知识,并结合新闻报道案例,对一些实际生产过程中的操作问题进行了讨论。数据新闻选题大致分为数据驱动和故事驱动两大类,即从数据中找故事和从故事出发找数据。

对于选题的选择我们需要综合多方面的因素,新闻价值判断、媒体立场、数据限制以及自己的兴趣。不同报道类型的数据新闻,其选题策划以及后续工作也存在很大差异,例如常规型数据新闻和调查型数据新闻,在耗时、数据技能、报道逻辑等方面要求不同,这也导致在选题选择上存在差异。

最常见的就是突发新闻求快求新,而数据新闻的制作周期一般较长,二者如何达到自洽呢?本章结合新闻案例认为,如果能够找准一个痛点即使是进行简单的静态展示也是数据新闻应对突发新闻的成功;另外要把握好报道的时间窗口;最后一点,就是要和一线记者保持密切沟通,掌握一手资料。

由于数据新闻报道中数据是报道的主要内容,数据对新闻的影响必然从生产的第一步就已经存在了。数据维度和纵深越丰富,选题选择角度的空间越大,能找到独特的、可进行数据分析的角度的可能性越大。

本章练习

1. 数据新闻选题有哪些类型?如何进行选择?

2. 如果你是一位数据新闻记者,当发生一个重大新闻事件时,你应该怎么做?

3. 随机选择一个新闻报道,就其报道对象从数据新闻角度提出多个选题策划,并考虑具体操作。

推荐参考资料

[1] 陈积银.数据新闻案例教程[M].西安:西安交通大学出版社,2018.

［2］许向东.数据新闻：新闻报道新模式［M］.北京：中国人民大学出版社,2017.

［3］罗杰斯.数据新闻大趋势：释放可视化报道的力量［M］.岳跃,译.北京：中国人民大学出版社,2015.

［4］方洁.数据新闻概论：操作理念与案例解析［M］.北京：中国人民大学出版社,2015.

第四章　数据来源与数据获取

巧妇难为无米之炊,想要做好一个数据新闻作品,获得数据是前提。数据新闻记者经常会碰到这样的情形:出现一个非常好的新闻选题,但往往因为最关键的数据无法获得,只能遗憾放弃。实践中,数据新闻记者往往在数据获取方面会碰到各种各样的问题,这些问题包括:

1. 有哪些可供使用的数据?

2. 可以通过什么方式得到所要的数据?

有时候,即使你知道数据就在这里,但是你仍然会碰到非常棘手的问题,比如:我们通过网络查找到一些关键数据,但发现这些数据并不是可以直接下载使用的,而是需要付费使用的,甚至有时候付费还是比较昂贵的;有时也可能会碰到这样的遭遇,当我们正在庆幸可以从一个网站上免费下载得到所需要的数据时,打开数据文件,发现这些数据文件并不是用常规的格式保存的,而且我们也没有合适的工具从数据文件中提取有用的信息(除了人工方式)。在采集数据的时候,有可供直接下载数据是比较容易处理的情况,更难的情况在于需要自己去收集数据,比如想要从网络上收集某一主题的数据,你需要具备一定的编写爬虫程序的能力,这样才能收集到所需要的数据。

在获取数据过程中,我们需要处理两个主要问题:一是找到数据来源;二是从数据来源获得数据。本章节将重点围绕这两个问题介绍数据新闻生产中的数据获取过程。

第一节　数据来源

数据从何而来? 从目前来看,数据来源主要包括以下几类:开放数据、平台数据、自我收集数据及文献数据。

一、开放数据(open data)

网络技术的发展,为数据开放提供了可能性。美国于 2009 年发起了开放数据运动,随着越来越多国家的加入,数据开放逐渐成为一种世界潮流,也让开放数据成为当前公众可以免费获取的最重要的数据来源。

什么样的数据才是真正的开放数据？是否公开的数据就是开放数据呢？对于开放数据，目前有多种版本的定义。

根据世界银行的定义①，开放数据是指数据可以被任何人自由免费地访问、获取、利用和分享的数据。开放数据的开放性包括两个维度：其一是数据必须是合法开放的，这意味着它们必须置于公共领域或在自由使用条款下，并且限制最少。其二是数据必须在技术上是开放的，这意味着它们必须以机器可读和非专有的电子格式发布，以便任何人都可以使用通用的免费软件工具访问和使用数据。数据还必须公开可用并可在公共服务器上访问，无需密码或防火墙限制。

2013年6月，八国集团首脑在北爱尔兰峰会上签署《开放数据宪章》，其将开放数据定义为具备必要的技术和法律特性，从而能被任何人、在任何时间和任何地点进行自由利用、再利用和分发的电子数据。《开放数据宪章》提出开放数据的六大原则，分别为默认开放、及时和全面、可获取可利用、可比较和关联、为改善治理与公众参与、为实现包容性发展与创新。

开放知识基金会的《开放数据手册》认为开放数据应该满足如下几个标准②：

可获取性和可访问性：作品应当能够被完整获取，并且所需的花费应当不超过合理的重制费用（较好的获取方案是提供从网络下载数据的途径），同时数据也必须使用方便修改的格式。

再利用和再分发：数据应当使用允许再利用和再分发（包括与其他数据集整合后再分发的情况）的许可协议。

普遍参与性：每一个人都应当能够使用、再利用、再分发那些数据，不允许有限制个人或团体使用的协议，如存在非商业用途限制或者限制只能在规定领域使用等情况。

综上所述，尽管对什么是开放数据存在多种版本的描述，但开放数据核心特征基本一致，那就是容易获取且基本免费，允许重复使用和转发，以及数据使用基本不受限制（除非涉及国家安全或者个人隐私）。

二、平台数据

大数据的价值日益显现，由此催生出大量以数据交易为目的的大型数据交

---

① 世界银行：开放数据的定义. 网址：http://opendatatoolkit.worldbank.org/en/essentials.html，2018年11月16日。

② 开放数据手册. 网址：http://opendatahandbook.org/guide/zh_CN/what-is-open-data.2018年11月16日。

易平台。和开放数据不同,平台数据大多服务于商业目的,付费、专业、细分是平台数据的核心特征。

目前主要存在两类数据平台:大型数据交易平台和网络指数平台。

1. 大型数据交易平台。这类平台可以为用户提供非常个性化的数据定制服务,依靠平台本身所拥有的强大的大数据技术以及广泛的行业数据来源渠道,向用户提供专业性强且内容细分的行业数据。当然要获取此类数据,用户也需要花费较高的使用成本。如优易数据(https://www.youedata.com)、数据堂(http://www.datatang.com)。

2. 网络指数平台。一些大型网络平台,由于拥有基数庞大的使用用户,其手中掌握着大量的用户注册资料和用户使用行为数据。这些平台利用自身平台的数据,进而开发出相关的指数产品。如阿里指数、百度指数、爱奇艺指数等。

三、自我收集的数据

当开放数据和平台数据无法满足数据需求时,可以考虑根据自己的数据需求,运用一定的数据采集方法进行自我收集。自我收集数据有很多优点,可以对数据采集过程进行较好地控制,可以对所收集的数据进行严格把关。收集数据的方法有很多,主要分为两类:

1. 通过社会科学研究方法获取数据。此类数据一般称为小数据,因为所获取的数据规模一般不太大,当数据规模达到 1000 时,已经是传统意义上的大样本数据了,但对于目前的大数据来说,1000 个样本规模的数据根本不值一提。

2. 网络爬取数据。网络空间存在大量的可使用数据,依据人工浏览的方式获取数据,效率太低,遇到规模大的数据,此方法难以实施。好在现有的爬虫技术能够较好地解决这个问题。基于网络爬虫技术,将存于网页上的数据直接爬取下来,并转换成可供处理的结构,成为当前网络数据采集的一种主要手段。

四、文献中的二手数据

在找数据的时候,有时候也会遇到比较棘手的问题,那就是开放数据中没有办法找到,平台数据付费太高无法承担,自我收集耗时来不及应对,此时还可以尝试从文献中寻找二手数据。

二手数据主要是指存在于各类已经出版或者公开发表的文献中的数据。文献可以包括多种类型,如著作、报纸、期刊论文、会议论文及各类行业发展报告、蓝皮书等。文献中的二手数据的使用具有以下一些特点:

(1)二手数据是经过处理的数据分析结果。文献中的数据一般是作者经过个人数据分析之后报告的数据分析结果,对于想要获取原始数据满足其他数据分析需求的使用者来说,这类数据在使用上存在诸多不便。

（2）二手数据的获取存在一定的难度，但数据使用便利性好。文献获取一般需要一定的成本，而且寻找到相关文献也可能是一个比较耗时的过程。但是，一旦得到文献，其中的数据是可以立即使用的，因此数据在使用及时性上是比较好的。

（3）二手数据的使用较少受限制。已经出版或者公开发表的文献，使用者只要注明出处，一般的使用和转发是不会受到限制的。

以上四类不同来源数据，各有优点，也各有弊端。为了更清晰地展现这四类数据的优缺点，可以从使用成本、获取难度、使用便利性及使用限制等四个维度进行比较，比较结果如表 4.1 所示。可以明显看出，开放数据是所有数据来源中最好利用的数据来源，其使用成本低、获取难度低、使用限制低且使用便利性高。平台数据在获取难度和使用便利性上表现较好，但其使用成本及使用限制高，使得平台数据仅限于服务有特定需要的用户。自我收集存在较高的技术门槛是限制其使用的主要因素，而通过文献获得的二手数据，使用便利性低，这也限制了该类数据的广泛使用。

表 4.1　不同数据来源数据特征的比较

数据来源	比较维度			
	使用成本	获取难度	使用便利性	使用限制
开放数据	低	低	高	低
平台数据	高	低	高	高
自我收集	中	高	高	低
文献收集	中	中	低	低

第二节　开放数据的获取

容易获取是开放数据的一个重要特征。随着开放数据运动的发展，越来越多的国家和组织加入，开放数据日益丰富。对于开放数据的使用者来说，最主要的是了解有哪些开放数据以及从何处获取这些开放数据。本节将主要介绍国内外一些重要的开放数据来源。

一、政府门户开放数据平台

由于各国政府均掌握体量巨大的数据资料，在政府数据开放运动的推动下，政府门户开放数据成为最重要的开放数据来源，具有极其重要的社会价值。

从全球范围来看，建立统一的政府开放数据门户，集中开放可加工的数据集

是各国数据门户网站的一个普遍做法。各国数据门户网站域名中都普遍带有
"数据"和"政府"字样,如"data. gov"(英语),"datos. gob"(西班牙语)等。在门
户网站上,重点开放可机读的数据集、应用程序等资源,有些数据门户网站还设
置了供开发人员参与和公众反馈的专栏。

　　在全国范围内建立统一的开放数据门户是各国的通行做法。但是,由于国
家间的差异,有些地方、部门也建立了单独的数据开放门户网站。如新加坡采用
的是统一数据门户网站 data. gov. sg,截至 2014 年 2 月 10 日,新加坡在门户网
站上开放了 68 个部门的 8733 个数据集,实现了全国范围内的整合。美国的数
据门户网站(The home of the U. S. Governments open data)data. gov 在 2014
年 1 月全面改版,截至 2014 年 2 月 10 日,网站上共开放了 88137 个数据集、349
个应用程序、140 个移动应用,参与的部门达到 175 个。除了在国家数据门户网
站上整合部分州、地方政府的数据集外,美国还有 40 个州、44 个县市建立了单
独的数据门户网站。美国的数据开放格式多达 46 种,其中应用最多的格式是
HTML、ZIP 和 XML3 种,数据集分别有 20775 个、12517 个和 11992 个。英国
除了全国统一的数据门户网站外,伦敦、曼彻斯特等地以及索尔福德市议会等
16 个地方和部门还建立了独立的开放数据门户。在英国的数据开放门户网站
data. gov. uk 上,共开放了 13670 个公开的数据集以及 4170 个非公开的数据
集。印度目前使用的是全国统一的数据开放门户网站 data. gov. in,共开放了
5811 个数据集,有 58 个部门和 4 个州参与,开放了 24 个应用程序。各国开放
的数据集以 CSV、HTML、XLS、NII、PDF 等一种或多种格式呈现①。表 4.2 列
出了当前世界各主要国家或地区的政府开放数据门户平台及其域名。

表 4.2　世界主要国家或地区政府开放数据门户平台及域名

国家或地区	门户网站域名	国家或地区	门户网站域名
阿根廷	http:// www. datos. gob. ar/	摩洛哥	http:// data. gov. ma/
澳大利亚	http:// www. data. gov. au/	荷兰	http:// data. overheid. nl/
奥地利	http:// data. gv. at/	新西兰	http:// www. data. govt. nz/
巴林	http:// www. bahrain. bh/ wps/portal/data/	挪威	http:// data. norge. no/
比利时	http:// data. gov. be/	阿曼	http:// www. oman. om/ opendata
巴西	http:// dados. gov. br/	秘鲁	http:// www. datosperu. org/

　　① 李苑. 全球政府开放数据的四大特点. 网址:http://intl. ce. cn/specials/zxgjzh/201402/20/
t2014-0222_23433409. shtml

续表

国家或地区	门户网站域名	国家或地区	门户网站域名
加拿大	http://open.canada.ca/en	菲律宾	http://data.gov.ph/
智利	http://datos.gob.cl/	葡萄牙	http://www.dados.gov.pt/pt/inicio/inicio.aspx
中国	http://govinfo.nlc.gov.cn/	韩国	http://www.data.go.kr/
哥伦比亚	www.datos.gov.co	罗马尼亚	http://data.gov.ro/
哥斯达黎加	http://datosabiertos.gob.go.cr	俄罗斯	http://opengovdata.ru/
丹麦	http://digitaliser.dk/	沙特阿拉伯	http://www.data.gov.sa/
爱沙尼亚	http://pub.stat.ee/px-web.2001/Dialog/statfile1.asp	塞拉利昂	http://opendata.gov.sl/
芬兰	http://www.suomi.fi/suomifi/tyohuone/yhteiset_palvelut/avoin_data/	新加坡	http://data.gov.sg/
法国	http://data.gouv.fr/	斯洛伐克共和国	http://data.gov.sk/
德国	https://www.govdata.de/	南非	http://data.gov.za/
加纳	http://data.gov.gh	西班牙	http://datos.gob.es/
希腊	http://geodata.gov.gr/geodata	瑞典	http://oppnadata.se/
印度	http://data.gov.in/	东帝汶	http://www.transparency.gov.tl/
印度尼西亚	http://satupemerintah.net/	特立尼达和多巴哥	http://data.gov.tt/
爱尔兰	http://www.statcentral.ie/	突尼斯	http://www.data.gov.tn/
意大利	http://www.dati.gov.it/	乌克兰	http://data.gov.ua/
日本	http://www.data.go.jp/	阿拉伯联合酋长国	http://opendata.nbs.gov.ae/
肯尼亚	http://opendata.go.ke/	英国	http://data.gov.uk/
墨西哥	http://datos.gob.mx/	乌拉圭	http://datos.gub.uy/
摩尔多瓦	http://data.gov.md/		

数据来源：https://www.data.gov/open-gov/，查询日期：2018年11月16日。

上海市于2012年6月首先上线试运行"上海市政府数据服务网"，是中国最早的地方政府开放数据门户平台,随后各省市级政府也相继推出开放数据门户平台,目前国内政府开放数据平台做得较好的省市主要有上海市、广东省、贵州省、浙江省和山东省。表4.3列出了中国主要的政府开放数据门户平台及其域名。

表 4.3 中国政府数据开放平台一览表

数据平台名称	地点	层级	平台域名
北京市政务数据资源网	北京市	省级	http://www.bjdata.gov.cn/
开放广东	广东省	省级	http://www.gddata.gov.cn/
贵州省政府数据开放平台	贵州省	省级	http://www.gzdata.gov.cn/
江西省政府数据开放网站	江西省	省级	http://data.jiangxi.gov.cn/
开放宁夏	宁夏回族自治区	省级	http://ningxiadata.gov.cn/
山东公共数据开放网	山东省	省级	http://data.sd.gov.cn/
上海市政府数据服务网	上海市	省级	http://www.datashanghai.gov.cn/
浙江政务服务网	浙江省	省级	http://www.zjzwfw.gov.cn/
广州市政府数据统一开放平台	广东省广州市	副省级	http://www.datagz.gov.cn/
深圳市政府数据开放平台	广东省深圳市	副省级	http://opendata.sz.gov.cn/
哈尔滨市政府数据开放平台	黑龙江省哈尔滨市	副省级	http://data.harbin.gov.cn/
武汉市政府公开数据服务网	湖北省武汉市	副省级	http://www.wuhandata.gov.cn/
济南公共数据开放网	山东省济南市	副省级	http://data.jndata.gov.cn/
青岛公共数据开放网	山东省青岛市	副省级	http://data.qingdao.gov.cn/
宁波市政府数据服务网	浙江省宁波市	副省级	http://www.datanb.gov.cn/
数据东莞	广东省东莞市	市级	http://dataopen.dg.gov.cn/
佛山市数据开放平台	广东省佛山市	市级	http://www.fsdata.gov.cn/
开放惠州	广东省惠州市	市级	http://data.huizhou.gov.cn/
开放江门	广东省江门市	市级	http://data.jiangmen.gov.cn/
梅州市人民政府	广东省梅州市	市级	https://www.meizhou.gov.cn/opendata
阳江市政府网	广东省阳江市	市级	http://www.yangjiang.gov.cn/sjkf/
肇庆市人民政府	广东省肇庆市	市级	http://www.zhaoqing.gov.cn/sjkf/
中山市政府数据统一开放平台	广东省中山市	市级	http://zsdata.zs.gov.cn/web/index
贵阳市政府数据开放平台	贵州省贵阳市	市级	http://www.gyopendata.gov.cn/
荆门市人民政府	湖北省荆门市	市级	http://data.jingmen.gov.cn/
长沙市政府门户网站数据开放平台	湖南省长沙市	市级	http://www.changsha.gov.cn/data/
苏州市政府数据开放平台	江苏省苏州市	市级	http://www.suzhou.gov.cn/dataOpenWeb/
无锡市政府数据服务网	江苏省无锡市	市级	http://etc.wuxi.gov.cn/opendata/
开放扬州	江苏省扬州市	市级	http://data.yangzhou.gov.cn/
滨州公共数据开放网	山东省滨州市	市级	http://bzdata.sd.gov.cn/
德州公共数据开放网	山东省德州市	市级	http://dzdata.sd.gov.cn/

续表

数据平台名称	地点	层级	平台域名
东营公共数据开放网	山东省东营市	市级	http:∥dydata.sd.gov.cn/
菏泽公共数据开放网	山东省菏泽市	市级	http:∥hzdata.sd.gov.cn/
济宁公共数据开放网	山东省济宁市	市级	http:∥jindata.sd.gov.cn/
聊城公共数据开放网	山东省聊城市	市级	http:∥lcdata.sd.gov.cn/
临沂公共数据开放网	山东省临沂市	市级	http:∥lydata.sd.gov.cn/
日照公共数据开放网	山东省日照市	市级	http:∥rzdata.sd.gov.cn/
泰安公共数据开放网	山东省泰安市	市级	http:∥tadata.sd.gov.cn/
威海公共数据开放网	山东省威海市	市级	http:∥whdata.sd.gov.cn/
潍坊公共数据开放网	山东省潍坊市	市级	http:∥wfdata.sd.gov.cn/
烟台公共数据开放网	山东省烟台市	市级	http:∥ytdata.sd.gov.cn/
枣庄市公共数据开放网	山东省枣庄市	市级	http:∥zzdata.sd.gov.cn/
淄博公共数据开放网	山东省淄博市	市级	http:∥zbdata.sd.gov.cn/

数据来源：中国地方政府数据开放报告(2018)，复旦大学数字与移动治理实验室。

通过政府开放数据的门户网站，用户很容易就可以找到一个国家或地区的各类数据，如财政收入与支出，医疗、交通、环境、教育等各领域数据。从目前来看，政府开放数据的内容主要集中在民生领域，多为与民众日常生活息息相关的数据。

例如进入上海市政府数据服务网（如图 4.1 所示），就可以在首页上看到各个数据的领域归类，包括经济建设、资源环境、教育科技、道路交通、社会发展、公共安全等。通过点击相应领域，用户可以非常便利地找到自己所需要的数据内容。

图 4.1　上海市政府数据服务网主页面

二、国际组织的开放数据和专题数据库

政府开放数据一般集中于社会发展和民生领域的数据,而国际组织门户及各类专题数据库则会提供更加专业、领域更为细分的开放数据。对于数据新闻记者来说,熟悉一些重要国际组织门户网站或专题数据库是非常重要的学习内容。本节将介绍国际组织机构开放数据门户平台及专题数据库的获取方式。

1. 联合国数据(UNdata)

联合国数据是为全球用户提供的一项网络数据服务。它通过单一入口进入使用户可以轻松访问国际统计数据库。用户可以搜索和下载联合国(UN)统计系统和其他国际机构编制的各种统计资源。以"数据集"(datamarts)形式存储的众多数据库或表包含 6000 多万个数据点,涵盖广泛的统计主题,包括农业、犯罪、通信、发展援助、教育、能源、环境、金融、性别、健康、劳动力市场、制造业、国民账户、人口与移民、科学技术、旅游、运输和贸易。[1]

联合国数据门户除了自身拥有海量的数据信息,也提供各个国家统计数据的网站链接,通过这些链接,用户可以非常快速地访问各个国家的统计数据,如图 4.2 所示。

图 4.2 联合国数据门户网站内各国家统计数据链接[2]

---

① 资料来源:http://data.un.org/Host.aspx? Content=About,查询时间:2018 年 11 月 16 日。

② 资料来源:http://data.un.org/Host.aspx? Content=CountryLinks,查询时间:2018 年 11 月 16 日。

此外,联合国数据门户还提供其他一些重要国际组织的开放数据门户链接,如世界粮农组织(FAO)、世界劳工组织(ILO)、国际货币基金组织(IMF)、国际电信联盟(ITU)、世界银行(WB)、联合国儿童基金(UNICEF)、世界卫生组织(WHO)等,这些国际组织开放数据成为数据新闻记者在从事跨国调查报道项目时非常重要的数据源,如图4.3所示。

图4.3　联合国数据内各主要国际组织门户链接①

2. 专题数据库

专题数据库一般以某个主题为目标而收集数据,最后整理成为可供使用的开放数据。

如果你想了解世界范围内发生的航空事故信息,那么就可以去访问以收集世界范围内发生的航空事故数据为主的航空事故数据库(Accident Data-base)②。该数据库收集的数据包括:全球范围内定期和非定期的民用及商用客机的航空死亡事故(包括所有美国Part 121和Part 125中的死亡事故);所有涉及货物运输、定位飞行、飞行器摆渡和试飞的致命事故;所有死亡人数在10人及以上的军事交通事故;所有死亡人数超过10人的商业和军事直升机事故;所有涉及死亡的民用和军用飞艇事故;涉及名人死亡的航空事故。

---

① 资料来源:http://data.un.org/Partners.aspx,查询时间:2018年11月16日。
② 资料来源:http://www.planecrashinfo.com/database.htm,查询时间:2018年11月20日。

但如果你想做的是与全球恐怖主义相关的选题,那么可以去访问专门收集世界范围内恐怖主义活动数据的全球恐怖主义数据库(Global Terrorism Database,GTD)[1]。全球恐怖主义数据库(GTD)是一个开源数据库,包括 1970 年至 2017 年全球恐怖主义事件的信息。与许多其他事件数据库不同,GTD 包括在此期间发生的国内以及跨国和国际恐怖事件的系统数据,现在包括超过 180,000 个案例。对于每次事件,GTD 都可以获得有关事件发生的日期和地点,使用的武器和目标的性质,伤亡人数以及可识别的负责的团体或个人的信息。

专题数据库数量很多,利用 Google 这一类搜索工具就可以很快找到,本教材附录也提供了一些非常实用的国际数据库以供参考。作为一个数据新闻记者,在为某一选题进行数据源收集时,应该特别重视对此类专题数据库的查找和收集工作,并且有意识地将已知的这些专题数据库进行适当归类和保存,通过逐渐的积累,提高自己收集数据的效率。

第三节　自我收集数据的获取

尽管网络上存在大量可利用的数据,但是这些数据也不一定总是能够满足数据新闻记者的需求。而平台数据或者专业调查公司付费成本过高,一般的数据新闻选题也很少会通过购买平台数据方式或者委托专业调查公司获取。此时数据新闻记者面临着需要自我采集数据的情境,因此掌握一些实用的自我采集数据的方法和技术对于数据新闻记者来说是非常必要的。

自我收集数据主要包括两大类,即调查数据和网络抓取数据,本节将重点介绍以上两类数据的特点和获取方式。

一、调查数据

调查数据一般是指通过精心的调查设计,运用一定的采集方式(访谈、问卷或者观察等),从调查对象直接获取数据。运用调查方式获取的数据规模一般都不会太大,通常称之为小数据。调查样本一般在 300～500 个,1000 以上的已经属于大样本了。有时候,一些大型社会调查数据也会有 1 万以上的规模,此类调查数据成本高昂,不是普通数据新闻报道可以承受的。

1. 调查数据的特点

大数据时代,数据规模动辄百万以上,甚至以 TB 为计数单位,相比之下,调查数据确实可以说是"小数据"。但是,调查数据也有很多不可忽视的优点。

---

[1]　资料来源:https://www.start.umd.edu/gtd/,查询时间:2018 年 11 月 20 日。

首先，调查数据结构好，易于处理分析。经过严格调查设计获取的数据，有非常好的数据结构。如通过问卷调查获取的数据，一般都是经过事前编码，因此数据获取之后可以直接利用统计软件分析处理，使用起来非常方便快速。

其次，调查数据具有良好的代表性。如果调查设计得当，抽样方式科学，通过调查获得的样本数据可以有良好的代表性，其对总体情况的描述可以进行科学的误差估计和推断，调查数据的这一特点是很多大数据无法比拟的。大数据虽然规模大，但始终是局部数据，无法估计大数据对总体的描述存在多大的误差。

调查者可以严格监控调查数据的获取。在调查获取数据的过程中，调查者可以始终监控调查数据的获取过程，可以充分保证数据真实性，这也是调查数据的一大优点。

2. 调查数据的获取

一般而言，要获取高质量的调查数据，需要引入一定的社会科学研究方法，通过科学抽样方式获取的样本数据，可以实现对总体的精确描述。调查数据的获取一般需要经过以下几个过程：

（1）确定调查对象和调查总体。在确定调查对象的过程中，需要结合调查目的，明确受访者的特征；同时确定调查总体时，也要注意区分理论总体和现实总体之间可能存在的差异。在调查操作过程中，往往会为了操作的可行性，使现实总体在一定程度上背离理论总体，但这应该控制在可接受水平之内。

（2）确定科学抽样设计。样本代表性很大程度上取决于样本是以何种方式从总体中被提取的。在有条件的情况下，一般建议实施随机抽样，从理论上保障样本统计得到的结果可以推论到相应的总体。根据调查总体的具体情况，可以有选择性地采用简单随机抽样、系统抽样、分层抽样、整群抽样、多级抽样及PPS抽样等一种或者多种组合抽样，尽可能得到代表性较好的样本。当然如果条件不具备，也可以采用一些非随机抽样的方式，如偶遇抽样、判断抽样、配额抽样或者滚雪球抽样等，但是当使用这些抽样方式产生样本时，对统计结果的报告需要谨慎，不要将其推广到对总体特征的描述。

（3）设计调查问题。调查问题决定着将从受访者身上获取什么样的数据，因此在整个数据获取中也是非常重要的一环。在设计调查问题时，需要注意几个问题：一是访问的问题要与调查目的是相关的。不要问与调查无关的问题，不要浪费任何一个调查问题，要保证这些调查问题每一个都很重要，可有可无的宁可不要。二是注意区分问题的类型。调查中可能会遇到两类问题：事实性问题和态度性问题，注意对这两类问题应该采用不同的测量方式。三是注意设计问题的测量水平。问题的测量水平直接关联到随后应用的数据分析方法。问题测量水平可以基本分为名义、顺序、等距和等比，在进行问题设计时，应充分考虑问题测量水平是否满足之后的数据统计要求。

（4）严格监控调查执行的过程，保证数据的真实可靠性。在调查过程中，有许多因素会影响调查数据的质量，尤其是在数据真实性方面需要给予特别重视。如加强访问员培训的质量、向受访者耐心地解释、一定方式的调查激励措施和最后的数据核查等，每一个环节都需要精心准备和设计。

二、网络抓取数据

在网络空间还存在着大量的非结构化数据，如论坛空间里的文本数据、社交媒体中的用户特征数据及各类关系数据，获取此类数据仅靠人工收集是无法实现的，需要借助于技术的支持。网络爬虫技术就是一种从网络空间获取数据的有效手段。对于数据新闻记者来说，如果掌握从网络抓取数据的技术，将会给他获取数据带来极大的便利。当然学习网络爬虫技术确实存在一定的技术门槛，而且也不一定适合任何背景的数据新闻记者，有时候利用一些已有的数据小工具，也能实现一定条件下网络数据抓取，大大提高数据获取的效率。

1. 网络爬虫技术获取数据

网络爬虫是指一种能自动获取网页内容并可以按照指定规则提取相应内容的程序。爬虫的原理并不复杂，主要是从一个或若干初始网页的 URL 开始，获得初始网页上的 URL，在抓取网页的过程中，不断从当前页面上抽取新的 URL 放入队列，直到满足系统的一定停止条件。可以发现，借助于爬虫技术，你不再需要重复地进行从一个个网页对所需要获取的内容进行复制粘贴的工作，不仅如此，你还可以设计好获取内容的存储格式，使获取的内容按要求下载并存储起来。

如何开发爬虫？开发爬虫程序会涉及编程语言，目前来说，大多数爬虫是用后台脚本类语言写的，其中 python 无疑是用得最多最广的。python 语言由于其易懂易学，而且拥有很多优秀的库和框架，如 scrapy、BeautifulSoup、pyquery、Mechanize，成为最受欢迎、使用者最多的一种爬虫程序语言，也是最适合初学者入门的爬虫编程语言。

如果我们想从某个网页上获取一些图片，可以通过下面这一个具体的例子来简单演示 python 实现简单爬虫功能的过程。[①]

第一步，获取图片所在页面的数据。需要先获取要下载图片的整个页面信息，为此需要调用 python 中的 Urllib 模块，Urllib 模块提供了读取 Web 页面数据的接口，可以像读取本地文件一样读取 www 和 ftp 上的数据。python 编程实现上述简单爬虫功能的过程如图 4.4 所示。

---

① 资料来源：https://www.cnblogs.com/fnng/p/3576154.html，查询日期：2018 年 11 月 20 日。

```
#coding=utf-8
import urllib #调入 urllib 模块

def getHtml(url)：#定义了一个 getHtml()函数
    page = urllib. urlopen(url) #用 urllib. urlopen()方法打开一个 URL 地址
    html = page. read() #用 read()方法读取 URL 上的数据
    return html

html=getHtml("http://tieba. baidu. com/p/2738151262")
#向 getHtml()函数传递一个网址,并下载整个页面

print (html) #执行程序整个网页打印输出
```

图 4.4　python 中实现获取图片所在页面数据的过程

　　第二步,筛选页面中想要的数据。虽然得到了整个页面的数据,但我们仅需要其中的图片,其他信息并不需要,该步骤中要做的工作就是把我们所需要的内容提取出来。此时,需要调用 python 中另一个非常强大的模块 regex,该模块提供非常强大的正则表达式,用正则表达式编写程序,提取我们所需要的信息内容,实现过程如图 4.5 所示。

　　假如我们在百度贴吧找到了几张漂亮的壁纸,通过前端查看工具,找到了图片的地址,如:src="http://imgsrc. baidu. com/forum…jpg"pic_ext="jpeg"。

```
import re #调用 regex 模块
import urllib

def getHtml(url)：
    page = urllib. urlopen(url)
    html = page. read()
    return html

def getImg(html)：#创建了 getImg()函数
    reg = r'src="(. +? \. jpg)" pic_ext' #编写正则表达式
    imgre = re. compile(reg) #把正则表达式编译成一个正则表达式对象
    imglist = re. findall(imgre,html) #读取 html 中包含 imgre(正则表达式)的数据
    return imglist
#运行脚本将得到整个页面中包含图片的 URL 地址
html = getHtml("http://tieba. baidu. com/p/2460150866")
print (getImg(html))
```

图 4.5　python 中实现提取页面中所需要数据的过程

第三步,将页面筛选出的数据保存到本地,利用 urllib. urlretrieve()方法,可以直接将远程数据下载到本地,实现过程如图 4.6 所示。

```
# coding＝utf-8
import urllib
import re

def getHtml(url):
    page ＝ urllib. urlopen(url)
    html ＝ page. read()
    return html

def getImg(html):
    reg ＝ r'src＝"(. ＋? \. jpg)" pic_ext'
    imgre ＝ re. compile(reg)
    imglist ＝ re. findall(imgre,html)
    x ＝ 0
    for imgurl in imglist: # 通过一个 for 循环对获取的图片连接进行遍历
        urllib. urlretrieve(imgurl,'%s. jpg' % x)
        # urllib. urlretrieve()方法,将远程数据下载到本地
        x＋＝1 # 对下载图片文件进行重命名,命名规则通过 x 变量加 1

html ＝ getHtml("http:∥tieba. baidu. com/p/2460150866")
print (getImg(html))
# 程序运行完成,将在目录下看到下载到本地的文件
```

图 4.6　python 中实现数据保存的过程

2. 利用现成的工具抓取网页内容

如果觉得就算是像 python 这样简单的编程语言,对于你来说也是一道不可逾越的技术障碍,那么是否意味着你在自主获取网络数据方面已经走投无路了呢? 好在天无绝人之路,强大的网络空间同样提供多种可供利用来抓取网页数据的方便工具,甚至一些还可以提供免费的在线抓取服务。你只需要像学习其他软件一样,知道如何操作这些工具就可以,不需要你写任何代码,一样也可以下载到想要的网络数据。常用的网页抓取小工具包括 Google Sheets、Chrome ＋ Web Scraper、Import. io、Mozenda、Data Scraping Studio、Easy Web Extract 等。

本小节仅以 Google Sheets 为例,介绍网页抓取工具的使用方法。Google 工作表是一款非常实用的在线数据工具,自带 importdata、importhtml 和 importxml 等多个抓取数据的函数,如图 4.7 所示。工具的使用非常简单,三个主

53

要功能函数的操作方法简介如下①。

（1）importdata 操作示例说明

＝ IMPORTDATA（"http：// www. census. gov/2010census/csv/pop _ change. csv"）

摘要：以.CSV（逗号分隔值）或.TSV（制表符分隔值）格式导入给定网址的数据。

网址：要从中提取 CSV 或 TSV 格式的数据的网址，包括协议部分（例如"http：//"）。

（2）importhtml（）操作示例说明

＝IMPORTHTML（"http：// en. wikipedia. org/wiki/Demographics_of_India"，"table"，4）

摘要：导入某个 HTML 页面内的表格或列表中的数据。

网址：要检索的页面的网址，包括协议部分（例如"http：//"）。

查询：可以是 "list" 或 "table"，取决于包含所需数据的具体结构类型。

索引：从 1 起计的索引值，指定要返回 HTML 源中定义的哪份表格或列表。

（3）importxml（）操作示例说明

＝IMPORTXML（"https：// en. wikipedia. org/wiki/Moon_landing"，"// a/ @href"）

摘要：从各种结构化数据类型（包括 XML、HTML、CSV、TSV 以及 RSS 和 ATOM XML Feed）中的任何一种中导入数据。

网址：要检索的页面的网址，包括协议部分（例如"http：//"）。

xpath_查询：要在结构化数据上执行的 XPath 查询。

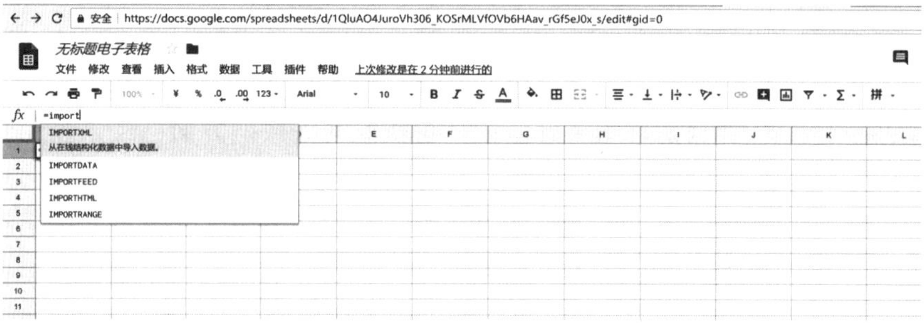

图 4.7　googlesheet 操作页面及抓取功能函数

---

① 资料来源：https：// docs. google. com/spreadsheets/d/1QluAO4JuroVh306 _ KOSrMLVfO-Vb6HAav_rGf5eJ0x_s/edit♯gid＝0，查询时间：2018 年 11 月 20 日。

第四节 二手数据的获取

在获取数据的时候,如果能得到原始数据,这是最理想的情况。因为只有得到原始数据,一个数据新闻记者才有可能通过数据分析得到有价值的结果和发现,数据新闻最大的价值来自于对数据背后有价值信息的挖掘与发现。然而,有时候情况总是不尽如人意,当原始数据无法获得时,也可以尝试查找是否存在二手数据。

二手数据是相对于原始数据而言的,其主要存在于各类已经出版或者公开发表的文献之中。本小节将主要介绍几种的二手数据获取渠道。

一、研究文献数据库

研究文献数据库有大量公开出版的期刊论文、会议论文和学位论文,这些论文中包含大量数据信息,因此在查询相关主题时,如果一时找不到相关数据,从相关主题的研究文献数据库中,往往会得到相关的数据。然而,论文中报告的数据一般都是研究者基于自身研究目的报告的数据分析结果,这是作为二手数据无法避免的缺陷。一般根据所属的学科分类不同,存在多种不同专业研究文献数据库。比较常见的研究文献数据库有:

(1)中国知网(CNKI)。中国知网是中国最大的具有垄断地位的集各种全文学术信息于一体的网站。收录资源包括期刊、博硕士论文、会议论文、报纸等学术与专业资料;覆盖理工、社会科学、电子信息技术、农业、医学等广泛学科范围,数据每日更新,支持跨库检索。

(2)Education Resource Information Center(ERIC)数据库为美国教育部教育资源信息中心所提供之国家级教育学书目数据库。该数据库包含两部分内容超过 130 万条记录:Resources in Education Index,它包含了逾 2200 种文献专著,由研究报告、课程和教学指南、学会论文以及书籍组成;Current Index to Journals in Education,它覆盖了于近 1000 种教育专业期刊上发表的论文。

(3)ProQuest。ProQuest 是博士论文全文检索系统,PQDD 数据库的全称是 ProQuest Digital Dissertations。而 ProQuest 的母公司 UMI 是全球最大的信息存储和发行商之一,也是美国学术界著名的出版商,其出版内容涉及商业管理、社会科学、人文科学、新闻、科学与技术、医药、金融与税务等。

(4)Springer。德国施普林格(Springer-Verlag)是世界上著名的科技出版集团,目前 Springer LINK 所提供的全文电子期刊共包含 439 种学术期刊(其中近 400 种为英文期刊)。

(5)Science Direct。Science Direct 数据库由 Elsevier Science 公司出版。该公司是一家总部设在荷兰的历史悠久的跨国科学出版公司,其出版的期刊是世界公认的高品位学术期刊,如鼎鼎大名的 *Science* 等,且大多数为核心期刊,并被世界上许多著名的二次文献数据库所收录。

二、新闻报道

在世界范围内,每天都会产生众多的新闻报道,而报道中往往会涉及非常丰富的数据信息,这些数据有时候也具有重要的参考价值。但是要在浩如烟海的报道中找寻数据并不是一件容易的事情,此时可以利用专门的新闻报道数据库来查询相关主题的报道,可以让搜索变成一件非常简单的事情。常见的报纸全文数据库包括:

(1)中国报纸资源全文数据库。该数据库是北京方正阿帕比技术有限公司联合全国各大报社开发的以中国报纸资源为主体的全文数据库系统。其特点为整报完整收录,集文章内容全文检索和在线报纸原版翻阅为一体。

(2)慧科新闻检索数据库(Wisesearch6.0)。该数据库是慧科的中文媒体资讯库/商业情报数据库。遴选收录 1998 年以来我国公开发行的报刊的各版面资讯,为各类从事学术研究、政策研究、工作研究和决策咨询的读者用户提供数据参考。

(3)Newspaper Source(报纸全文库)。收录 300 多种各类报刊传媒(涵盖美国各州报纸、国际各大报如 *Christian Science Monitor*,*USA Today*,*The Washington Post* 等)全文及 *The New York Times* 和 *The Wall Street Journal-Eastern Edition* 索摘。

(4)Regional Business News(地区商业报纸)。Regional Business News 涵盖美加地区 100 多种商业期刊、报纸和新闻专线。

三、研究报告

二手数据还广泛存在于各类研究报告之中。各级政府发布的年度发展报告、各个行业组织发布的蓝皮书以及学术研究机构、智库机构发布的专题研究报告,这些大大小小的报告中有着非常丰富的二手数据信息,可以成为数据新闻记者收集数据的重要来源。比如《传媒蓝皮书:中国传媒产业发展报告(2018)》中就包含了大量的传媒产业经济发展数据,如果找不到原始数据,那么这些公开发布的且有官方机构背书的蓝皮书也是比较好的数据来源选择。

四、数据溯源

在查阅各类文献、新闻报道以及研究报告的过程中,有时候也会提到报告所引用的数据来源,在时间和条件都允许的情况下,数据新闻记者可以顺藤摸瓜式地去找数据源头,获取原始数据。如果有可能,数据新闻记者应当尽量获取原始数据,而不是止步于二手数据的获取,毕竟原始数据相比二手数据可以提供更多更有价值的信息。

本章内容小结

数据获取是生产数据新闻过程中的重要一环,所谓"巧妇难为无米之炊",有好的选题固然重要,但找不到相关的数据,最终会导致项目无法进行。

数据获取之前,数据新闻记者需要先了解存在哪些可以利用的数据来源。本章中介绍了四种数据来源并进行比较:开放数据、平台数据、自我收集数据和文献中的二手数据。每种数据都各有特点,可在不同条件下来使用。数据新闻记者在寻找数据之前,需要充分考虑各类数据的特点,之后再做选择。

在获取数据的过程中,数据新闻记者需要养成数据分类的习惯,对自己在实践中接触的数据来源进行分类保存,以提高未来寻找数据的效率。

为了更好地获取网络数据,数据新闻记者也需要具备一点抓取网页数据的编程能力或者掌握一些用于抓取网页数据的小工具,这会更有利于他们提高数据获取的效率。

此外,应该重视溯源数据,通过检索其他研究报告或者新闻报道中的数据来源,往往可以得到更有价值的原始数据。数据新闻记者不应当满足于获取二手数据,在有条件的情况下,应当尽可能获取原始数据。

本章练习

1. 存在哪些数据来源？试着比较不同数据来源间的差异。
2. 存在哪些开放数据？
3. 简述爬虫技术抓取网络数据的原理。
4. 尝试掌握一种网页数据抓取工具。
5. 什么是溯源数据？溯源数据的价值是什么？

推荐参考资料

[1] Open Data Handbook. 来源:http://opendatahandbook.org/guide/zh_CN/what-is-open-data/.

[2] Data Journalism Handbook. 来源:http://datajournalismhandbook.org/.

[3] 风笑天. 现代社会调查方法:第四版[M]. 武汉:华中科技大学出版社,2009.

[4] 柯惠新,丁立宏. 市场调查[M]. 北京:高等教育出版社,2009.

[5] 黄建友,王昕. 数据新闻生产的开放数据应用[J]. 青年记者,2018(28).

第五章　数据处理与清洗

在生产数据新闻的过程中,在进行数据分析之前,需要完成一个准备工作,即数据清洗。数据清洗对于数据新闻的生产具有重要意义,其功能主要包括两个方面:一是进行数据核查,保证所获取的数据可靠无误;二是进行数据转换,使所获取的数据转换成可处理模式。本章将介绍数据清洗的基本步骤与操作方法。

第一节　数据清洗目的与基本步骤

一、数据清洗的目的

在进行数据清洗前,需要再次明确一个基本问题,即这则数据新闻报道的内容及目的,并由此出发回归到新闻的 5W1H 上。明确基本问题后,需要对收集到的数据进行初步的评估,判断数据是否满足需求,来源是否可靠,关键数据缺失值是否过多。如果数据无法满足新闻报道的需要、数据来源不可靠,需重新寻找数据或重新调整新闻方向。如果关键数据缺失值过多,应尝试分析是否可能从其他数据进行计算或估算,或者寻找其他数据来源进行相互验证补充。

数据清洗的目的,就是朝着报道需要的数据内容及数据格式方向去进行数据整理,发现并纠正数据中的错误。

二、数据清洗的基本步骤

数据清洗的基本步骤可大致分为:数据格式转换、数据审查、清洗处理。

数据格式转换:将数据格式转换成可处理的数据格式。

数据审查:发现明显错误值、缺失值、异常值、可疑数据,检查数据一致性。

清洗处理:根据审查的结果进行数据清洗,修正或删除错误值,补充或标记缺失值,检查或修正异常值,删除重复数据。

第二节　数据格式转换

在数据清洗的过程中,首先碰到的问题是识别数据文件格式。由于要将数据导入某个特定的数据软件(如 Excel),因此必须判断当前的数据文件格式是否能直接导入数据处理软件中,如果无法直接导入,就有必要将原始数据文件格式转换成可导入的数据格式。如果拿到的是图片格式的数据(如 JPG、PNG 或扫描版的 PDF),可能需要进行人工录入或用 OCR 识别图片中的数据。如果拿到的是可转换的 PDF 格式或文本类格式,可尝试使用软件进行格式转换。满足数据分析的常用格式有 XLS、CSV 等。

一、数据的文本编码系统

存储在文件中的数据都需要采用一定的文本编码系统来存储及显示字符,即任何数据信息都有一套相应的文本编码系统。当读取数据的处理软件中缺少支持数据的文本编码系统时,数据的读取结果会显示为乱码。

(一)常用文本编码系统

常用的文本编码系统包括 ASCII、Unicode、UTF-8。

1. ASCII(American Standard Code for Information Interchange,美国信息交换标准代码)

ASCII 是基于拉丁字母的一套电脑编码系统。它主要用于显示现代英语,而其扩展版本 EASCII 则可以部分支持其他西欧语言,并等同于国际标准 ISO/IEC 646。

ASCII 的局限在于只能显示 26 个基本拉丁字母、阿拉伯数字和英式标点符号,因此只能用于显示现代美国英语(而且在处理英语当中的外来词如 naïve、café、élite 等时,所有重音符号都不得不去掉,即使这样做会违反拼写规则)。而 EASCII 虽然解决了部分西欧语言的显示问题,但对更多其他语言依然无能为力。因此现在的软件系统大多采用 Unicode。

2. Unicode(万国码、国际码、统一码、单一码)

Unicode 是计算机科学领域里的一项业界标准。它对世界上大部分的文字系统进行了整理、编码,使得电脑可以用更为简单的方式来呈现和处理文字。

3. UTF-8(8-bit Unicode Transformation Format)

UTF-8 是一种针对 Unicode 的可变长度字符编码,也是一种前缀码。它可以用来表示 Unicode 标准中的任何字符,且其编码中的第一个字节仍与 ASCII 兼容,这使得原来处理 ASCII 字符的软件无须或只需做少部分修改,即可继续使用。因此，它逐渐成为电子邮件、网页及其他存储或发送文字的应用中优先采用的编码。

(二)乱码处理方式

有时候，当我们使用软件将文字导出成为文本文件，或者从网上下载文本文件，使用记事本程序打开时，会发现里面是乱码。这可能是编码不同造成的(如记事本程序默认使用 ANSII 编码)，当然也不能排除文件本身损坏或格式错误。

1. 确定乱码原因

在分析乱码原因前，要先确定下载的文件是什么类型，一般可以从文件的后缀名得知。如果是 DOC 或 DOCX 的格式，则需要用 Word 或 WPS 等软件打开尝试转码。同理，如果是 XLS 或 XLSX 的格式，则用 Excel 或 WPS 等软件。如果是 HTML、TXT、ASP 等格式，则可以使用 Notepad(Windows 自带记事本程序)或 Notepad++打开进行转码。

出现乱码的原因是软件导出的或网络上现存的文件编码方式和本地软件打开的默认编码方式不同。中文文本中，繁体文字呈现乱码是我们最常见的问题。

2. 解决的办法

本小节将演示几个常见案例。

案例一： 使用 Notepad 解决 TXT 文件乱码的问题

打开记事本程序，点击"文件"→"打开"，会弹出打开对话框；找到 TXT 文件的位置以后，千万别急着打开，要在打开对话框中，找到如图 5.1所示的位置。

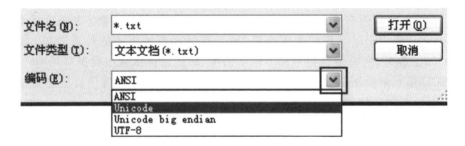

图 5.1　使用 Notepad 打开 TXT 文件

在编码一栏，选择一种编码方式。系统将提供以下几种可选择类型，分别为 ANSI(默认类型)和另外三个类型，即 Unicode、Unicode big endian、UTF-8。

如果在打开的时候,使用一种编码打开还是乱码,那么再选择另外一种编码继续打开,依次尝试,直至问题解决。

案例二：修改 Word 文档中出现的乱码

　　Word 修改编码方法如下：

　　方法一：在打开文件时选择编码标准。

　　如果打开文件时,文本显示模糊或为问号,可以指定要用于显示的编码标准(解码)文本：

　　(1) 单击"文件"选项卡。

　　(2) 单击"选项"。

　　(3) 单击"高级"。

　　(4) 滚动到常规部分,然后选择打开时确认文件格式转换复选框。

　　注意:选中复选框后,Word 将显示转换文件对话框中每次打开文件格式以外的其他 Word 格式（Word 文件后缀名包括 .doc、.docx 等）。如果经常处理此类文件,但很少想要选择一种编码标准,可以关闭此选项以避免不必要地打开此对话框。

　　(5) 关闭并重新打开该文件。

　　(6) 在"转换文件"对话框中,选择"编码文本"。

　　(7) 在"文件转换"对话框中,选择"其他编码",然后从列表中选择所需的编码标准。

　　(8) 可在"预览"区域预览文本,以检查所有文本在采用所选的编码标准时是否都能正常显示。

　　方法二：在保存文件时选择编码标准。

　　如果在保存文件时不选择编码标准,Word 将以 Unicode 的形式对文件进行编码。

　　如果文档将在不支持 Unicode 的程序中打开,则可选择与目标程序的编码标准相匹配的编码标准。例如,Unicode 允许在英语系统上创建繁体中文的文档。不过,如果要在不支持 Unicode 的繁体中文程序中打开文档,则可将文档保存为繁体中文（Big5）编码。当在繁体中文程序中打开文档时,所有文本都能正确显示。

　　注意:由于 Unicode 是最全面的标准,因此,以任何其他编码保存文件都可能导致某些字符不能显示。例如,采用 Unicode 编码的文档可能包含希伯来语和基里尔字母文本。如果以基里尔字母（Windows）编码保存该文档,则不能再显示希伯来语文本,如果以希伯来语（Windows)编码保存该文档，则不能再显示基里尔字母文本。

如果选择的编码标准不支持文件中使用的字符，Word 会将无法保存的字符标为红色。在保存文件之前，可以使用所选的编码标准预览文本，提前校验。

将文件保存为编码文本时，文本设置格式或 Symbol 字体中域代码将会从文件中被删除。

操作说明：

（1）单击"文件"选项卡。

（2）单击"另存为"。

（3）在"文件名"框中，键入文件的新名称。

（4）在"保存类型"框中，选择"纯文本"。

（5）单击"保存"。

（6）如果显示 Microsoft Office Word 兼容性检查器对话框中，单击继续。

（7）在"文件转换"对话框中，选择与要用的编码标准对应的选项：

a. 要使用系统的默认编码标准，请单击"Windows"（默认）。

b. 要使用 MS-DOS 编码标准，请单击"MS-DOS"。

c. 要选择特定的编码标准，请单击"其他编码"，然后从列表中选择所需的编码标准。您可在"预览"区域预览文本，以检查所有文本在采用所选的编码标准时是否都能正常显示。

（8）如果出现消息"标为红色的文字将无法用所选编码正确保存"，则可尝试选择另一不同的编码，或者可以选中"允许字符替换"复选框。

在允许字符替换时，Word 会将不能显示的字符替换为所选编码中最相近的对等字符。例如，用三个点替换省略号，用直引号替换弯引号。

如果所选编码中没有标为红色的字符的对等字符，则将标为红色的字符保存为脱离上下文的字符，如问号。

如果文档将在不支持文本换行的程序中打开，则可在文档中包含硬换行符，方法是选中"插入换行符"复选框，然后在"行终止符号"框中指定是用回车(CR)、换行(LF)还是同时使用两者来表示换行符。

二、常用数据文件格式

任何数据都会以某种文件格式保存，不同数据文件格式都有各自适应的数据存储要求。本小节将介绍几种常用的数据格式。

1. JSON(JavaScript Object Notation)

JSON 是一种轻量级的数据交换格式。其特点在于易于阅读和编写,同时也易于机器解析和生成。JSON 是 JavaScript 的一个子集,采用完全独立于语言的文本格式,但是也使用了类似于 C 语言家族的习惯(包括 C,C++,C♯,Java,JavaScript,Perl,Python 等)。这些特性使 JSON 成为理想的数据交换语言。

2. CSV(Comma-Separated Values)

CSV,即逗号分隔值(也称为字符分隔值,因为分隔字符也可以不是逗号),其文件以纯文本形式存储表格数据(数字和文本)。纯文本意味着该文件是一个字符序列,不含必须像二进制数字那样被解读的数据。CSV 文件由任意数目的记录组成,记录间以某种换行符分隔;每条记录由字段组成,字段间的分隔符是其他字符或字符串,最常见的是逗号或制表符。通常,所有记录都有完全相同的字段序列。

3. XML(Xtensible Markup Language)

XML 即可扩展标记语言,是一种标记语言。标记指计算机所能理解的信息符号,通过此种标记,计算机之间可以处理包含各种信息的文章等。XML 是从标准通用标记语言(SGML)中简化修改出来的,如图 5.2 所示。

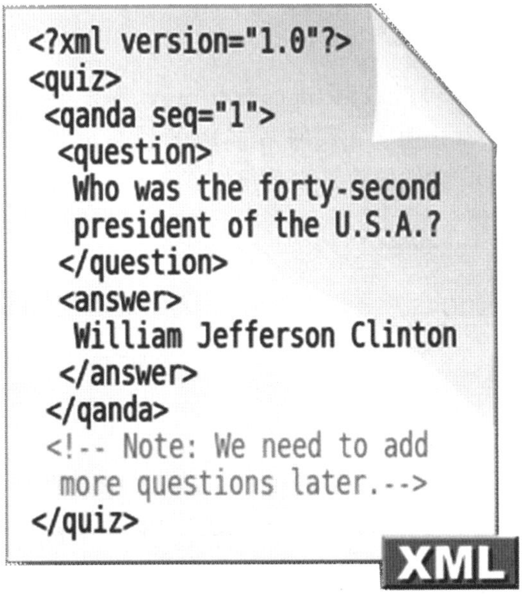

```
<?xml version="1.0"?>
<quiz>
 <qanda seq="1">
  <question>
   Who was the forty-second
   president of the U.S.A.?
  </question>
  <answer>
   William Jefferson Clinton
  </answer>
 </qanda>
 <!-- Note: We need to add
  more questions later.-->
</quiz>
```

XML

图 5.2　XML 格式实例

XML 具有如下几个方面的特点：

（1）它很像超文本标记语言。

（2）它的设计宗旨是传输数据，而不是显示数据。

（3）它的标签没有被预定义，需要自行定义标签。

（4）它被设计为具有自我描述性。

（5）它是 W3C 的推荐标准。

4. XLS/XLSX

XLS/XLSX 是微软为使用 Windows 和 Apple Macintosh 操作系统的电脑编写的一款电子表格软件 Excel 的文件格式。Excel 是目前最流行的数据处理软件之一，也是最容易上手的数据处理软件，可以说是每个数据新闻生产者都应该熟练掌握的常用工具。

三、数据转换常用工具

数据转换就是将原始数据格式转换成现有数据软件可识别及可处理的类型，本小节将介绍几种常用转换工具。

（一）PDF 转换工具

在数据转换中，最常碰到的一个问题就是，所获取的数据文件是 PDF 文件，需要将 PDF 文件中的数据表转换成 Excel 数据表。对 PDF 数据文件进行转换有多种方法，常见的方法有以下几种：

1. PDF 在线转换

PDF 在线转换网站包括 cometdocs、pdftotext 等。图 5.3 和图 5.4 展示了 cometdocs 和 pdftables 这两个在线网站的 PDF 转换页面。这几个网站都是英文网站，转换中文 PDF 文件的效果不是很好。

图 5.3　cometdocs 在线网站 PDF 转换页面

图 5.4　pdftables 在线网站 PDF 转换页面

网络上也有许多中文类的 PDF 转换软件,通过百度或谷歌等搜索引擎很容易得到。一般来说,网页版的转换网站都会有文档大小限制,也可能会设置付费项目,想要一劳永逸或者获得更好的转换体验,可以考虑本地安装的转换工具。

2. 本地安装的 PDF 转换软件

常见的本地安装的 PDF 转换软件包括 Office 2016、Tabula(需安装 JRE)、Adobe Acrobat Pro。

Office 2016 可以满足常见的 PDF 转换需求,对中文的支持也非常好。使用方法是直接打开 PDF 文件,Word 程序便会自动进行转换。未加密的标准 PDF 文件转换后格式仍会存在,也很少出现错漏。

Tabula 是开源项目,但测试发现可能对中文不是完全兼容。

Adobe Acrobat Pro 可能是所有软件中最强的转换工具,支持中文,支持转换成各种不同格式,部分使用未知工具转换的 PDF 也能够基本转换成功。

(二)其他转换工具

1. Data Converter

Data Converter 的开发者是《纽约时报》的 Shan Carter[①],他为了工作中处理数据方便,开发了这个工具,可以方便用户在六七种数据格式中切换,支持我们常用的 CSV、JSON、XML 等格式。图 5.5 展示了 Data Converter 的操作页面。

---

① 资料来源:http://shancarter.github.io/mr-data-converter/。

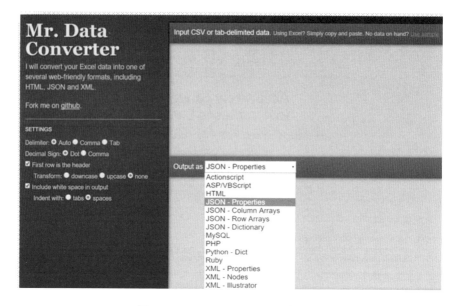

图 5.5　Data Converter 的操作页面

2. Data Wrangler

由斯坦福大学开发的 Data Wrangler 是一个在线的数据清理、转换工具，可以减少用户格式化数据的时间。[①] 其功能集中在对表格行列的处理上，包括拆分、合并、删除、填充、提取并建立新列等友好功能。图 5.6 展示了 Data Wrangler 的操作页面。

Transform Script		Import Export
▹ Split **data** repeatedly on newline into rows		
▹ Split **split** repeatedly on ','		
▹ Promote row 0 to header		
Text　Columns　Rows　Table		Clear
Delete row 7		
Delete empty rows		
Fill row 7 by copying values from **above**		

	Year	Property_crime_rate
0	Reported crime in Alabama	
1		
2	2004	4029.3
3	2005	3900
4	2006	3937
5	2007	3974.9
6	2008	4081.9
7		
8	Reported crime in Alaska	
9		
10	2004	3370.9
11	2005	3615
12	2006	3582

图 5.6　Data Wrangler 的操作页面

---

① 资料来源：http://vis. stanford. edu/wrangler/。

第三节 数据审查

当拿到一套数据时,需要对数据质量进行评估。数据审查从本质上来说是对数据可靠性的检验,如果数据不可靠,那么就不能期望通过在此基础上进行的数据分析可以得到有价值的发现,进而会影响整个数据新闻产品的质量。

数据审查过程中,一般需要根据每个变量的合理取值范围和相互关系,检查数据是否合乎要求,识别可能的错误值、异常值、逻辑上不合理或者相互矛盾的数据。常见的数据审查方法包括偏差分析、识别不遵守分布或回归方程的值,还可以用简单规则库(常识性规则、逻辑判断等)检查数据值,还可以使用外部数据来检测和对比。

一、数据审查的方法

按照检测来源,可以将数据审查分为外部审查与内部审查。

1. 外部审查

外部审查是指数据和其他来源或其他类别的数据进行比较,包括其他数据源、以往的数据、常识性知识等。

例如曾经有人在某个时间发现有关中国每个省份捕鱼量的官方统计数字有问题。这些数字在很长时间以来,每年都呈增长趋势,但是,有一天有人把这些数字加起来后,发现每年中国各省份捕鱼量的总和超过了人类估计整个大洋里所有的鱼量,这便是采用外部检查的例子。当我们把手头的数据和其他数据源进行比较的,如果手头数据显示出了不可能真实的情况,那可能便意味着这些数据有问题。

2. 内部审查

内部审查是指数据组与其自身数据进行比较,包括使用不同数据间的约束、某组数据的偏差分析、正态分布或回归方程等。具体方法包括套用各类方程式,也可以使用可视化方法快速判断。

二、使用直方图进行数据审查

一个快速检查数据质量的重要技巧是使用直方图。下面我们使用具体的案例数据来介绍使用直方图进行数据审查的技巧。

案例 **通过一组数据的直方图观察数据是否断层或被修改过**

图5.7显示的是一些工资数据,来自《德州论坛报》发表的一个数据库,该数

```
> salary[1:100]
  [1] 37036.68 41605.92 29458.80 37036.68 38162.64 44010.12 37036.68 35935.20
  [9] 37036.68 25332.00 37036.68 33906.60 37036.68 38887.92 37036.68 35935.20
 [17] 37036.68 20532.00 35935.20 20532.00 37036.68 41605.92 34883.28 38887.92
 [25] 31176.60 37036.68 37036.68 35935.20 31176.60 36763.92 53502.00 35935.20
 [33] 37036.68 37036.68 37036.68 29458.80 37036.68 37036.68 36763.92 37036.68
 [41] 32952.48 33633.00 37036.68 37036.68 37036.68 41605.92 37036.68 32610.96
 [49] 35650.92 37036.68 38887.92 37799.64 20532.00 29458.80 34883.28 27828.60
 [57] 32952.48 38261.04 38887.92 16476.24 32952.48 31176.60 40832.88 38887.92
 [65] 38887.92 32610.96 42464.76 20532.00 29458.80 27828.60 20532.00 37036.68
 [73] 32952.48 21732.00 36763.92 35935.20 37036.68 32952.48 27828.60 33633.00
 [81] 27600.96 35935.20 27828.60 38952.96 32952.48 37036.68 20532.00 37036.68
 [89] 28239.00 37036.68 42874.80 35935.20 56177.16 56177.16 36764.76 32952.48
 [97] 37036.68 37036.68 33906.60 29458.80
>
```

图 5.7　来自《德州论坛报》的一些工资数据

据库包括德州 60 多万名政府雇员的工资情况。

将以上的数据制成直方图，可以得到图 5.8。

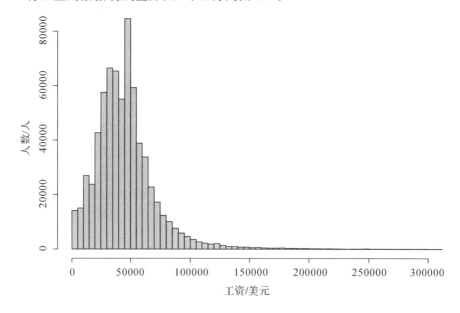

图 5.8　工资数据的直方图

下面，我们将分别显示不同的数据异常情况下的直方图情形，读者可以先根据直方图推测出现了什么样的数据异常。

问题 1：如图 5.9 所示，数据出现了怎样的异常情况呢？

对问题 1 的解释说明：出现这种情况通常是因为某个区间的数据缺失。当然，也可能是由于数据量太小，缺少此区间的数据。

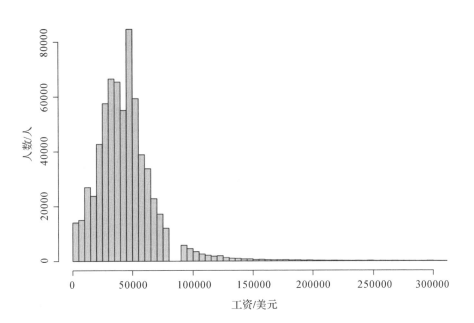

图 5.9　数据异常——问题 1

问题 2:如图 5.10 所示,数据出现了怎样的异常情况呢?

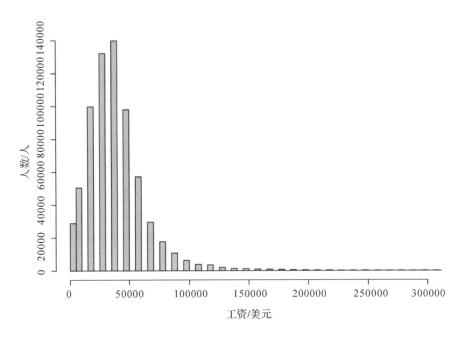

图 5.10　数据异常——问题 2

对问题 2 的解释说明：出现这种情况的直接原因是数据间的跨度很大。这可能是因为采集的数据经过处理，被四舍五入或约掉尾数。

问题 3：如图 5.11 所示，数据出现了怎样的异常情况呢？

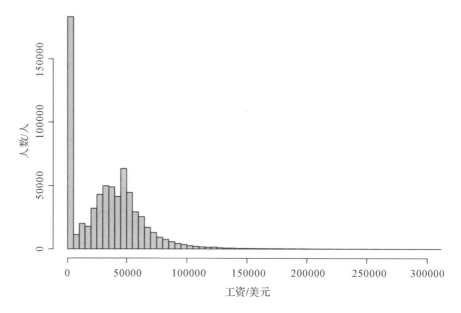

图 5.11　数据异常——问题 3

对问题 3 的解释说明：如果数据并没有呈现正态分布，很大程度上是因为数据量太小或数据错误。如果排除了数据采集的问题、数据量的问题，那么可以考虑数据是否存在被篡改的情况。一般来说，自然存在的数据在数据量达到一定规模后，都会呈现正态分布的结果。

第四节　数据清理原则及方法

数据清理是数据清洗的最后阶段，经过数据转换、数据审查后，导入数据处理软件的数据就可以进行相关的数据清理了。经由数据清洗之后，数据才可以进入数据分析阶段。

一、数据清理的原则

数据清理时需要根据现有数据的具体情形选择不同的清理策略。可以根据数据的重要性和缺失率两个不同的维度分为四种不同的情形，再依据不同的情形，选择相应的数据清理策略。具体内容参见图 5.12。

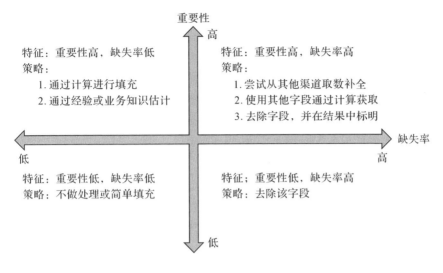

图 5.12　数据清理的原则

二、数据清理的方法

本小节将介绍几种常用的数据清理策略。

（一）处理不完整数据（即数值缺失）或无效值的方法

由于调查、编码和录入误差，数据中可能存在一些无效值和缺失值，需要进行适当的处理。常用的处理方法有：估算、整例删除、变量删除和成对删除。

1. 估算

使用估算，最简单的办法就是用某个变量的样本均值、中位数、众数、最大值、最小值或更为复杂的概率估计代替无效值和缺失值。这种办法较简单，但可能因为算法没有充分考虑数据中已有的信息，误差较大。

另一种办法就是根据调查对象对其他问题的回答，通过变量之间的相关分析或逻辑推论进行估计。例如，某一产品的拥有情况可能与家庭收入有关，可以根据调查对象的家庭收入推算出其拥有这一产品的可能性。

2. 整例删除

整例删除是指剔除含有缺失值的样本。缺失值是数据集中常见的数据不完整情形。这种做法可能导致有效样本量大大减少，无法充分利用已经收集到的数据。因此，只适合关键变量缺失，或者含有无效值或缺失值的样本比重很小的情况。

3. 变量删除

如果某一变量的无效值和缺失值很多，而且该变量对于所研究的问题不是特别重要,则可以考虑将该变量删除。这种做法减少了供分析用的变量数目,但没有改变样本量。

4．成对删除

用一个特殊码(通常是9、99、999等)代表无效值和缺失值,同时保留数据集中的全部变量和样本。但是,在具体计算时只采用有完整答案的样本,因而不同的分析因涉及的变量不同,其有效样本量也会有所不同。这是一种保守的处理方法,最大限度地保留了数据集中的可用信息。

采用不同的处理方法可能对分析结果产生影响,尤其是当缺失值的出现并非随机且变量之间明显相关时。因此,在调查中应当尽量避免出现无效值和缺失值,保证数据的完整性。如果数据是从网络上收集到的,则可以尝试寻找不同的数据来源,选择权威性较好且数据残缺较少的样本。

大多数情况下,缺失的值必须手工填入(即手工清理)。当然,某些缺失值可以从本数据源或其他数据源推导出来,这就可以用平均值、最大值、最小值或更为复杂的概率估计代替缺失的值,从而达到清理的目的。

(二)重复记录的检测及消除方法

数据库或表格中属性值相同的记录被认为是重复记录,通过判断记录间的属性值是否相等来检测记录是否相等,相等的记录合并为一条记录(即合并/清除)。合并/清除是消重的基本方法。

(三)不一致性(数据源内部及数据源之间)的检测及解决方法

我们获得的数据经常会有问题,例如数据格式可能不对,同一个名字可能有不同的拼写方式,数据输入时可能有打字错误,有的数据可能缺失,数据质量有问题,计算结果和你设想的不同,数据样本可能有偏向,甚至数据部分或全部都是假的。这时候我们就说数据是"脏"的,必须要先清理,才能做分析。

1．名称不一致

图5.13所示为"美国"这个名称的不同拼法。同一名称的不同拼法会在你的数据集里引起大问题。任何时候,只要你有类型性数据,类型名必须要前后拼写一致。如果你要统计"U.S."在你的数据集中出现过多少次,而你只就一种拼法做了搜索,你就会错过其他拼写方式。更糟糕的是,如果你没有意识到有这个问题,你甚至都不知道其他的拼写方式有没有被计数。这种情况在你从社交媒体上收集数据时尤其常见。

2．拼写方式不一致

如图5.14所示,有的时候拼写方式不同的问题可以严重到荒唐的程度。比如,利比亚前领导人卡扎菲的名字有200多种拼法。图5.14是美联社有关卡扎菲名字所有拼法列单中的一部分。

U.S.

U.S.A.

US

USA

United States of America

America

United States

图 5.13　名称的不一致

Qaddafi, Muammar	Kad'afi, Mu`amar al-	Mu`amar al-Kad'afi
Al-Gathafi, Muammar	Kaddafi, Muamar	Mu'amar al-Kadafi
al-Qadhafi, Muammar	Kaddafi, Muammar	Muamar Al-Kaddafi
Al Qathafi, Mu'ammar	Kadhafi, Moammar	Muamar Kaddafi
Al Qathafi, Muammar	Kadhafi, Mouammar	Muamer Gadafi
El Gaddafi, Moamar	Kazzafi, Moammar	Muammar Al-Gathafi
El Kadhafi, Moammar	Khadafy, Moammar	Muammar al-Khaddafi
El Kazzafi, Moamer	Khaddafi, Muammar	Mu'ammar al-Qaddafi
El Qathafi, Mu'Ammar	Moamar al-Gaddafi	Mu'ammar al-Qadhafi
Gadafi, Muammar	Moamar el Gaddafi	Mu'ammar al-Qadhafi
Gaddafi, Moamar	Moamar El Kadhafi	Mu'ammar al-Qadhdhafi
Gadhafi, Mo'ammar	Moamar Gaddafi	Mu`ammar al-Qadhdhāfi
Gathafi, Muammar	Moamer El Kazzafi	Muammar Al Qathafi
Ghadafi, Muammar	Mo'ammar el-Gadhafi	Muammar Al Qathafi
Ghaddafi, Muammar	Moammar El Kadhafi	Muammar Gadafi
Ghaddafy, Muammar	Mo'ammar Gadhafi	Muammar Gaddafi
Gheddafi, Muammar	Moammar Kadhafi	Muammar Ghadafi
Gheddafi, Muhammar	Moammar Khadafy	Muammar Ghaddafi
Kadaffi, Momar	Moammar Qudhafi	...

图 5.14　拼写方式的不一致

3．数据格式不一致

　　数字也会有类似问题。如表 5.1 所示,人眼看这些数字很容易,但对电脑来说,它们是表达数字的五种完全不同的方式。一个电脑表格程序并不会自动懂得像"million"(百万)这样的字眼。这种情况一般会在你把来自不同数据源的数据进行组合时产生,因为不同数据源产生数据时的输入方法不一致。设想你要对一长列的数据取平均值,其中一个数据是 2.34 billion（1 billion＝10 亿）,而电脑却以为它是 2.34。你得到的答案会和实际相去甚远。

表 5.1　数据格式不一致

No.	Revenue
1	234 thousand
2	10 million
3	2.34 billion
4	123567.89
5	1344233

表 5.2 所示的数据格式就明显好多了，虽然是与表 5.1 所示相同的数据，但看上去很干净，因为统一了格式。

表 5.2　具有统一格式的数据

No.	Revenue
1	234000
2	10000000
3	2340000000
4	123567.89
5	1344233

三、常用数据清理软件工具

在以上所有例子中和很多其他情况下，我们都需要对数据进行清理。理想的情况是，我们能够用电脑来做清理，而不是亲自去检查每个值。在处理大量数据时，我们需要自动化，因为数据越多，我们能够关注每个数据的时间就越少，也越容易出错。Openrefine 是常见的检测及清理工具，它可以进行聚类及合并操作。

Openrefine 由 Google 和开放资源组织（Open Source Community）共同开发，其前身是 Google Refine。Openrefine 是类似于 Excel 的表格处理软件，但是工作方式更像是数据库，以列和字段的方式工作，而不是以单元格的方式工作，所以 Openrefine 可以对数据库数据进行清理。

Openrefine 支持导入多种格式，如 CSV、XLS、JSON、XML 等。除了本地文件外，还可以导入数据网址，或将数据文本直接粘贴在剪贴板中导入。它能将制作好的表格转换成 JSON、XML 等格式，直接应用于网页。相比于 Excel，Openrefine 有以下几个优势：

1. 聚类显示功能便于对文本数字内容进行清理。
2. 表格界面便于对行列进行合并、拆分与转换。
3. FACETS 功能便于找出空白与重复数据。

本章内容小结

"Rubbish in，Rubbish out."在数据处理的过程中，如果输入的数据是不可靠的，那输出的结果也会是不可靠，这也说明数据清洗非常重要。数据清洗是数据分析之前不可逾越的阶段，通过数据清洗可以获得干净的数据，方便之后的处理。

要对数据进行清洗首先必须知道数据编码系统以及数据的存储形式，掌握这些基本知识对于数据清洗来说是必要的。在我们获取数据或者存储数据的时候,经常会出现乱码,这些乱码往往是由编码系统不匹配或者数据文件格式不一致导致的。

采取何种数据清洗策略需要依据具体情境。根据数据的重要性和数据的缺失率,存在四种不同的数据清洗策略。掌握一些常用的数据清洗策略和数据清洗工具是必要的。

直方图是进行数据审查的有效工具,理解直方图的原理以及具体使用方法,能够理解直方图的图形所展示的数据信息,以便判断是否存在数据异常。

本章练习

1. 数据清理的步骤有哪些?

2. 数据清理的原则是什么?

3. 找一个数据文件,使用直方图进行数据审查。

4. 找一个数据文件,使用 Openrefine 软件进行数据清洗操作。

推荐参考资料

[1] 刘彦方. 批判性思维与创造力:越思考越会思考[M]. 彭正梅,杨昕,赵琴,译. 上海:学林出版社,2018.

[2] 达莱尔·哈夫. 统计陷阱[M]. 廖颖林,译. 上海:上海财经大学出版社,2002.

[3] 理查德·普林. 教育研究的哲学[M]. 李伟,译. 北京:北京师范大学出版社,2008.

[4] Berger A, Hill T P. An Introduction to Benford's Law[M]. Princeton:Princeton University Press, 2015.

[5] 数据新闻手册. 资料来源:https://datajournalismhandbook.org/chinese/.

第六章　数据分析:数据描述

对于所获取的数据,数据新闻记者需要通过对数据类型的判断,确定适当的数据分析方法,借助特定的数据分析工具,对原始数据进行转化、编辑及处理分析,最后得出一定的分析结果。如果在数据处理环节,调查者对数据的类型判断失误、引入不适当的数据分析方法或者对数据分析工具的应用不够熟悉,都将给最后的结果带来难以预料的后果,损伤数据新闻作品的质量。

从目前的发展趋势来看,统计分析在数据分析中占据着绝对的主流地位。最常见的统计分类是,依统计方法的功能,将统计分为描述统计与推论统计,本书中对数据分析方法的介绍也将遵循这一逻辑,即首先介绍描述统计,其次再介绍推论统计;考虑到数据新闻中会涉及大量计数数据,本书将计数数据统计分析作为专门的一节进行介绍;此外,在各章统计方法部分,还将结合 SPSS 软件,介绍相应统计方法在 SPSS 中的实现过程。本章主要介绍描述统计分析方法及其在 SPSS 中的实现过程。但在开始介绍数据分析的方法之前,先要探讨影响数据分析方法选择的因素。

第一节　数据分析方法的选择

在数据处理环节,要引入正确有效的统计分析方法,需要综合考虑以下三个方面的因素:

(1)分析数据的类型;

(2)数据的分布特征;

(3)所涉及变量数目及每个变量的水平数量。

一、分析数据的类型

根据测量工具的不同,可以将数据类型区分为四种,即名义数据(nominal data)、顺序数据(ordinal data)、等距数据(interval data)和等比数据(ratio data)。

（一）名义数据

计算机处理数字比字母或单词更容易，例如，婚姻状况可能包含"已婚"和"未婚"两种状况，为了统计处理方便，可以给已婚状况分配数字 1，给未婚状况分配数字 2，在这个例子中，数字并非代表数量，仅仅是"已婚"和"未婚"类型的名称。这种不代表任何数量的数据值被称为名义数据，数字只不过是类型的名称而已。一般来说，对名义数据的任何数学或算术运算都是不合法的，如加减乘除，对名义数据的统计分析可采用计数数据的分析方法，如百分比、列联相关分析等。

（二）顺序数据

如果一些数据表示对某个事物的评价等级，那么这些数据就是顺序数据。顺序值显示一定范围内事物的次序或顺序。当所给定的范围为 1～6 时，数字越小，可能代表对该事物的评价越低，但数字间的距离是不相等的。因此，对于顺序数据来说，其既没有相等的单位，也没有绝对的零点，只表示对象在某一属性上的排序，不能指出其间差别的大小。对顺序数据的统计分析常用中位数、百分位数、等级相关、等级变异数分析、秩和检验等方法。

（三）等距数据

如果所获得的数据具有相等的单位，但没有绝对的零值，那么这样的数据就是等距数据，如对某档电视节目的满意度数据，5 表示非常满意，而 1 则代表非常不满意。这种类型数据在调查中常被视为等距数据，也就是说，我们可以主观认为满意等级间的满意程度差异是相等的，尽管其本质是顺序数据。对于等距数据可用平均数、标准差、t 检验、Z 检验、方差分析、回归分析等统计分析方法。

（四）等比数据

如果所获得的数据既具有相等的单位，也具有绝对零值，那么这样的数据就是等比数据，如一天内看电视的时间（多少小时）。等比数据适用的统计分析方法有很多，除了以上所介绍的统计方法之外，还可用几何平均数及差异量数等进行分析。

此外，数据按其是否具有连续性可分为连续数据及离散数据。连续数据的单位可以进行无限细微的划分，细微的程度能达到只可想象而不可见的程度，如时间、身高、体重等；离散数据的数字一般是取整数，两个单位之间不能再划分细小的单位，一般名义数据和顺序数据大都是离散数据。连续数据与离散数据的分布规律不同，各种表列及图示方法不同，所使用的统计方法也有区别。因此，了解数据的类型，对于选用恰当的统计方法是至关重要的。

二、数据的分布特征

在选择统计分析方法时，数据分布的形态也是一个重要的考虑因素。如对数据集中趋势特征进行分析可以用算术平均数、中位数和众数三种统计指标。当数据分布呈正态分布时，那么选择算术平均数是最好的；当数据分布呈偏态分布（正偏态与负偏态）时，那么选择众数则是最理想的。图 6.1 呈现了正态分布、正偏态分布及负偏态分布三种分布各自的形态特征。

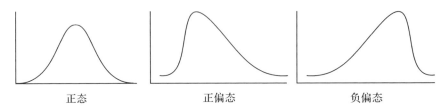

正态   正偏态   负偏态

图 6.1 正态分布、正偏态分布及负偏态分布

  数据分布的形态很多，在数据的分析中应用得最多的是正态分布，如图 6.1 所示。正态分布的曲线是一条"正态曲线"（钟形曲线），其算术平均数、中位数和众数都相同，而且其分布的形式是左右对称。

  数据分布形态对于统计分析中的参数估计及参数检验具有重要的意义。参数估计与参数检验首先的一个关键步骤就是需要确定数据的分布特征。对于名义数据和顺序数据来说，由于其数据分布不具有正态分布的形态特征，因此无法对此类数据进行参数估计及检验，而只适合于非参数检验；只有等距数据和等比数据的分布才可能具备正态分布的形态，但这也只是必要而不是充分条件，也就是说，即使所获取的数据类型是等距数据或等比数据，其分布形态也可能是非正态的。大部分的参数统计方法都必须满足两个前提条件：一是总体呈正态分布，二是组间变异相等。如 t 检验和方差分析即是如此。

三、变量的数目及变量的水平数量

  变量的数目及各变量的水平数量也在很大程度上决定着统计分析方法的选择。

（一）变量的水平数量

根据变量间的影响关系，变量一般可分为自变量和因变量。其中自变量的水平多少与统计方法的选择具有密切的关系。如对媒介接触行为在不同性别间的差异进行比较时，性别这一变量只有两个水平，即男性和女性，因此其在假设检验时用 t 检验即可；但调查者若想比较不同文化程度（假设具有五个文化程度水平）人群媒介接触行为的差异，此时文化程度变量的水平达到了五个，那么使用 t 检验就不再是最优的统计分析方法，这种情况下最理想的统计分析方法是方差分析。

（二）变量的数目

变量数目的增多，会使变量的关系变得更加复杂，这是因为其中任意一个变量的变化都可能与其他自变量的变化共同作用于因变量或改变自变量间的相互影响关系，也就是说自变量之间有可能存在某种交互作用，此时 t 检验的统计分析方法就更加无能为力了。相比之下，方差分析由于引入了变异的思想，能很好地对组间、组内及误差变异进行有效分解，因此在分析自变量的主效应、自变量间的交互效应时具有其他分析方法不可相比的优势。此外，变量数目的增多，也相应产生对多元统计分析方法的需要。多元回归分析、主成分分析、因素分析、多维量表分析等将为多变量统计提供可靠的方法保证。

第二节 数据的初步整理

数据统计分析是以收集到数据为起点的。拿到的数据如表 6.1 所示。

表 6.1 来自两个不同样本的数据

样本 A						样本 B					
6	4	1	12	7	5	6	9	2	12	8	4
3	6	5	8	11	5	3	11	1	10	9	3
2	9	7	9	4	10	4	5	4	7	3	9
8	6	6	7	5	7	5	8	10	2	9	3

仅仅依靠观察，我们似乎很难迅速地掌握这两个样本所包含的数据信息特征及两者的差异。要回答这样的问题，就要先粗略了解数据的基本特点，就需要对数据进行初步的整理，并以恰当的方式进行呈现，如统计分组和制作统计图表。统计分组（grouping），即根据数据的特征和统计分析的目的，将所得数据进行适当的分组或分类。统计分组最常用的方式就是编制数据频次分布（frequency distribution），它可以是任何形式的数据分组或分类；通常用图表的形式呈现出来，即频次分布表和频次分布图，通过次数分布表或次数分布图可以非常直观地了解这些信息。

尝试一下，对上面的两个样本按照每个数据出现的频次进行排序统计，现在你能回答前面的问题了吗？参照表 6.2，我们可以迅速地回答上面提出的几个问题。

表 6.2　对两个样本中各数据的次数统计分布结果

样本 A	样本 B

数据整理首先是对获取的数据进行统计分组,在此基础上,根据统计分组的标准整理结果,并制成相应的频次分布表,最后根据频次分布表形成频次分布图。

一、统计分组

统计分组需要遵循一定的原则。在统计分组之前,以下两个问题需要认真分析:

(1)分析的目的。数据分析总是以一定目的为依据的。如果想要了解不同性别的受众对同一传播内容的偏好,那么其在分析时,就需要以性别作为分组的依据。

(2)分类标志的性质。一般而言,分类的标志包括两大类,即性质类别和数量类别。

性质类别只是按事物性质的不同,对被观测的事物加以划分,如上例中提及的性别,又如按文化程度划分为初中及初中以下、高中、大学及以上;按成绩优劣分为优、良、中、差等。

数量类别是以数据的取值大小作为分类的依据,将数据按数值大小排出一个顺序来。如年龄数据,我们可以将年龄数据按从小到大排序,并计算每个年龄数值上分布的人数,即表示为 $X_1^{(n)} < X_2^{(n)} < \cdots < X_N^{(n)}$,其中 n 是指出现的人数。如果一组数据数目不多,可直接排序;如果数目庞大,那么就要编制一个资料分布表。另一种情况是按等级排列。

二、编制频次分布表

频次(frequency)和频率(percentage frequency)是两个不同的概念。频次是指一组数据中相同取值的个案出现的次数,而频率是指一组数据中,某一取值的个案数与总个案数的比值。显而易见,频次是个绝对取值,而频率是个相对取值。编制频次分布表会遇到以下两种情况。

(一)数据类型为离散数据

这种情况下,编制频次分布表比较简单,由于离散数据的取值范围一般较小,那么就可以将数据中的个案按不同取值进行归类,分别统计每一取值的个案数,并制作成表格的形式,如表 6.3 所示。

表 6.3 调查对象所在的地区分布情况

地区	人数
浙江	100
上海	500
河南	600
广东	300
四川	300
宁夏	80

(二)数据类型为连续数据

由于连续数据取值范围大,且不同取值上个案数也很少,因此仍用上述方法编制次数分布表将无法有效地反映数据的信息特征。一种比较有效的方法是先将这组样本数据划出等距的分组区间,然后将数据按其大小列入各个相应的组别内,由此形成一个次数分布表。在编制此类次数分布表时,分组区间的大小设置非常关键,一般需要先对总体数据进行粗略分析并形成判断,然后设计适当的区间大小,使区间的归类具有良好的统计分类意义,其编制步骤大体包括如下几个环节。

1. 求全距。全距是指样本数组中最大数与最小数之间的差距。如被调查者中,一天看电视时间最长者为 10 个小时,而最短者为 0 小时,那么这一样本数组的全距为 10。

2. 决定组数与组距。组距是指每一区间分组的间距。组距经常用 2、3、5、10、20 等数据表示,之所以采用这些数值,是为了便于计算分组区间,便于计算每一区间的中值。分组数目的确定要看数据的多少。习惯上,若数据个数在100 以上,则常取 12~16 组。若数据分布是正态的,则可利用下面的经验公式计算组数(K),这样可使分组满足渐近最优关系,表 6.4 就是利用这个公式计算得出的结果:

$$K = 1.87 \times (N-1)^{\frac{2}{5}}$$

(其中,N 为数据个数,K 取近似整数)

表 6.4 组数与数据次数的关系

N	100	200	500	1000	2000
K	12	16	22	30	39

3. 列出分组区间。列出分组区间需要注意以下几点：最高组区间包含最大值的数据，最低组区间包含最小值的数据；最高组或最低组的下限最好是组距的整数倍；各分组区间的排列顺序一般按纵坐标单位顺序排列，即数值大的分组区间在上面，数值小的分组区间在下面；各分组区间一般只写下限的数值，然后在右侧画一横线，且一般用整数，如分组区间可写为 2—,5—,8— 等，但必须知道，实际上各组的精确界限应该是 $1.5\sim4.499,\cdots,4.5\sim7.499,\cdots$ 在登记次数时，务必按精确界限划分数据的组别。

4. 登记次数。依次将数据登记到各个相应的组别内。

5. 计算次数(f)。各组的次数计算好后，还要计算总和即总次数。根据计算所得到的次数(f)以及总次数($\sum f$)，便可轻易地获取每个分组区间的频率。

表 6.5 是根据上述方法编制而成的次数分布表的一个示例。

表 6.5 次数分布

分组区间	组中值(X)	频次(f)	频率(p)	百分比(%)
24—	25	2	0.04	4
21—	22	4	0.07	7
18—	19	8	0.14	14
15—	16	17	0.30	30
12—	13	14	0.25	25
9—	10	7	0.13	13
6—	7	3	0.05	5
3—	4	1	0.02	2
		$\sum f = 56$	$\sum p = 1$	100

三、绘制频次分布图

根据频次分布表的结果，我们就可以绘制相应的频次分布图了。对于离散数据，频次分布图一般可以有饼形图、条形图等形貌，这些形式的图形，形象直观，能使人迅速地识别基本的数据特征；对于连续数据来说，饼形图或条形图是不适合用来呈现其频次分布结果的，而必须引入直方图以及次数多边形图等。借助专门的统计软件(如 SPSS)，能非常轻易地绘制出来这些统计图形，绘制过程将在本章第四节中有详细的介绍。

第三节　集中趋势分析

经过初步的整理,我们可以将数据分析结果以频次分布表或频次分布图的形式呈现出来,但这样仅能说我们大致粗略地了解了获取数据的基本特征和性质。如果想要更加精确地了解数据信息特征,就需要引入其他的统计指标来描述这些特征,有时候还需要对这些特征间的差异进行量化的描述,这样才能达到数据分析的最佳效果,因此还必须通过描述统计进一步分析数据的特征。描述统计的主要目的在于用最简单的概括形式反映大量数据资料所容纳的基本信息,它的基本方法有集中趋势分析、离中趋势分析及相关关系分析等。

集中趋势主要用于描述一组数据的集中性质或集中程度,数据集中情况一般是指一组数据的中心位置特征。对集中趋势的度量一般是获取该组数据的一个代表值。统计分析中用于描述一组数据代表值的统计量有多种,包括算术平均数、中位数、众数、几何平均数、调和平均数、加权平均数等,由于这些统计量的作用在于描述数据的集中趋势,因此将其称之为集中量数。

一、算术平均数

算术平均数,简称平均数或均数(Mean),一般用字母 M 表示。在数据新闻中,平均数是最常用的一个基础统计量,它的数学意义是一组观测值的总和除以观测数,公式为:

$$\overline{X} = \frac{1}{n} \sum X_i \tag{6-1}$$

公式中,$\overline{X}$ 代表根据变量 X 的观测值计算得到的平均数,$\sum X_i$ 表示所有观测值的总和,即 $\sum X_i = X_1 + X_2 + \cdots + X_i$,$n$ 为观测值的个数。

原始数据经过数据整理可列成一个次数分布表,我们也可以根据次数分布表提供的数据来计算平均数,但公式 6-1 就无法适用此方法了,此时计算平均数需要另外的方法。首先,我们需要假设散布于各区间内的数据围绕该区间的组中值均匀分布,即组中值可以代表落入该区间的各原始数值;其次,计算各区间内的数据之和,即组中值乘以数据频次;最后,将各区间内的数据之和进行加总,再除以数据的总频次(各区间的数据频次之和),便可得到平均数,用公式可以表示为:

$$\overline{X} = \frac{1}{n} \sum f X_c \tag{6-2}$$

公式中,f 为各区间内的数据频次,n 为数据的总频次,X_c 为各区间的组中

值,且

$$X_c = \frac{区间精确下限 + 区间精确上限}{2} \qquad (6\text{-}3)$$

以表 6.5 中的数据为例,按照上述步骤计算平均值,如表 6.6 所示。

表 6.6　按次数分布表计算平均值的结果

分组区间	组中值(X_c)	频次(f)	fX_c
24 —	25	2	50
21 —	22	4	88
18 —	19	8	152
15 —	16	17	272
12 —	13	14	182
9 —	10	7	70
6 —	7	3	21
3 —	4	1	4

$$\sum f = 56 \qquad \sum fX_c = 839$$

$$\overline{X} = \frac{1}{n}\sum fX_c = 14.98$$

虽然算术平均数是应用最普遍的一种集中量数,但在使用算术平均数时还应该注意以下几个问题:

1. 平均数是一个反应灵敏的统计指标,观测数据中任何一个值的变化,都能通过平均数的变化反映出来,由此也会带来一些问题,如易受极端数据的影响。因此,计算平均数时需要对极端值进行剔除。

2. 凡不同质的数据不能计算平均数。所谓同质数是指使用同一个观测手段,采用相同的观测标准,能反映某一问题的同一方面特质的数据。如在处理某档电视节目满意度数据时,对近五年来对该档电视节目的满意度调查数据进行加总并求取平均数,而实际情况中,在历年对满意度的评估中,均存在着个别评估指标的调整与更换,此时计算平均数其实是不合适的,因为这里存在每年因为观测指标的调整而带来的数据的不同质问题。然而,在实际条件下,判断数据是否同质,并不是一件非常容易的事情,需要分析者根据实际情况认真分析,尽管平均数是一个较普遍应用的集中量数,但要用得恰到好处也并非易事。

3. 平均数一般仅适用于连续数据。只有当数据类型为连续数据,即等距数据或等比数据时,计算平均数才是有意义的。有时候,处理一些顺序数据时为了方便,主观认为数值具有相等的单位,那么此时平均数也在一定的条件下适用。

二、中位数

中位数(Median),符号为 Md。中位数也是一个较为常用的统计指标,它的数学意义是把一组数据按数值的大小顺序排列起来,处于中间位置的那个数值就叫中位数。这个数可能是该组数据中的某个数值,也可能根本不是原有的数值。

计算中位数非常简单,仅需要将数据依其取值大小排列成序,然后找出位于中间的那个数值。但在这一过程中,存在两种情况。

1. 单列数目的情况

所谓单列数目是指一组数据中没有数值相同的数。

当数据数目为奇数时,中位数为序列位置为 $(n+1)/2$ 的那个数据;当数据数目为偶数时,中位数为序列位置为 $n/2$ 和 $(n+2)/2$ 的两个数据的平均数。

例1　有下列 5 个数,依大小排列为:

2、4、6、8、9

$(n+1)/2=3$,序列位置是 3 的数据是 6,则该组数据的中位数是 6。

例2　若在上组数据中增加一个数据,如:

2、3、4、6、8、9

则序列位置为 $n/2=3$ 的数据是 4,序列位置为 $(n+2)/2=4$ 的数据是 6,则该组数据的中位数是 $(4+6)/2=5$。

2. 有重复数目的情况

所谓重复数目是指一组数据中有数值相同的数。当位于中间位置的恰好是些重复数据时,计算中位数的方法为:

假设位于中间的几个重复数据为连续数据,并取序列中上下各 $n/2$ 处的数值作为中位数。

例3　有重复数列($n=7$)依大小排序:

1、2、3、4、4、4、6

此时居中的数是 4,但 4 是重复数据;$n/2=3.5$,序列中上下各 3.5 处的那个点恰好是第一个 4,而这个 4 的中点如何确定呢?

此时,我们将 4 视为连续数,即将 4 理解为:$3.5\sim4.5$ 之间有三个数据分布其中,而这三个 4 是均匀分布在这个区间之内的,如图 6.2 所示。

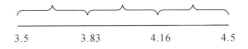

| 3.5 | 3.83 | 4.16 | 4.5 |

图 6.2　重复数据条件下的中位数计算示例

3.5～4.5 之间均匀分布着三个数据,每一个数据占 1/3 的距离,那么可理解为第一个 4 落于 3.5～3.83 区间内,第二个 4 落于 3.83～4.16 区间内,而第三个 4 则落在 4.16～4.5(实则是 4.499……)区间内。因此该数据的中位数是 (3.5+3.83)/2=3.67。

若已经将原始数据整理为次数分布表,需要计算这些经过整理的数据的中位数,则可按照如下步骤进行:

(1)求 $n/2$,并找到 $n/2$ 所在的分组区间;

(2)求含有中位数的那一区间以下各区间的次数总和(即中位数组区间下限以下的累加次数),记作 F_b;

(3)求 $n/2$ 与 F_b 之差;

(4)求序列中第 $n/2$ 个点的值。

设中位数所在那一分组区间的数据次数为 f_{Md},L_b 为中位数所在那一分组区间的精确下限。根据重复数列求中位数的原理,设有 f_{Md} 个数据均匀地落在距离为 i 的区间内,那么每个数据占 i/f_{Md},那么至 $n/2$ 这一段距离为 $\dfrac{i}{f_{Md}} \times \left(\dfrac{n}{2}-F_b\right)$,该距离加上该区间的精确下限值,即为中位数值,其公式为:

$$Md=L_b+\frac{\frac{n}{2}-F_b}{f_{Md}}\times i \qquad (6\text{-}4a)$$

同理,用精确上限计算的公式可写为:

$$Md=L_a+\frac{\frac{n}{2}-F_a}{f_{Md}}\times i \qquad (6\text{-}4b)$$

仍以表 6.5 次数分布表中的数据为例,计算中位数,结果如表 6.7 所示。

表 6.7　按次数分布表计算中位数的结果

分组区间	频次(f)	累加频次(cf)	
24—	2	56	(1)$n/2=28$
21—	4	54	(2)中位数所在的区间组是 14.5～17.5
18—	8	50	(3)中位数所在组以下的次数和为 25
15—	17	42	中位数所在组以上的次数和为 14
12—	14	25	(4)$f_{MD}=17$　,　$i=3$
9—	7	11	根据公式(6-4a),
6—	3	4	$Md=14.5+\dfrac{28-25}{17}\times 3=15.03$
3—	1	1	根据公式(6-4b),
	$\sum f=56$		$Md=17.5-\dfrac{28-14}{17}\times 3=15.03$

在使用中位数时应该注意以下几个问题：

（1）中位数仅以数据的相对位置特征来代表数据组的集中量度，其所反映的数据组的信息是有限的，在反映个别数据的变化时，反应不够灵敏，且两极数据的变化对中位数不会产生影响，这些都是中位数在使用中存在的不足之处，需要加以注意。

（2）在有些条件下，中位数的应用应该受到重视。当调查中出现极端值，而调查者无法确定这些极端数据是否由错误观测造成，因而无法随意舍弃时，可用中位数作为该列数据的代表值，且这样做，并不会影响进一步的统计分析；当次数分布两端数据区间是开区间时，也可使用中位数；当需要快速估计一组数据的代表值时，常用中位数。

（3）中位数不仅适用于连续数据，而且也适用于离散数据中的顺序数据。

三、众数

众数（Mode），符号为 Mo。和平均数及中位数一样，众数也可用来描述一组数据的一般水平或典型情况，其数学意义是一组数据中出现次数最多（指频次最高）的那个数值。

求众数的方法非常简单，不论是分组的还是未分组的，一般用直接观察法即可获得，即找出出现次数最多的数值。

整理成次数分布表后，观察次数最多的那一组区间的组中值即为众数。如表 6-5 中，次数最多的区间为 14.5～17.5，则其组中值 16 即为该组数据的众数。

应用众数需要注意以下问题：

1. 和中位数一样，众数也不是一个优良的集中量数，反应不够灵敏，无法反映个别数据的变化，且极少受极端值的影响；此外，众数不能参与进一步的代数运算，这是它最大的弊端。因此，众数应用不如平均数和中位数广泛。

2. 有些条件下，众数的应用具有一定的价值，例如需要快速而粗略地估计一组数据的代表值时。当一组数据出现不同质的情况时，也可使用众数。

3. 众数适用于所有的数据类型，包括连续数据中的等距数据和等比数据，以及离散数据中的顺序数据或名义数据。

四、平均数、中位数和众数三者间的关系

平均数、中位数及众数具有如下的关系：

1. 当数据呈正态分布时，$M = Md = Mo$；

2. 当数据分布为正偏态时，$M > Md > Mo$；

3. 当数据分布为负偏态时，$M < Md < Mo$。

第四节　离散趋势分析

集中量数只描述了数据的集中趋势和典型特征,但不能说明数据的整体情况,因此分析中还要用到数据在集中量数周围散布的情况。一般地说,获取数据时所获得的大多是随机变量,具有变异性,因此需要对数据的变异性即离散趋势进行度量。对数据变异性即离散趋势进行度量的一组统计量,称为差异量数,包括标准差或方差、全距、平均差、四分差。下面对这些差异量数分别进行简单的介绍。

一、方差与标准差

方差(variance),符号为 S^2。方差是度量数据离散特征的一个最常用的统计值。方差的数学意义为一组数据中每个数据与该组数据平均数之差平方和的均值,即离均差平方后的平均数。

标准差(standard deviation),即方差的平方根,用符号表示为 S 或 SD。

(一)方差及标准差的计算方法

根据方差及标准差的理论意义,可得到计算方差及标准差的理论公式为:

$$S^2 = \frac{\sum (X_i - \overline{X})^2}{n} \tag{6-5a}$$

$$S = \sqrt{\frac{\sum (X_i - \overline{X})^2}{n}} \tag{6-5b}$$

上述公式中,$\overline{X}$ 是指一组数据的平均数,X_i 是指数据组中的各个数据,n 是指数据的总数目。

例 4　数据集中关于时长的数据——受众一天中观看电视节目的时间长度(小时)为:

6、5、7、4、6、8($n=6$)

应用公式(6-5a)计算方差 S^2:

(1)先求平均数:$\overline{X}=(6+5+7+4+6+8)/6=6$;

(2)计算离均差 $X_i - \overline{X}$:0、−1、1、−2、0、2;

(3)计算离均差的平方 $(X_i - \overline{X})^2$:0、1、1、4、0、4;

(4)对各离均差的平方求和:0+1+1+4+0+4=10;

(5)代入公式(6-5a)求方差:$S^2=10/6=1.67$。

应用公式(6-5b)计算标准差 S:

$$S=\sqrt{\frac{10}{6}}=1.29$$

（二）方差与标准差的意义

方差与标准差是表示一组数据离散程度的最好统计指标。其值越大，说明离散程度越大；其值越小，说明数据集中程度越高。方差与标准差配合其他集中量数使用，能对数据的分布特征进行准确的描述。

方差及标准差的使用具有如下优点：

（1）反应灵敏，对于每个数据取值的变化，方差或标准差都会非常敏感，并反映在方差及标准差的数值变化之中；

（2）适合代数运算，是高级统计分析中的一个基础统计指标；

（3）受抽样变动的影响小，和其他差异量数相比，来自同一总体的不同样本的方差与标准差是比较稳定的。

方差或标准差的使用也存在一定的范围，其一般仅适合于对连续数据的分析，离散型数据则不适用该类统计指标。

（三）标准差的应用

由于标准差与方差的计算原理相同，且在使用中标准差更方便，所以标准差在应用中更常见，使用率更高。在获得标准差的基础上，我们可以计算得到其他的相关统计指标，以便做更深入的数据分析。

1. 使用标准差计算标准分数

标准分数，又称 Z 分数。常用标准分数表示一个数据在团体中的相对位置，便于团体成员间的比较。其计算的理论公式为：

$$Z = \frac{X - \overline{X}}{S} \tag{6-6}$$

2. 使用标准差计算差异系数（coefficient of variation）

标准分数为一组数据中各个数值间的相对位置分析提供了便利，若我们需要对不同样本间的离散程度进行比较，则需要使用差异系数。一般地说，标准差越大说明该组数据离散程度越高。然而标准差的数值会受到数据观测单位及样本均值的影响，观测单位越大，样本均值越大，其标准差也必然越大。因此，在比较不同样本的离散程度时，使用绝对差异量（标准差）是不可行的，需要使用相对差异量（能对这些影响因素进行有效的平衡）。最常用的相对差异量指标为差异系数，符号为 CV。其计算的理论公式如下：

$$CV = \frac{S}{M} \times 100\% \tag{6-7}$$

公式中，S 为样本的标准差，M 为样本的平均数。

二、其他差异量数

标准差一般被称为高效差异量，主要是因为其应用广、价值大。而下面要介绍的几种差异量数,价值低且应用受到较多的限制,又称低效差异量。

（一）全距

全距（Range），又称极差，符号为 R。全距的数学意义为一组数据中最大值与最小值之差，其计算的理论公式为：

$$R = X_{\max} - X_{\min} \tag{6-8}$$

公式中，$X_{\max}$ 为数据中的最大值，$X_{\min}$ 为数据中的最小值。

全距的计算只利用了一组数据中的最大值和最小值，因而不稳定、不可靠且反应不够灵敏，易受极端值的影响，取值明显受到取样变动的影响。全距一般应用于调查的预备阶段，用于检查数据的大致分散范围，以便确定如何进行统计分组。

（二）平均差

平均差（Average Deviation），符号为 AD。平均差的数学意义是每个原数据与该组数据平均数距离的平均。其计算的理论公式为：

$$AD = \frac{\sum |X - \overline{X}|}{n} \tag{6-9}$$

相比于全距来说，平均差在度量数据的离散程度上与标准差更类似。但由于其要计算绝对值，因而不适用于代数运算，还无法达到标准差在数学上的优越性。

（三）四分位差

四分位差（Interquartile Range），符号为 Q。四分位差的数学意义是先将一组数据按大小进行排序，然后将其四等分，去掉序列中最高和最低的两端（各四分之一的数据）后，中间的一半数值之间的全距。其计算的理论公式为：

$$Q = Q_3 - Q_1 \tag{6-10}$$

公式中，Q_1 是指第一个四分位点所对应的数值，Q_3 是指第三个四分位点所对应的数值。

例5　数据集显示 10 位受众的年龄如下：6、8、9、10、11、13、14、15、15、17，求四分位差。

（1）先求出 Q_1 和 Q_3 的位置：

$$Q_1 \text{ 的位置} = \frac{1}{4} \times 10 = 2.5$$

$$Q_3 \text{ 的位置} = \frac{3}{4} \times 10 = 7.5$$

（2）根据 Q_1 和 Q_3 的位置，计算其在数列中的数值：

Q_1 的位置为 2.5，即表示介于第 2 个数据和第 3 个数据之间，因此

$$Q_1 = (8 + 9)/2 = 8.5$$

Q_3 的位置为 7.5，即表示介于第 7 个数据和第 8 个数据之间，因此

$$Q_3 = (14+15)/2 = 14.5$$

(3)根据公式(6-10)，求四分位差 Q：

$$Q = 14.5 - 8.5 = 6$$

也就是说在该数据中间 50% 的数据中，年龄的最大差距为 6 岁。

由于四分位差的计算只利用了中间 50% 的数据信息，而无法反映两端 50% 数据的变化，因此反应的灵敏度不高，仍然只是一个低效的差异量数。四分位差一般和中位数结合起来共同应用，但它仍然不适用于代数方法的运算。

在某些条件下，如两端数据不清楚时，可以计算四分位差，此时其他差异量数难以计算。

第五节　相关关系分析

数据分析中往往需要描述变量之间的关系，变量间的关系一般可分为三类，即因果关系、共变关系和相关关系。对于描述性的统计分析来说，最重要的是考察变量之间的相关关系。所谓相关关系，是指两类现象在发展变化的方向与大小方面存在一定的关系，但我们无法确定哪个现象是因，哪个是果，如电视节目的播出时间与受众的收视行为之间可能存在一定的相关，但我们仍然无法确定，是播出时间决定着收视行为，还是收视行为决定着播出时间。

一、相关的类型

存在三种相关关系，即正相关、负相关和零相关（见图 6.3）。

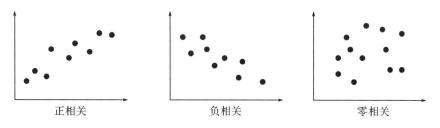

正相关　　　　　负相关　　　　　零相关

图 6.3　相关的三种情况

正相关是指两列变量变动的方向相同，即一列变量变动时，另一列变量也同时发生或大或小与前一种变量同方向的变动。

负相关是指两列变量变动的方向相反，即一列变量变动时，另一列变量呈或大或小但与前一列变量方向相反的变动。

零相关是指两列变量之间没有关系，即一列变量变动时，另一列变量作无规律的变动。

二、相关系数

相关关系既存在方向上的差异，也存在大小或强弱上的差异。相关关系的强度可利用统计的方法进行测量和比较，最常用的统计指标为相关系数，常用 r 表示。

相关系数的取值介于 -1 与 1 之间，常用小数表示。相关系数的正负号表示相关的方向，相关系数的数值大小表示相关关系的强弱。相关系数为正值表示正相关，为负值表示负相关。相关系数若为 0，则表示零相关；为 1 时，表示完全正相关；为 -1 时，表示完全负相关。

值得注意的一点是，相关系数不是等距数据，因此在比较相关程度时，只能说绝对值大的比绝对值小的相关程度更高；而且即使相关系数取值较大，也不一定说明两者间存在因果关系。

相关系数的计算方法需要依据不同的数据类型而定，最常用的计算方法有积差相关、等级相关、质量相关。

（一）积差相关

积差相关是英国统计学家 Person 于 20 世纪初提出的一种计算相关的方法，因此又称皮尔逊相关，是求直线相关的最基本的方法。

应用积差相关必须具备如下的条件：

（1）两列数据均为等距以上水平的数据类型；

（2）两列数据各自的总体分布都是正态的，即正态双变量；

（3）两列数据间的关系应该是线性的。

计算积差相关的理论公式为：

$$r = \frac{\sum xy}{nS_xS_y} \tag{6-11}$$

公式中，$x = X - \bar{X}$，$y = Y - \bar{Y}$，n 为成对数据的数目，S_x 为变量 X 的标准差，即 $\sqrt{\dfrac{\sum(X-\bar{X})^2}{n}}$，$S_y$ 为变量 Y 的标准差，即 $\sqrt{\dfrac{\sum(Y-\bar{Y})^2}{n}}$。

根据公式（6-11），对相关系数 r 的主要贡献来自于变量 X 和变量 Y 的离均差的乘积 xy，当 x 大 y 也大时，xy 乘积的绝对值就大；当 x 小 y 也小时，xy 乘积的绝对值也就小。因此 $\dfrac{\sum xy}{n}$ 绝对值的大小将随着两列变量方向一致性程度的变化而变，该程度在统计上被称为协方差，用以描述两变量间的一致性程度，它是协方差分析中一个非常重要的统计指标。

然而,相关系数 r 并不是仅通过计算 $\dfrac{\sum xy}{n}$ 便可以获得的,而是将 $\dfrac{\sum xy}{n}$ 再除以变量 X 和变量 Y 各自的标准差后获得的。如此处理的原因在于, $\sum xy$ 的计算是带着变量 X 和变量 Y 的单位进行的,也就是说运算中没有消除变量单位对相关系数 r 的影响,若要对相关系数应用于不同变量间关系强度的比较,则必须消除单位的影响,即让相关系数成为一种没有实际测量单位的标准分数,因此需要对各变量的离均差分别用各自的标准差来消除单位的影响。

（二）等级相关

在数据新闻中,可能会存在如下情况:

（1）所获取的数据类型为顺序数据;

（2）虽然获取的数据类型是等距数据或等比数据,但其总体分布并不是正态的,无法适用积差相关。

在这两种情况下,计算相关系数可选用等级相关。需要注意的是,计算等级相关的两列数据间仍应为线性相关。等级相关系数中最常用的是斯皮尔曼（Spearman）等级相关系数,适用于只有两列变量,且两列变量的数据类型均为顺序数据的情况。有些数据虽然属于等距数据或等比数据,但因其所属总体不满足正态分布,因此可将这些数据按其取值大小,赋以顺序等级,计算等级相关。斯皮尔曼等级相关系数常用符号 r_R 表示。

计算斯皮尔曼等级相关系数的理论公式为:

$$r_R = 1 - \frac{6\sum D^2}{n(n^2-1)} \tag{6-12a}$$

公式中, D 为各对偶等级之差 $(R_x - R_y)$, $\sum D^2$ 是各 D 平方之和, n 为等级的数目。

若将 D 替换为 $(R_x - R_y)$,即直接使用等级数,则公式（6-12a）变为:

$$r_R = \frac{3}{n-1} \times \left[\frac{4\sum R_x R_y}{n(n+1)} - (n+1)\right] \tag{6-12b}$$

例 6 分析者想了解两个不同的群体对 10 名主持者的偏好度（评价结果如表 6.8 所示）,试计算两个群体评价间的一致性程度。

本例中,数据类型为顺序数据,且只有两列变量,因此适用斯皮尔曼等级相关,我们分别依公式（6-12a）和公式（6-12b）来计算其相关系数,过程详见表 6.8。

然而,有时候会采取评价量表的方法进行评价,当评价量表的分级较少时,就可能会出现重复的等级数,此时上述计算等级相关的公式就不适用了。这是为什么呢?

表 6.8　等级相关计算说明

| 被评估者 | 评价等级 | | $D=R_x-R_y$ | D^2 | R_xR_y |
	A 评等级（R_x）	B 评等级（R_y）			
主持人 1	6	4	2	4	24
主持人 2	2	3	−1	1	6
主持人 3	5	6	−1	1	30
主持人 4	7	8	−1	1	56
主持人 5	1	5	−4	16	5
主持人 6	10	9	1	1	90
主持人 7	9	10	−1	1	90
主持人 8	8	7	1	1	56
主持人 9	4	1	3	9	4
主持人 10	3	2	1	1	6
	$\sum R_x=55$	$\sum R_y=55$		$\sum D^2=36$	$\sum R_xR_y=367$

依公式(6-12a)计算等级相关系数：

$$r_R = 1 - \frac{6\sum D^2}{n(n^2-1)} = 1 - \frac{6\times36}{10(10^2-1)} = 0.78$$

依公式(6-12b)计算等级相关系数：

$$r_R = \frac{3}{n-1} \times \left[\frac{4\sum R_xR_y}{n(n+1)} - (n+1) \right] = \frac{3}{10-1} \times \left[\frac{4\times367}{10\times(10+1)} - (10+1) \right] = 0.78$$

公式(6-12a)和公式(6-12b)成立，需要满足如下假设，即各等级之和及平方和相等（$\sum R_x = \sum R_y$，$\sum R_x^2 = \sum R_y^2$），而保证该假设成立的条件是等级排序中不会出现相同的等级。如果有相同的等级出现，那么虽然可以保证 $\sum R_x = \sum R_y$，但是却无法保证 $\sum R_x^2 = \sum R_y^2$ 的假设成立，相同等级的数目及出现的次数均会给等级相关的计算带来影响，其直接效果是 $\sum R^2$ 会随着相同等级数目出现次数的增多而有规律地减少，减少的规律可反映在如下公式中：

$$C = \frac{n(n^2-1)}{12} \tag{6-13}$$

公式中 C 为校正数（即减少的差数），n 为相同的等级数目。

由此，可推导出在有相同等级出现时，计算斯皮尔曼等级相关系数的理论公式为：

$$r_{RC} = \frac{\sum x^2 + \sum y^2 - \sum D^2}{2 \times \sqrt{\sum x^2 \times \sum y^2}} \qquad (6\text{-}14)$$

公式中，r_{RC} 表示引入 C 校正数的等级相关系数，其中 $\sum x^2$ 和 $\sum y^2$ 分别为：

$$\sum x^2 = \frac{N^3 - N}{12} - \sum C_x \left(\sum C_x = \left[\sum \frac{n(n^2 - 1)}{12} \right] \right) \qquad (6\text{-}15)$$

$$\sum y^2 = \frac{N^3 - N}{12} - \sum C_y \left(\sum C_y = \left[\sum \frac{n(n^2 - 1)}{12} \right] \right) \qquad (6\text{-}16)$$

其中，N 为成对数据数目，n 为相等等级数目。

例如，若我们将表 6.8 中 10 位主持人的评价等级改为 5 级，则结果必然出现相同等级，具体计算过程请读者按照上述方法自行推算。

（三）质量相关

所谓质量相关是指，一列变量为等比或等距数据，而另一列变量是名义数据，这两列变量的直线相关，即质量相关。质量相关包括点二列相关、二列相关。

1. 点二列相关

点二列相关适用于两列变量中，一列变量为等距或等比数据且其总体分布为正态，另一列变量为名义数据，前者如一天中收看电视的时间长度，后者如收视者的性别。如要求收视时间长度与性别的相关性，则可引入点二列相关的方法，其相关程度通常以符号 r_{pq} 表示。

计算点二列相关的理论公式为：

$$r_{pq} = \frac{\overline{X}_p - \overline{X}_q}{S} \times \sqrt{p \times q} \qquad (6\text{-}17)$$

公式中，p 和 q 是二分变量各自所占的比率，$p + q = 1$，$\overline{X}_p$ 是与一个二分变量对偶的连续变量的平均数，$\overline{X}_q$ 是与另一个二分变量对偶的连续数据的平均数，S 是连续变量的标准差。

2. 二列相关

当二列变量的数据均为连续数据且其所属的总体均为正态分布，此时若将其中一列变量的数据人为地划分为两类，使其成为名义数据，欲求两者相关性，则需要引入二列相关，其相关程度通常以符号 r_b 表示。

计算二列相关的理论公式为：

$$r_b = \frac{\overline{X}_p - \overline{X}_q}{S_x} \times \frac{pq}{Y} \qquad (6\text{-}18)$$

公式中，$\overline{X}_p$ 是与二分变量中某一二分变量对偶的连续变量的平均数，$\overline{X}_q$ 是与二分变量中另一个二分变量对偶的连续数据的平均数，S_x 是连续变量的标准差，p 和 q 是二分变量各自所占的比率，Y 是标准正态曲线下 p 和 q 交界点的 Y

轴的高度(可查正态分布表得到)。

第六节　SPSS 在描述性统计分析中的应用

SPSS(Statistical Product and Service Solutions),即"统计产品与服务解决方案"软件,是世界著名的统计分析软件之一。迄今为止,SPSS 软件已有 30 余年的成长历史,在全球拥有约 25 万的产品用户,是世界上应用最广泛的专业统计软件之一。

到目前为止,SPSS 已具有适合于 DOS、Windows、UNIX、Macintosh、OS/2 等多种操作系统使用的产品,国内常用的是其适用于 DOS 和 Windows 的版本。SPSS for DOS 通常被称为 SPSS/PC+,现在已较少使用,而 SPSS for Windows 因其界面友好,功能强大,使用者越来越多。SPSS for Windows 版本已有很多,主要有 SPSS V7.0、SPSS V7.5、SPSS V8.0、SPSS V9.0、SPSS V10.0、SPSS V11.0、SPSS V11.5、SPSS V12.0、SPSS V13.0、SPSS V14.0、SPSS V15.0、SPSS V16.0、SPSS V17.0、SPSS V18.0 等。本书中将以运行于 Windows 2000/XP 上的 SPSS 11.5 for Windows 标准版为例,本书中简称 SPSS。

本小节主要介绍如何在 SPSS 中进行数据录入、数据编辑以及对数据进行描述性统计分析。

一、SPSS 中的数据录入

在 SPSS 中录入数据包括两个主要步骤,即定义变量和数据输入及保存。

(一)变量的定义

变量定义包括定义变量名、变量类型、变量长度、变量数值的小数位数、变量标签、变量值标签及变量格式。

启动 SPSS 后,会出现如图 6.4 所示的数据编辑窗口,此时显示的是一个空白文件。

此时,单击数据编辑窗口左下方的"Variable View"标签,即可进入变量定义窗口对变量进行定义,如图 6.5 所示。

在变量定义窗口中,每一行表示一个变量的定义信息,包括 Name、Type、Width、Decimals、Label、Values、Missing、Columns、Align、Measure 等。

1. 定义变量名(Name)

SPSS 默认的变量名为 Var00001、Var00002 等,当然一般的用户可以根据自己的方便和需要来命名变量。变量命名有一定的规则:

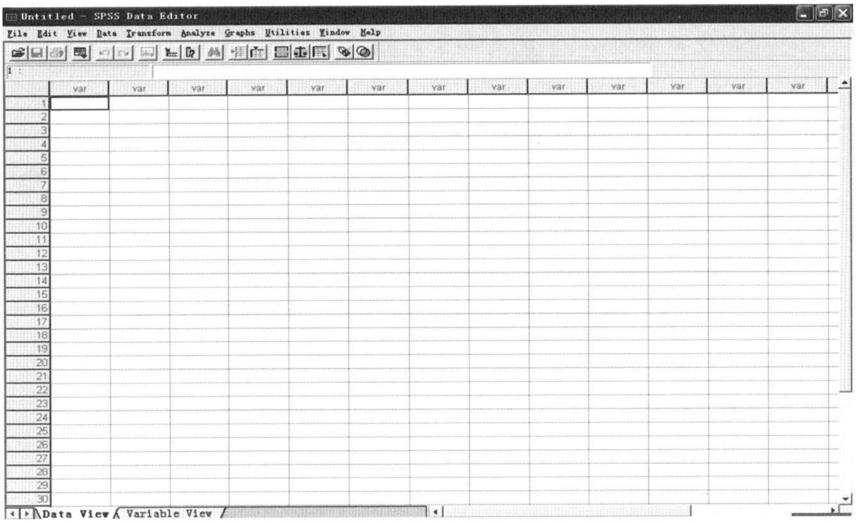

图 6.4 数据编辑窗口

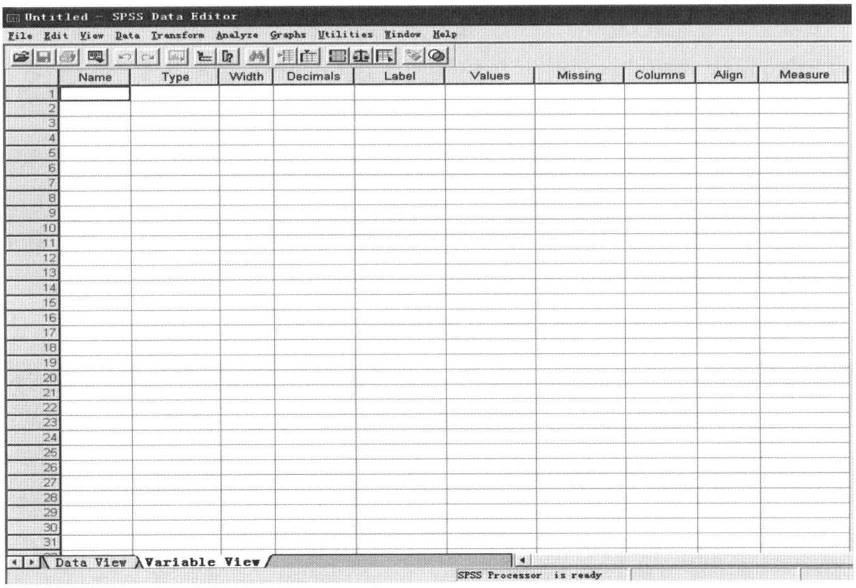

图 6.5 变量定义窗口

(1)变量名必须以字母、汉字或字符@开头；

(2)变量名最后一个字符不能是句号；

(3)变量名总长度不能超过 8 个字符(即 4 个汉字)；

(4)变量名不能使用空白字符或其他特殊字符(如"!""?"等);

(5)变量命名必须唯一,不能有两个相同的变量名;

(6)在 SPSS 中不区分大小写。

2. 定义变量类型(Type)

点击 Type 相应单元中的按钮,显示如图 6.6 所示的窗口,在对话框中选择合适的变量类型单击"OK"按钮即可定义变量类型。

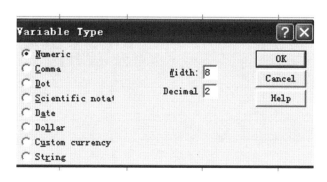

图 6.6　定义变量类型窗口

(1)Numeric:数值型,同时定义数值的宽度(Width),即整数部分＋小数点＋小数部分的位数,默认为 8 位;定义小数位数(Decimal),默认为 2 位。

(2)Comma:加显逗号的数值型,即整数部分每 3 位数加一逗号,其余定义方式同数值型。

(3)Dot：3 位加点数值型,无论数值大小,均以整数形式显示,每 3 位加一小点(但不是小数点),可定义小数位置,但都显示 0,且小数点用逗号表示。如 1.2345 显示为 12.345,00(实际是 12345E－4)。

(4)Scientific notation:科学记数型,同时定义数值宽度和小数位数,在数据管理窗口中以指数形式显示。如定义数值宽度为 9,小数位数为 2,则 345.678 显示为 3.46E＋02。

(5)Date:日期型,用户可从系统提供的日期显示形式中选择自己需要的。如选择 mm/dd/yy 形式,则 1995 年 6 月 25 日显示为 06/25/95。

(6)Dollar:货币型,用户可从系统提供的日期显示形式中选择自己需要的,并定义数值宽度和小数位数,显示形式为数值前有 $ 。

(7)Custom currency:常用型,显示为整数部分每 3 位加一逗号,用户可定义数值宽度和小数位数。如 12345.678 显示为 12,345.678。

(8)String:字符型,用户可定义字符长度(Characters)以便输入字符。

用户选择完毕可点击"OK"按钮返回初始对话框。

3. 定义变量长度(Width)

系统默认值为 8 个字符,当变量为日期型时无效。

4. 定义小数点位数(Decimal)

系统默认为 2 位小数,当变量为日期型时无效。

5. 定义变量标签(Label)

由于变量命名规定仅使用 8 个字符,往往无法对变量的特征进行具体描述,因此可通过变量标签作进一步的描述,一般变量标签的字符可长达 120 个。

6. 定义变量值标签(Values)

变量值标签是对变量的每个可能取值进行描述,当变量为定性或定序时,定义变量值标签是非常有用的。具体操作为,点击变量标签单元,激活变量标签定义窗口,如图 6.7 所示。若定义的变量为文化程度,且编码中以"1"代表初中学历,则在窗口中的第一个 Value 中输入"1",第二个 Value 中输入"初中",在点击 Add 按钮,该变量值标签完成添加;然后继续定义第二个变量值标签,直至定义完成为止,待全部结束后就点击"OK",完成"文化程度"这一变量值标签的定义。

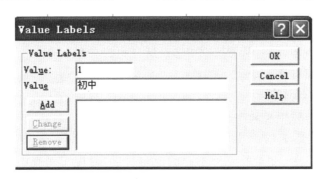

图 6.7　变量标签定义窗口

7. 定义缺失值(Missing)

一般来说,数据大多数情况下会有缺失值,而且缺失值可能分布于不同的变量之中。为了处理数据的方便,需要对不同变量的缺失值进行定义。SPSS 提供了两种定义缺失值的方式:

(1)定义三个单独的缺失值。

(2)定义一个缺失值范围和一个单独的缺失值。

点击 Missing 相应单元中的按钮,激活缺失值定义窗口,如图 6.8 所示。

(1)No missing values:没有缺失值。

(2)Discrete missing values:可定义 1~3 个。如测量身高(厘米)的资料,可定义 999 为缺失值;性别的资料(男为 1,女为 2),可定义 -1 为缺失值。

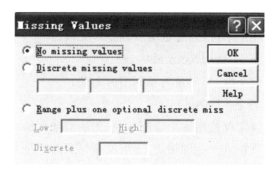

图 6.8　缺失值定义窗口

（3）Range of missing values：可定义缺失值的范围。

（4）Range plus one discrete missing value：可定义缺失值的范围，同时定义另外一个不是这一范围的缺失值。

8．定义变量的显示宽度（Columns）

输入变量的显示宽度，系统默认为 8 个字符。

9．定义变量的对齐方式（Align）

单击 Aligh 单元框，从下拉框中选择所显示的对齐方式：

（1）Left：左对齐。

（2）Right：右对齐。

（3）Center：居中对齐。

10．定义变量的测量尺度（Measure）

SPSS 中提供了变量的三种不同的测量尺度，对应于调查中的四种不同测量尺度。

（1）Nominal：名义变量，取值只代表观测对象的不同类型；

（2）Ordinal：定序变量，取值大小能代表观测对象的某种顺序关系，包括等级、方位或大小等；

（3）Scale：定距变量和定比变量，取值具有相等的单位。

（二）数据输入和保存

1．数据输入

定义好变量之后，单击"Data View"标签，即可向数据管理窗口键入原始数据，如图 6.4 所示。数据管理窗口的主要部分就是电子表格，纵向为电子表格的行，其行头以 1、2、3、…表示，即第 1、2、3、…行；横向为电子表格的列，其列头var00001，var00002，var00003，…表示变量名。行列交叉处称为单元格，即保存数据的空格。鼠标一旦移入电子表格内即呈十字形，这时按鼠标左键可激活单元格,被激活的单元格以加粗的边框显示;用户也可以按方向键上下左右移动来激活单元格。单元格被激活后,用户即可向其中输入新数据或修改已有的数据。

2. 数据保存

在数据录入过程中,应及时保存数据,以防发生意外情况导致数据丢失(如断电、死机、意外关机等)。保存数据的方法有两种:

(1)选择"File"菜单的 Save 命令,可直接保存为 SPSS 默认的数据文件格式(＊.sav);

(2)选择"File"菜单的 Save As 命令,在弹出的 Save Data As 对话框中,根据自己文件管理的要求设置保存路径,并对数据文件进行命名,点击保存,如图 6.9所示。

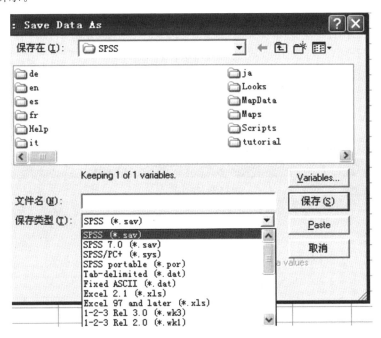

图6.9　数据保存窗口

二、数据的编辑

对输入的原始数据,经常需要在统计分析前或统计分析过程中,需要做一些特殊的处理。为此,需要对输入的数据进行适当的编辑,SPSS 软件为数据编辑提供了非常丰富的功能,这些功能包括数据的增删、数据的整理、数据的转换等。

（一）数据的增删

常用的数据的增删功能包括：

1. 增加一个新变量列：先选中需要增加列右边的一列，选 Data 菜单中的 Insert Variable 命令项，即可在该列左边增加一个新变量列；

2. 增加一个新行：先选中需要增加行下方的一行，选 Data 菜单中的 Insert Case 命令项，即可在该行的上方增加一个新行；

3. 删除一个行：选中一个行，按 Delete 键或选 Edit 菜单中的 Clear 命令项，该行即被删除；

4. 删除一个变量列：选中一个列，按 Delete 键或选 Edit 菜单中的 Clear 命令项，该列即被删除。

（二）数据的整理

SPSS 提供非常丰富的数据整理功能，常用的功能包括：

1. 数据排序：选 Data 菜单中的 Sort Cases 命令项，并可以按两种方式进行排序，即按升序（Ascending，从小到大）或降序（Descending，从大到小）；

2. 数据的分组汇总：即按指定变量的数据进行归类分组汇总，其汇总的形式十分多样。选 Data 菜单中的 Aggregate 命令项，弹出 Aggregate Data 对话框（见图 6.10），在变量名列框中选 group 变量，点击钮使之进入 Break Variable(s)框，选需要汇总的变量进入 Aggregate Variable(s)框。

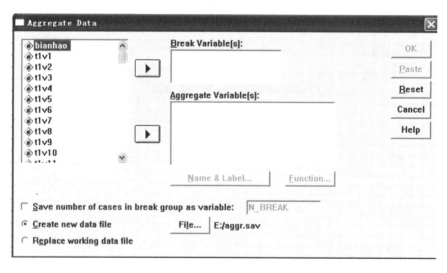

图 6.10　数据汇总窗口

3. 数据的选择：即从数据中选择一些数据进行统计分析。选 Data 菜单中的"Select Cases…"命令项，弹出 Select Cases 对话框（见图 6.11），系统提供如下几种选择方法：

（1）All cases，表示所有的观察例数都被选择，该选项可用于解除先前的选择；

（2）If condition is satisfied，表示按指定条件选择，点击"If…"钮，弹出 Select "Cases：If"对话框，先选择变量，然后定义条件；

（3）Random sample of cases，表示对观察单位进行随机抽样，点击"Sample …"钮，弹出 Select Cases：Random Sample 对话框，有两种抽样方式，一种是大概抽样（approximately），即键入抽样比例后由系统随机抽取，另一种是精确抽样（exactly），即要求从第几个观察值起抽取多少个；

（4）Based on time or case range，表示顺序抽样，点击"Range …"钮，弹出 Select Cases：Range 对话框，用户定义从第几个观察值抽到第几个观察值；

（5）Use filter variable，表示用指定的变量进行过滤，用户先选择一个变量，系统自动在数据管理器中对该变量值为 0 的观察单位标上删除标记，系统对有删除标记的观察单位不进行分析。若用户在 Select Cases 对话框的 Unselected Cases Are 框中选 Deleted 项，则系统将删除所有被标上删除标记的观察单位。

调用 Select Cases 命令完成定义后，SPSS 将在主窗口的最下面状态行中显示 Filter On 字样；若调用该命令后的数据库被用户存盘，则当再次打开使用这个数据文件时，仍会显示 Filter On 字样，意味着数据选择命令依然有效。

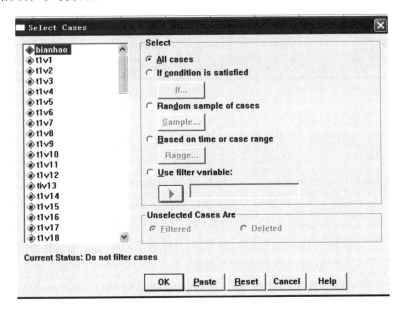

图 6.11　数据选择窗口

（三）数据转换

SPSS 软件还提供非常方便的数据转换功能，方便调查者根据自己的需要对原始数据进行转换。常用数据转换功能包括：

1. 建立一个新变量，即通过运算操作让系统生成新的变量。选 Transform 菜单中的 Compute 命令项，在弹出的 Compute Variable 对话框中（见图 6.12），用户首先在 Target Variable 中指定一个变量（可以是数据管理器中已有的变量，也可以是用户欲生成的新变量），然后点击"Type&Label"钮，确定是数值型变量还是字符型变量，或加上变量标签。在 Numeric Expression 框中键入运算公式，系统提供计算器和 82 种函数（在 Functions 框内）让用户使用；若点击"If…"钮会弹出 Compute Variable：If Cases 对话框，用户可指定符合条件的变量参与运算。

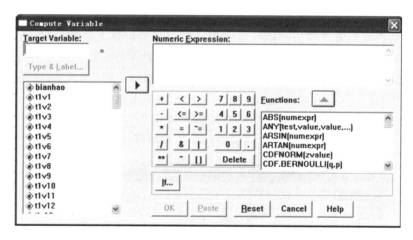

图 6.12　建立新变量窗口

2. 建立计数变量：对于数值型变量，可对某个或某些值在各观察单位中的出现次数进行清点。选 Transform 菜单中的 Count 命令项，在弹出的 Count Occurrences of Value within Cases 对话框中（见图 6.13），先在 Target Variable 指定一个变量，然后指定需要清点的变量，即在变量名列中选择一个或多个变量点击"▶"钮使之进入 Numeric Variable(s)框，再点击 Define Values 钮，弹出 Count Value within Cases：Value to Count 对话框，确定将哪些数值作为清点对象。选 Value 表示单一数值为清点对象；选 System-missing 或 System-or user missing 表示以系统或用户指定的缺失值为清点对象；选 Range 表示以指定数值范围为清点对象。还可点击"If"钮指定条件来确定参与清点的观察单位。

3. 变量的重新赋值：SPSS 软件还提供了对原始数据重新赋值的功能，此操作只适用于数值型变量。选 Transform 菜单中的 Recode 命令项，此时有两种选

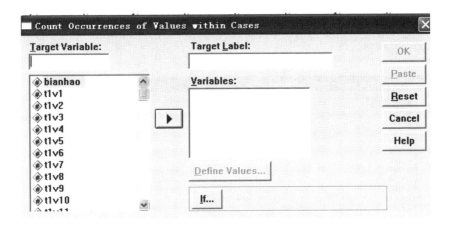

图 6.13　建立计数变量窗口

择：一是对变量自身重新赋值(Into Same Variables)；一是对其他变量或新生成的变量进行赋值(Into Different Variables)。

　　若选第一种赋值方法，在弹出的 Recode into Same Variables 对话框中(见图 6.14)，先在变量名列中选一个或多个变量点击"▶"钮使之进入 Numeric Variables 框，然后点击"Old and New Values…"钮弹出 Recode into Same Variables：Old and New Values 对话框，用户根据实际情况确定旧值和新值，点击"Continue"钮返回，再点击"OK"钮即可。

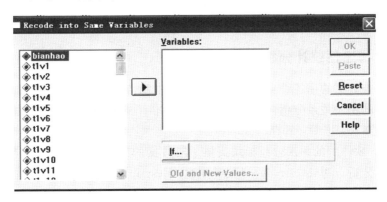

图 6.14　对变量自身重新赋值窗口

　　若选第二种赋值方法，在弹出的 Recode into Different Variables 对话框中(图 6.15)，先在变量名列中选一个或多个变量点击钮使之进入 Numeric Variable——>Output Variable 框，同时在 Output Variable 框确定一赋值变量(可以是数据管理器已有的变量，也可以是用户要求生成的新变量)，然后点击"Old and New Values…"钮弹出 Recode into Different Variables：Old and New Values 对话框,用户根据实际情况确定旧值和新值,点击"Continue"钮返回,再点击"OK"钮即可。

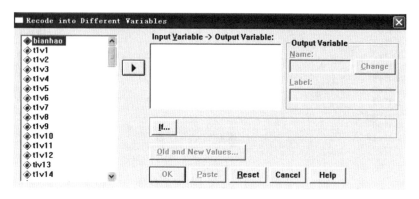

图 6.15 对其他变量或新生成的变量进行赋值窗口

在两种赋值情况下,用户均可点击"If…"钮指定条件来确定参与清点的观察单位。

与 Compute 方法不同的是,Recode 方法不能进行运算,只能根据指定变量值作数值转换,且这种转换是单一数值的转换。

当然 SPSS 软件提供的数据编辑功能远不止这些,限于篇幅,本小节仅介绍几种常用的数据编辑功能,其他数据编辑功能请读者查阅参考文献中的相关著作。

三、描述性统计分析

对调查数据的描述性分析包括数据的集中趋势分析、数据的离散趋势分析以及数据的相关关系分析。SPSS 软件为此提供了非常完备的分析功能。

（一）频次分析(frequency analysis)

SPSS 软件中的频次分析模块提供了对数据的集中趋势和离散趋势各种统计指标的分析。单击"Analyze"菜单中的"Descriptive Statistics"项中的"Frequencies"命令,如图 6.16 所示。

打开 Frequencies 对话框,选中所要分析的变量点击按钮使之进入 Variable (s)框中,然后单击下方的 Statistics 按钮,进入图 6.17 所示的对话框,选择需要统计的项目(在相应的统计指标框中打"√"即可),选好后单击"Continue",返回 Frequencies 对话框,单击"OK",由系统对数据进行描述性统计分析。

图 6.17 中所显示的是几种常用的描述性统计分析指标。

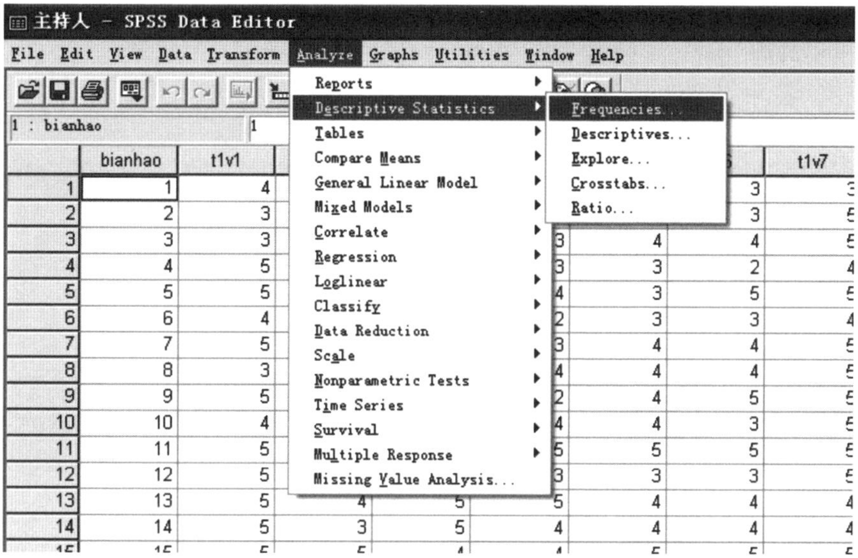

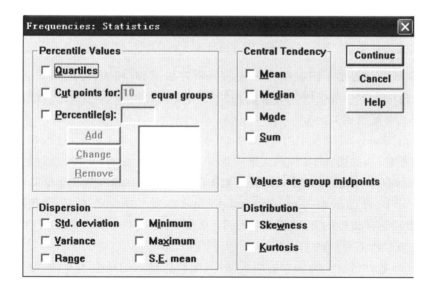

图 6.16 选择 Frequencies 菜单

图 6.17 选择频次分析统计项目窗口

1. 百分位数统计分析指标（Percentile Values）

（1）Quartiles：四分位数，显示 25％、50％和 75％的百分位数；

（2）Cut points for 10 equal groups：将输入的数据分为 10 等份；

（3）Percentile(s)：用户自定义百分位数，输入值在 0～100 之间。选中此项后，可以利用"Add""Change"和 "Remove"按钮设置多个百分位数。

2. 集中趋势统计分析指标（Central Tendency）

（1）Mean：均值

（2）Median：中位数

（3）Mode：众数

（4）Sum：算术和

3. 离散趋势统计分析指标（Dispersion）

（1）Std. deviation：标准差

（2）Variance：方差

（3）Range：极差

（4）Maximum：最大值

（5）Minimum：最小值

（6）S. E. mean：均值标准误

4. 数据分布特征统计分析指标（Distribution）

（1）Skewness：偏度

（2）Kurtosis：峰度

（二）相关分析

SPSS 软件提供了四类相关关系的分析方法：积差相关、等级相关、偏相关和距离相关。本小节中仅介绍常用的两种相关关系在 SPSS 中的实现过程，即积差相关和等级相关。

单击"Analyze"菜单中的"Correlate"项中的"Bivariate"命令，进入相关分析变量设置窗口，如图 6.18 所示。选中所要分析的两个变量，点击按钮使其进入 Variables 框中；然后选择所要分析的相关类型，即 Pearson（皮尔逊相关）、Kendall's tau-b（肯德尔相关）或 Spearman（斯皮尔曼相关），在相应的方框内打"√"；最后选择检验的方式，Two-tailed（双侧检验）或 One-tailed（单侧检验）。

（三）统计图的制作与输出

SPSS 软件带有非常强大的图表功能，能够以输入的数据为基础，绘制使用者所需要的图形类型。SPSS 能够绘制的图形类型很多，使用者可以通过 SPSS 中一个介绍并帮助创建各种统计图形的图库（Main Chart Gallery），了解这些图形的类型及功能。选择 Graphs 菜单，单击"Gallery"按钮，打开 Main Chart Gallery 图库，如图 6.19 所示。各类图形的绘制方法，请读者参考专门的 SPSS 应用教程，也可参见参考文献推荐的相关著作。

此外，在处理数据的过程中，SPSS 也能将数据处理的结果显示为非常直观

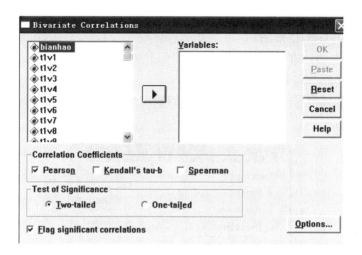

图 6.18 相关分析操作窗口

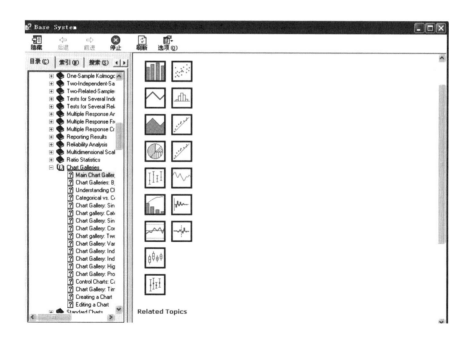

图 6.19 Main Chart Gallery 图库

的图形,如在上述集中趋势分析、离散趋势分析以及相关分析的过程中,均可以
在处理结果输出时,要求软件同时输出所需要的图形类型。

例如,频次分析中,在定义完需要输出的统计量(Statistics 对话框中)后,可
以点击 Chart 对输出的图形进行设定,如图 6.20 所示。

在图 6.20 中，系统提供了三种统计输出图形：

(1)Bar charts：条形图；

(2)Pie charts：饼形图；

(3)Histograms：直方图。

条形图和饼形图一般用于离散数据的频次分析，而直方图一般用于连续数据的频次分析。

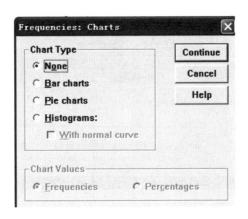

图 6.20 设定图形输出类型窗口

本章内容小结

本章中，我们对描述性统计分析进行了大致的介绍。描述性统计分析一般用于对数据分布特征的基本分析，其内容主要包括数据整理、数据集中趋势特征分析、数据离散趋势特征分析以及变量间相关关系的分析。此外，本章中还加入了广泛应用的统计软件 SPSS 的相关知识，并大致介绍了如何借助 SPSS 完成上述主要的描述性统计分析。我们认为，这样的介绍既有利于读者清晰地了解各种描述统计指标应用的条件及相关原理，又能很好地使读者借助相关统计软件实现对数据的分析与处理。

当然本章对一些统计分析方法的介绍还不够全面，尤其对 SPSS 应用的介绍仅涉及常用的一些统计方法，因此仍需要读者进一步查阅相关教材或著作，以实现对相关统计方法和应用的深入了解及熟练应用。

本章练习

1. 影响数据分析方法选择的因素有哪些？

2. 算术平均值、中位数及众数分析适用于描述哪类数据的集中趋势特征？

3. 方差和标准差有什么区别？试举一个标准差应用的例子。

4. 相关的类型有哪几种？等级相关和积差相关各自适用的条件是什么？

5. 在个人电脑中安装一个 SPSS for Windows 11.0 以上的版本，获取一个样本数据，并用本章的分析方法，借助 SPSS 软件对其进行数据整理、集中趋势分析、离散趋势分析以及相关分析，注意判断所获取样本的数据类型与所使用的统计方法之间是否合适。

推荐参考资料

［1］李连江. 戏说统计：文科生的量化方法［M］. 北京：中国政法大学出版社，2017.

［2］Carl Bialik. When the Median Doesn't Mean It Seems［J］. The Wall Street Journal，May 21-22，2011.

［3］Charles Wheelan. Naked Statistics：Stripping the Dread from the Data［M］. New York：W. W. Norton & Company，2013.

［4］Alberto Cairo. The Truthful Art［M］. Berkeley：New Riders，2016.

［5］张文彤，邝春伟. SPSS 统计分析教程（基础教程）［M］. 北京：高等教育出版社，2011.

第七章 数据分析:数据推论

　　在数据的统计分析过程中,推论结果的可靠程度受到诸多因素的影响,如样本的代表性、引入推论统计的分析方法是否适当、对犯错误概率的估计等等。本章将主要从统计分析的角度介绍如何进行科学的推论统计。

　　推论统计主要解决以下两个方面的内容:

　　一是总体参数估计,即如何通过数据所提供的信息,对总体的特征进行估计,也即如何从局部结果推论总体的情况。

　　二是假设检验。在处理数据时,我们经常要讨论统计值之间的差异问题,这些差异一般包括两类,即样本统计量与相应总体参数的差异以及两个样本统计量之间的差异,在这些差异中,我们所关心的是从样本统计量得出的差异能否进一步得出一般性结论,即总体参数之间是否存在差异,在统计学中,这个推论的过程称为假设检验,假设检验是推论统计中最重要的内容。

　　本章首先介绍总体参数估计,其次介绍假设检验,最后介绍如何应用 SPSS 进行参数估计和假设检验。

第一节　总体参数估计

　　在介绍参数估计的内容时,我们需要对统计量和参数这两个概念进行必要的区分。

　　样本是从总体中依照一定的抽样程序产生的。一般而言,总体的特征是稳定的,而样本的特征则是变化不定的,因为即使依据相同程序,其所抽取的样本也可能是不同的。用来描述总体特征的统计指标一般称为参数,而用来描述样本特征的统计指标则称为统计量。参数具有唯一性、稳定性和未知的特点,而统计量一般是多个的、变化的且可知的。

　　在统计中,总体均数一般用 μ 表示,而样本均数一般用 $\bar{X}$ 表示;总体方差及总体标准差一般用 σ^2 和 σ 表示,而样本方差及样本标准差一般用 S^2 和 S 表示。

　　总体参数估计可分为点估计和区间估计两类。

一、点估计

点估计就是在总体参数未知时，用一个特定的样本统计量估计总体。如由样本均数 $\overline{X}$ 来估计总体均数 μ，用样本方差的无偏估计值 S_{n-1}^2 来估计总体方差 σ^2。

一般地，一个较好的点估计值应具有无偏性、有效性及充分性等特性。但是点估计只是一个估计量，是有误差的，而且无法确切地估计误差的程度。因此，点估计并不是总体参数估计的最佳选择。

二、区间估计

点估计的缺点在于其只能提供估计值，但无法提供该估计值能正确估计总体参数的把握程度。如果在参数估计时，我们能给出一个估计区间，并能提供总体参数落入该区间的概率，那么这就是区间估计，它比点估计优越的地方就在于其不但能给出估计值（区间），而且能说明该估计的正确把握的程度。区间估计才是参数估计的最佳估计，但区间估计一般会和点估计结合在一起，因为区间估计也需要选择一个最佳点估计值作为估计的起点。

区间估计中有两个关键概念，即置信区间和置信度。

置信区间（confidence interval）是指在某一置信度下，总体参数所在的区域长度，置信区间的长度考察的是参数估计的精确程度。

置信度（confidence level）又称显著性水平，信任系数，是指估计总体参数落在某一区间时，可能犯错误的概率，常用符号 α 表示，置信度水平的高低考察的是参数估计的可靠程度。

置信区间与置信度存在一定的关系。一般地说，置信区间增长，估计精确性下降，但同时其估计可靠程度会提高；置信区间缩小，估计精确性提高，但同时也会引起可靠程度的降低和犯错误概率的增加。

在参数估计时，我们需要关注这两个关键指标，要在保证一定置信度的前提下，使置信区间对参数的估计更精确。一般情况，在一定的置信度水平下，样本容量的增大，会提高样本估计的精确性。

区间估计的内容很多，最常用的有总体均值的区间估计、总体方差的区间估计、总体标准差的区间估计以及相关系数的区间估计。

无论是何种类型的区间估计，都要遵循以下几个主要步骤：

（1）确定样本分布理论；

（2）根据样本分布理论计算标准误（统计量分布的标准差）；

（3）确定点估计值，并计算区间长度；

（4）解释总体参数落入某置信区间可能的概率。

本节我们介绍常用的总体均值的区间估计和总体方差的区间估计。

（一）总体均值的区间估计

总体均值的最佳点估计值为样本均值，总体均值的区间估计是通过样本均值估计总体均值的过程，区间估计的主要步骤如下。

（1）计算样本均值 $\overline{X}$ 与样本标准差 S。

（2）计算标准误 $\sigma_{\overline{x}}$，分两种情况：

当总体方差 σ^2 已知时，

$$\sigma_{\overline{x}} = \frac{\sigma}{\sqrt{n}} \, (n \text{ 为样本量}) \qquad (7\text{-}1)$$

当总体方差未知时，用样本无偏估计方差（S_{n-1}^2）估计总体方差，

$$\sigma_{\overline{x}} = \frac{S_{n-1}}{\sqrt{n}} \qquad (7\text{-}2)$$

（3）确定置信水平或显著性水平。统计学上一般规定显著性水平 $\alpha = 0.05$，即置信水平为 0.95，或显著性水平 $\alpha = 0.01$，即置信水平为 0.99。

（4）根据样本均值的抽样分布，确定 Z 值或 t 值，分两种情况：

若总体方差已知，抽样分布为正态分布，则查正态表，求 $Z_{\alpha/2}$ 值；

若样本方差未知，抽样分布为自由度是 $(n-1)$ 的 t 分布，则查 t 分布表，求 $t_{\alpha/2}$ 值；当样本量 $n>30$ 时，也可查正态表作近似计算。

$\alpha/2$ 是指以分布曲线两侧端计算置信度的概率，因是两侧，故写作 $\alpha/2$，若为一侧，则写作 α。

（5）确定并计算置信区间，分两种情况：

当总体方差已知时，置信区间为：

$$\overline{X} - Z_{\alpha/2} \times \sigma_{\overline{x}} < \mu < \overline{X} + Z_{\alpha/2} \times \sigma_{\overline{x}} \qquad (7\text{-}3a)$$

当总体方差未知时，置信区间为：

$$\overline{X} - t_{\alpha/2(n-1)} \times \sigma_{\overline{x}} < \mu < \overline{X} + t_{\alpha/2(n-1)} \times \sigma_{\overline{x}} \qquad (7\text{-}3b)$$

例 1 某研究想了解某小学学生每周收看新闻节目的平均时间长度，总共调查 100 名学生，样本均值为 3.68 个小时，样本标准差为 1.24，请问该所小学学生每周收看新闻节目的平均时间长度大致在什么区间范围内？要求保证 95% 的置信度。

由题意可知，此题为由样本均值估计总体均值，且总体方差未知。因此可通过如下步骤求解：

（1）根据题意已知，$\overline{X} = 3.68$，$S = 1.24$，$n = 100$，则 $S_{n-1} = \dfrac{n \times S}{n-1} = \dfrac{100 \times 1.24}{100-1} = 1.25$。

（2）由于总体方差未知，故标准误 $\sigma_{\overline{x}} = \dfrac{S_{n-1}}{\sqrt{n}} = \dfrac{1.25}{\sqrt{100}} = 0.125$。

（3）$\alpha=0.05$，$df=100-1=99$，则查 t 分布表可得：

$$t_{0.05/2}(99)=1.98$$

（4）根据上述计算结果，可得该校学生每周收看新闻节目平均时长的区间为：

$$3.68-1.98\times0.125<\mu<3.68+1.98\times0.125$$
$$3.4325<\mu<3.9275$$

（二）总体方差的区间估计

总体方差的最佳点估计值是样本方差 S_{n-1}^2（无偏估计值），总体方差的区间估计就是通过样本方差估计总体方差的过程，其区间估计的步骤同均值区间估计步骤大体一致，不同之处在于所依据的抽样分布不同。样本方差与总体方差的比值依据的抽样分布为 χ^2 分布，即

$$\chi^2=\frac{\sum(X-\overline{X})^2}{\sigma^2}=\frac{(n-1)S_{n-1}^2}{\sigma^2}=\frac{nS^2}{\sigma^2} \tag{7-4}$$

根据 χ^2 分布及所确定的显著性水平 α，可得到总体方差区间估计的公式为：

$$\frac{(n-1)S_{n-1}^2}{\chi_{\alpha/2}^2}<\sigma^2<\frac{(n-1)S_{n-1}^2}{\chi_{1-\alpha/2}^2} \tag{7-5}$$

公式中，$\chi_{\alpha/2}^2$ 和 $\chi_{1-\alpha/2}^2$ 需要根据 $df=n-1$ 的值，查 χ^2 分布表获得。

至于总体标准差的估计，由于总体标准差的平方即为总体方差，因此，在对标准差进行估计时，可先对其方差进行估计，求得方差的置信区间后，再将其所得值开平方，其正平方根即为标准差的置信区间。

例 2 想了解某小学学生每周收看新闻节目的平均时间长度，总共调查 100 名学生，样本均值为 3.68 个小时，样本标准差为 1.24，请问该校学生每周收看新闻节目的平均时间长度总体方差大致在什么区间范围内？要求保证 95% 的置信度。

本题为已知样本方差，要求对总体方差进行区间估计，因此可通过如下步骤求解：

（1）已知样本方差 $S=1.24$，则可求得 $S_{n-1}=\frac{n\times S}{n-1}=\frac{100\times1.24}{100-1}=1.25$。

（2）由于样本方差与总体方差的比值抽样分布符合 χ^2 分布，根据题意可知：χ^2 分布的自由度 $df=n-1=100-1=99$，显著性水平 $\alpha=0.05$。

则查 χ^2 分布表可知，$\chi_{0.05/2}^2(99)=129.56$，$\chi_{1-0.05/2}^2(99)=74.22$。

根据公式（7-5），可得该校学生每周收看新闻节目平均时间长度的总体方差区间为：

$$\frac{(100-1)\times1.25}{129.56}<\sigma^2<\frac{(100-1)\times1.25}{74.22}$$

$$0.955<\sigma^2<1.667$$

第二节　假设检验

假设检验主要存在两大类型：一是样本统计量与总体参数的差异检验；二是样本统计量间的差异检验。检验结果分两种情况、差异显著和差异不显著。差异显著则说明差异超过了统计学规定的某一误差限度（给定的 α 水平）；差异不显著则表明未达到规定的限度，说明该差异主要来源于抽样误差。

一、假设检验的思想

根据已有的理论和经验或对样本总体的初步了解而对分析结果作出的假设叫作研究假设 H_1（也称备择假设），而与之相对立的假设称为虚无假设 H_0（也称零假设）。

假设检验建立在概率理论原理的基础之上，其基本思想主要是"小概率事件在一次试验中不可能发生"这一原理，因而如果在一次观察中小概率事件居然发生了，那么我们就有理由充分怀疑某事件是小概率事件的假设前提是不成立的，应当拒绝假设（虚无假设）。一般地，我们通常认定概率小于 0.05 或 0.01 的事件属于"小概率事件"，这个概率也称显著性水平。

二、假设检验中的两类错误

假设检验的原理和方法是由样本推断总体，因而不可能保证百分百可靠，而只能保证结论在大的概率下可靠（95％或 99％可靠度）。在假设检验中，无论是拒绝虚无假设，还是接受虚无假设，都存在犯错误的可能性。

通常地，实际情况下不应当拒绝假设 H_0，而此时却拒绝了假设 H_0，我们将这类错误称之为Ⅰ型错误，也称为 α 错误，即犯错误的概率为 α；若实际情况不应当接受 H_0，此时却接受了 H_0，我们将这类错误称之为Ⅱ型错误，也称为 β 错误，即犯错误的概率为 β。一般地说，在其他条件均保持不变的前提下，α 与 β 的关系是反向的，即 α 的增大会引起 β 的减少，反之亦然。但值得注意的一点是，$\alpha+\beta\neq1$。

三、假设检验中的双侧检验与单侧检验

在假设检验的过程中，当检验的目的只在乎是否存在差异，而不在乎差异大

小的方向时,需要进行双侧检验,很显然,因为此时我们需要考虑两种情况,即 $\mu < \mu_0$ 或 $\mu > \mu_0$。

在假设检验中,当检验的目的不但是检验差异是否存在,还要测度差异的大小方向时,那么此时需要进行单侧检验,因为此时我们仅需要考虑 $\mu < \mu_0$ 和 $\mu > \mu_0$ 中的一种情况。

四、假设检验的步骤

任何一种类型的假设检验,一般均需要经历如下几个步骤:

(1)建立虚无假设 H_0 和研究假设 H_1。

以总体均值为例:

双侧检验:$H_0 : \mu = \mu_0$,$H_1 : \mu \neq \mu_0$

单侧检验:$H_0 : \mu = \mu_0$,$H_1 : \mu > \mu_0$(或 $\mu < \mu_0$)

(2)寻找和决定合适的统计量及其抽样分布,并根据样本数据计算得到统计量的值,常用的抽样分布包括标准正态分布、t 分布和 F 分布,其对应的检验方法为 Z 检验、t 检验和 F 检验。

(3)确定显著性水平 α,并根据统计量的分布表确定临界值,从而决定 H_0 的拒绝区间或接受区间。

(4)比较临界值和统计检验值。

(5)根据比较结果作出解释;一般地,在显著性水平 α 下,临界值大于统计值,则接受 H_0,拒绝 H_1;临界值小于统计值,则拒绝 H_0,而接受 H_1。

五、假设检验的类型及方法

经常碰到的检验类型一般包括如下几种:平均数显著性检验、平均数差异的显著性检验、方差的差异检验及方差分析。

假设检验的方法包括两大类,即参数检验方法和非参数检验方法。

最常用到的参数检验方法包括 Z 检验、t 检验和 F 检验。

(1)Z 检验常应用于平均数显著性检验及平均数差异的显著性检验,其适用的情形必须同时满足如下两个要求,即样本所属的总体服从正态分布且总体方差已知。另外,当样本量大于 30 时,也可使用近似 Z 检验。

(2)t 检验也常应用于平均数显著性检验及平均数差异的显著性检验;当样本所属的总体服从正态分布,但总体方差未知或样本量小于 30 时,可使用 t 检验。

(3)F 检验常用于独立样本的方差差异显著性检验。

本节将对上述三种参数检验法进行介绍,至于非参数检验方法,我们将在"SPSS 在计数数据统计分析中的应用"一节中再进行详细介绍。

（一）平均数的显著性检验与 Z 检验

平均数的显著性检验是指对样本均值与总体均值的差异进行的显著性检验。检验结果差异显著,表明样本均值与总体均值有差异,说明已不能认为差异完全来自抽样误差了,完全是抽样误差了,该样本有可能来自另一个总体。

平均数的显著性检验中有三种情形:

一是总体服从正态分布且总体方差已知,此时适用 Z 检验;

二是总体服从正态分布但总体方差未知,此时适用 t 检验;

三是总体分布非正态,但样本量大于 30,适用 Z 检验;若此时样本量小于 30,则宜引入非参数检验方法。

我们以第一种情形为例,介绍 Z 检验在平均数的显著性检验中的应用。

Z 检验中最主要的一步是计算统计量 Z 值,并将 Z 值与依据事先所确定的显著性水平 α 查标准正态分布表所得的临界值 $Z_{\alpha/2}$（双侧）或 Z_α 进行比较,然后判断差异的结果,计算 Z 值的理论公式为:

$$Z = \frac{\overline{X} - \mu_0}{\sigma_{\bar{x}}} \qquad (7\text{-}6)$$

公式中,$\overline{X}$ 为样本均值,μ_0 为已知的总体均值,$\sigma_{\bar{x}}$ 为标准误,因为总体方差已知,故 $\sigma_{\bar{x}} = \dfrac{\sigma}{\sqrt{n}}$。

例 3 2008 年 CSM 全国测量仪调查数据显示,轻度观众日均收视时间为 124 分钟,其平均年龄为 26 岁。对 A 市的 20～30 岁的人群进行了一次收视时间调查,获取容量为 100 的样本,结果表明,其日均收视时间为 110 分钟,标准差为 15 分钟,则 A 市 20～30 岁人群收视时间与轻度观众日均收视时长是否存在差异?（$\alpha = 0.01$）

第一步:建立统计假设。

根据题意可知,需要检验样本所代表的总体与已知总体间是否存在差异,需要进行双侧检验,因此可以假设:

$$H_0 : \mu = \mu_0, \quad H_1 : \mu \neq \mu_0$$

第二步:确定抽样分布并计算统计量。

总体均值已知,但总体方差未知,故样本均值为自由度是 $n-1$ 的 t 分布。又因本例中样本量 $n = 100 > 30$,则样本均值近似正态分布,故适用 Z 检验。

由公式(7-6)以及 $\sigma_{\bar{x}} = \dfrac{S}{\sqrt{n}}$（$\sigma$ 未知,故取样本标准差 S 代替）可得:

$$Z = \frac{|110 - 124|}{\frac{15}{\sqrt{100}}} = 9.33$$

第三步:本例中显著性水平 $\alpha = 0.01$,依标准正态分布查 Z 临界值,可得:

$$Z_{0.01/2} = 2.58$$

第四步，比较 Z 值及 $Z_{\alpha/2}$。

$Z = 9.33 > Z_{0.01/2}$，差异显著，表明 A 市 20～30 岁人群收视时间低于全国轻度观众日均收视时长，作出此结论犯错误的概率小于 1％。

（二）平均数差异的显著性检验与 t 检验

平均数差异的显著性检验是指对两个样本均值差异进行的显著性检验，目的在于检验两个样本代表的总体之间是否相同。若检验结果是差异显著，则表明两个样本分别来自于不同的总体；若检验结果是差异不显著，则表明两个样本来自同一个总体。

平均数差异的显著性检验考虑的情形将更复杂，主要包括如下几种情形。

（1）两个总体都是正态分布，且两个总体方差已知，则适用 Z 检验；

（2）两个总体都是正态分布，但两个总体方差未知，此时需要考虑两种情况：若两总体方差相等，则适用 t 检验；若两个总体方差不相等，则不适用 t 检验，而宜用近似 t 检验；

（3）两个总体都是非正态分布，若样本量大于 30 或 50，则适用 Z 检验，若样本量小于 30，则宜引入非参数检验。

这里，我们以两个总体服从正态分布，总体方差未知，且总体方差相等的样本为例，介绍 t 检验在平均数差异的显著性检验中的应用。

第一步：建立虚无假设和研究假设。

双侧检验：$H_0 : \mu_1 = \mu_2$，$H_1 : \mu_1 \neq \mu_2$

单侧检验：$H_0 : \mu_1 = \mu_2$

第二步：确定抽样分布并计算统计量。

上述条件中，检验的统计值为两均值之差，即 $D_{\bar{x}}$，当两个总体方差相等时，其抽样分布为 t 分布，故适用 t 检验。计算 t 值的理论公式为：

$$t = \frac{\overline{X}_1 - \overline{X}_2}{\sigma_{D_{\bar{x}}}} (df = n_1 + n_2 - 2) \tag{7-7}$$

公式中，$\overline{X}_1$ 和 $\overline{X}_2$ 为两个样本的均值，$\sigma_{D_{\bar{x}}}$ 为样本均差的标准误，因为两总体方差相等，因此计算 $\sigma_{D_{\bar{x}}}$ 需要联合两个样本的方差进行估计，即

$$\sigma_{D_{\bar{x}}} = \sqrt{\frac{n_1 S_1^2 + n_2 S_2^2}{n_1 + n_2 - 2} \times \frac{n_1 + n_2}{n_1 \times n_2}} \tag{7-8}$$

第三步：确定显著性 α 水平，查 t 分布表，求 $t_{\alpha/2}$（双侧）或 t_α（单侧）值。

第四步：比较 t 值和 $t_{\alpha/2}$（双侧）或 t_α（单侧）值，并对检验结果进行判断。

例 4　某媒介研究机构调查了 2008 年全国 35 个城市中的生活服务类节目的人均日收视时间，结果显示 A 市为 12.2 分钟，标准差为 4，样本量为 50；B 市为 14.7 分钟，标准差为 5，样本量为 60。依此数据能否推论 B 市要比 A 市生活

服务类节目人均日收视时间长？（$\alpha = 0.05$）

本题适用 t 检验，由于总体方差不可知，故首先需要进行方差齐性检验（检验方法参见下面的独立样本方差差异的显著性检验）。

本例中，我们假设两个样本方差各自所代表的总体方差齐性。

第一步：建立统计假设。

本题要求检验 B 市人均日收视时间是否高于 A 市人均收视时间，故适用单侧检验，因此可以假设：

$$H_0 : \mu_1 = \mu_2 , H_1 : \mu_1 < \mu_2$$

第二步：确定抽样分布并计算相应统计量。

本例中，两个样本方差各自所代表的总体方差未知，但是两者相等，则利用公式(7-7)和(7-8)计算：

$$t = \frac{\overline{X}_1 - \overline{X}_2}{\sigma_{Dr}} = \frac{|12.2 - 14.7|}{0.884} = 2.828$$

其中，$\sigma_{Dr} = \sqrt{\frac{n_1 S_1^2 + n_2 S_2^2}{n_1 + n_2 - 2} \times \frac{n_1 + n_2}{n_1 \times n_2}} = \sqrt{\frac{50 \times 4^2 + 60 \times 5^2}{50 + 60 - 2} \times \frac{50 + 60}{50 \times 60}} = 0.884$

第三步：本例中显著性水平 $\alpha = 0.05$，自由度 $df = 50 + 60 - 2 = 108$，查 t 分布临界值表，可得：

$$t_{0.05}(108) = 1.66$$

第四步：比较 t 值及 t_α。

$Z = 2.828 > t_{0.05}(108)$，差异显著，表明 B 市在生活服务类节目上的人均日收视时长高于 A 市，作出此结论犯错误的概率小于 5%。

（三）独立样本的方差的差异显著性检验与 F 检验

无论是平均数的显著性检验，还是平均数差异的显著性检验，其所关心的都是两组数据集中趋势的差异。但有时候我们也需要考察两组数据的离散程度是否存在差异，如在平均数差异的显著性检验中，在总体方差未知的条件下，首先需要确定两个总体方差是否一致，才能判断宜适用的检验方法，此时就需要对两组数据的方差进行差异检验，其目的在于通过样本方差的差异结果来推断样本所代表总体的方差是否存在差异。

当两个样本互相独立时，适用 F 检验。

F 检验的虚无假设和研究假设分别为：

$$H_0 : \sigma_1 = \sigma_2$$

$$H_1 : \sigma_1 \neq \sigma_2$$

F 检验中最主要的一步是计算统计量 F 值，并将 F 值与依据事先所确定的显著性水平 α 查 F 分布表所得的临界值 $F_{\alpha/2}$ 或 $F_{1-\alpha/2}$ 进行比较，然后判断差异的结果。计算 F 值的理论公式为：

$$F = \frac{S_{n_1-1}^2}{S_{n_2-1}^2} \tag{7-9}$$

公式中，$S_{n_1-1}^2$ 为样本量为 n_1 的样本的方差，$S_{n_2-1}^2$ 为样本量为 n_2 的样本的方差。

F 分布表自由度分为分子自由度 df_1 和分母自由度 df_2，其中 $df_1 = n_1 - 1$，$df_2 = n_2 - 1$。

若 F 检验的结果为 $F_{1-a/2} < F < F_{a/2}$，说明两个方差的差异不显著，即在显著性水平 α 下，两个方差代表的总体方差相等，方差齐性；若 $F > F_{a/2}$ 或 $F < F_{(1-a/2)}$，说明两个方差的差异显著，即在显著性水平 α 下，两个方差代表的总体方差不相等，方差不齐性。

值得注意的是，根据 F 分布理论，$F_{a/2} = \dfrac{1}{F_{1-a/2}}$，故在进行 F 检验时，为了检验方便，可以将较大的样本方差作为分子，较小的样本方差作为分母，则我们只需要比较统计量 F 值和 $F_{a/2}$，即可判断检验结果。

例 4 中，我们需要对两个样本方差各自所代表的总体方差进行齐性检验，故适用 F 检验。

第一步：建立统计假设。

$$H_0 : \sigma_1 = \sigma_2$$
$$H_1 : \sigma_1 \neq \sigma_2$$

第二步：计算 F 值。

在计算 F 值时，为了便于 F 值与 F 临界值进行比较，令样本方差较大的值为分子，较小的值为分母，故可得到：

$$F = \frac{S_1^2}{S_2^2} = \frac{25}{16} = 1.5625$$

第三步：确定分子和分母的自由度及显著性水平 α。

上例中，显著性水平 $\alpha = 0.05$，自由度分别为：

$$df_1 = 60 - 1 = 59, df_2 = 50 - 1 = 49$$

则可求得：$F_{0.05}(59, 49) = 1.565$

第四步：比较 F 值与 $F_{a/2}$。

$F = 1.5625 < F_{0.05}(59, 49)$，说明上例中两个样本各自所代表的总体方差齐性。

（四）方差分析

在数据处理与分析的过程中，往往会出现这样的情况，即需要同时对三组或更多组的平均数进行差异分析，此时 Z 检验和 t 检验的方法就不适用了，因为这两种检验方法仅适用于两组平均数之间的比较。解决上述问题还需要靠另外一种统计分析方法——方差分析。

方差分析又称变异数分析(analysis of variance)，其基本思想是分析数据中的不同来源的变异对总变异的影响大小，从而确定变量间的影响关系。方差分析作为一种统计方法，其所依据的基本原理是变异的可加性，根据这一原理可以将数据的总变异分解为不同来源的变异，并根据不同来源的变异在总变异中所占的比重对数据变异的原因作出解释。

方差分析往往与一定的实验设计结合在一起使用，在数据新闻中，虽然没有专门的实验设计过程，而且对于受众也不可能施加有目的的影响(类似实验处理过程)，然而在数据分析中，对某个类别内部不同水平进行区分(往往多于 2 个水平)并在这些不同的水平间进行差异比较，也体现出了一种近似实验处理的思想，因而也适用方差分析。下面我们将对方差分析的过程及步骤进行介绍。

方差分析的基本原理仍是利用变异的可加性，将由于类别的水平区分引起的变异(SSB)从总变异(SST)中析出，并将其与每个水平内个体间差异引起的变异(SSA)进行比较，最后对比较结果进行 F 检验，若检验结果有差异，则表示类别引起的变异超过了个体间差异引起的变异，这一结果说明类别的不同水平对我们所调查的变量具有显著的影响。

例 5 现有一个数据集是关于某一学校学生所处年级对一档学生节目的收视时间的影响的数据如表 7.1 所示。

表 7.1　不同年级收视时间调查结果

样本	一年级	三年级	五年级	
1	70	75	70	
2	74	80	72	
3	72	77	66	
4	68	68	72	
5	71	75	70	
$\overline{X}_j$	71	75	70	$X_t = 72$

本例中，需要对不同年级间学生的收视时间差异进行比较，若年级间的收视时间存在差异，说明年级变量对收视时间是有影响的。然而本例有三个年级水平，若此时仍进行 t 检验，则需要进行 3 次。若引入方差分析的统计方法，则这个问题很快就会得到解决。这里，我们要解决的问题是，不同个体收视时间的不同，是由个体本身的差异引起的，还是由其所处的年级阶段引起的。因此我们需要从数据的总变异中将个体引起的变异和年级引起的变异分解出来。

在表 7.1 中，$j = 1, 2, \cdots, k$，其中 k 表示某个类别存在 K 个不同水平，本例中 $k = 3$，即年级这个类别分为三个水平(一年级、三年级和五年级)；$i = 1, 2, \cdots,$

n，其中 n 表示每个类别水平组内抽取样本的数目，本例中 $n=5$，即每个组内恰好均有5名被调查者。

1．首先，建立虚无假设和研究假设

虚无假设为各年级间学生收视时间无差异，研究假设为各年级间学生收视时间至少有一组差异，也可以表示如下：

$$H_0: \mu_1 = \mu_2 = \mu_3$$
$$H_1: \mu_1 \neq \mu_2 \text{ 或 } \mu_1 \neq \mu_3 \text{ 或 } \mu_2 \neq \mu_3$$

2．其次，对总变异源进行分解，计算离差平方和

个体数据对总体均值的离差求解公式如下：

$$(x_{ij} - \overline{X}_t) = (x_{ij} - \overline{X}_j) + (\overline{X}_j - \overline{X}_t)$$

$(x_{ij} - \overline{X}_t)$ 表示个体数据对总体均值的离差，$(x_{ij} - \overline{X}_j)$ 表示个体数据对所在组别数据均值的离差，$(\overline{X}_j - \overline{X}_t)$ 表示组别数据均值对总体均值的离差。对每个数据的离差平方再求和后，得到如下公式：

$$\sum_{j=1}^{k} \sum_{i=1}^{n} (x_{ij} - \overline{X}_t)^2 = \sum_{j=1}^{k} \sum_{i=1}^{n} (x_{ij} - \overline{X}_j)^2 + n \times \sum_{j=1}^{k} (\overline{X}_j - \overline{X}_t)^2 \quad (7\text{-}10)$$

公式中 $\sum_{j=1}^{k} \sum_{i=1}^{n} (x_{ij} - \overline{X}_t)^2$ 表示数据总离差平方和，用 SS_t 表示，t 表示全部，即：

$$SS_t = \sum_{j=1}^{k} \sum_{i=1}^{n} (x_{ij} - \overline{X}_t)^2 \quad (7\text{-}11)$$

$\sum_{j=1}^{k} \sum_{i=1}^{n} (x_{ij} - \overline{X}_j)^2$ 表示各组内离差平方和，用 SS_w 表示，w 表示组内，即：

$$SS_w = \sum_{j=1}^{k} \sum_{i=1}^{n} (x_{ij} - \overline{X}_j)^2 \quad (7\text{-}12)$$

$n \times \sum_{j=1}^{k} (\overline{X}_j - \overline{X}_t)^2$ 表示组间离差平方和，用 SS_b 表示，b 表示组间，即：

$$SS_b = n \times \sum_{j=1}^{k} (\overline{X}_j - \overline{X}_t)^2 \quad (7\text{-}13)$$

在实际计算中，我们仅需要计算出三个变异值中的两个即可，另外一个可通过已知的两个变异估计获得。

通过以上步骤，我们对数据中的总变异进行了分解，得到了两个变异源，即 SS_b 组间变异（由类别的不同水平引起的变异）和 SS_w 组内变异（由个体差异引起的，可视为误差）。在总变异一定的情况下，组间变异越大，说明类别的不同水平引起的变异在总变异中所占的比重越大，也就表明其对变量的影响程度越大。本例中：

$$SS_t = \sum_{j=1}^{k} \sum_{i=1}^{n} (x_{ij} - \overline{X}_t)^2 = 206$$

$$SS_b = n \times \sum_{j=1}^{k} (\overline{X}_j - \overline{X}_t)^2 = 70$$

$$SS_w = SS_t - SS_b = 136$$

3. 确定自由度，并求均方

在方差分析中，我们不能直接引入组间离差平方和与组内离差平方和进行比较，因为这两个值均与其项数（k 或 n）的大小有关，因此在比较之前，必须先消除项数对组间变异值与组内变异值的影响，故应先求均方，即将离差平方和除以各自的自由度，均方一般用 MS 表示。由此可得各种离差平方和的均方为：

$$MS_t = \frac{SS_t}{df_t}, df_t = n - 1 \tag{7-14}$$

其中，MS_t 表示总均方，df_t 表示总自由度；

$$MS_b = \frac{SS_b}{df_b}, df_b = k - 1 \tag{7-15}$$

MS_b 表示组间均方，df_b 表示组间自由度；

$$MS_w = \frac{SS_w}{df_w}, df_w = n - k \tag{7-16}$$

MS_w 表示组内均方，df_w 表示组内自由度。

本例中，已知 $k = 3, n = 15$，则有

$$df_b = 3 - 1 = 2$$
$$df_w = 15 - 3 = 12$$
$$df_t = 15 - 1 = 14$$

求均方得：

$$MS_b = \frac{SS_b}{df_b} = 70/2 = 35$$

$$MS_w = \frac{SS_w}{df_w} = 136/12 = 11.33$$

4. 进行 F 检验

首先，计算 F 值。

F 值即为组间均方值和组内均方值的比值，即：

$$F = \frac{MS_b}{MS_w} \tag{7-17}$$

其次，根据事先确定的显著性水平 α，查表求 F 的临界值，并比较 F 值与 F 的临界值，对差异的结果进行判断。若 $F > F_\alpha$（单侧），则表示各组间存在差异，分类对调查变量具有显著影响。

本例中，

$$F = \frac{MS_b}{MS_w} = \frac{35}{11.33} = 3.08 (df_b = 2, df_w = 12)$$

若 $\alpha=0.05$,则查 F 分布表可得:

$$F_{0.05}(2,12)=3.89$$

由于 $F<F_{0.05}(2,12)$,因此不能拒绝虚无假设,即各年级间学生的收视时间无差异,年级变量对收视时间的影响不显著。

5. 列方差分析表呈现分析结果

方差分析表的显示结果如表 7.2 所示。

表 7.2　年级对收视时间影响的方差分析结果表

变异源	自由度	离差平方和	均方	F
年级	2	70	35	3.08
误差	12	136	11.33	
总变异	14	206		

第三节　SPSS 在推论统计分析中的应用

SPSS 软件有专门用于推论性统计分析的统计分析模块,尽管在 SPSS 中进行这类统计会非常方便,但初学者一定要认真学习本章第一节和第二节中的原理部分,掌握这些统计分析方法的适用条件。本小节仅以本章中所涉及的推论统计分析方法,即参数估计、两均值差异比较及方差齐性检验,以及单因素方差分析为例,介绍其在 SPSS 中的实现过程。

一、参数估计

参数估计主要是指区间的参数估计,一般仅适用于连续数据。进行参数估计需要计算几个关键统计指标,即点估计值、标准误和置信度。如在总体均值区间的参数估计中,需要知道样本均值、样本均值标准差和置信度。

在 SPSS 的许多统计分析过程中,一般都会给出这三个关键统计值,因此在 SPSS 中进行参数估计有多种实现办法,这里我们提供两种最常用的方法。

例 6　某一数据文件收集到 20～30 岁人群晚上上网浏览新闻的时长,总共有 20 个样本(为计算方便而设定),数据如表 7.3 所示。

表 7.3　20～30 岁人群晚上上网浏览新闻时长调查结果

序号	性别	文化程度	上网时长/分	序号	性别	文化程度	上网时长/分
1	男	高中	20	11	女	高中	45
2	女	大学	30	12	男	大学	100
3	女	大学	60	13	男	大学	120

续表

序号	性别	文化程度	上网时长/分	序号	性别	文化程度	上网时长/分
4	女	大学	70	14	男	高中	75
5	男	高中	40	15	女	高中	55
6	男	研究生	10	16	女	研究生	35
7	男	研究生	15	17	男	研究生	40
8	男	研究生	12	18	男	大学	65
9	女	大学	50	19	男	大学	50
10	男	大学	60	20	女	研究生	25

请以上述数据为例,估计该年龄段人群晚上上网浏览新闻的真实时长,要求结果具有99%的置信度。

（一）应用 Descriptives 进行参数估计

具体步骤如下:

1. 调用选项 Analyze 中的 Descriptive Statistics,然后选中 Descriptives,即会出现 Descriptives 窗口,然后将需要分析的选项(本例中为"time")通过点击拖入 Variable(s) 的窗口中,如图 7.1 所示。

2. 点击图 7.1 中的"Options…"按钮,选择需要输出的统计指标,如图 7.2 所示。在本例我们需要得到两个关键统计值,即样本均值和样本均值标准差(标准误)。在图 7.2 中,Mean 为样本均值,S. E. mean 为标准误,故将此两项选中(打"√"表示)。设置完成后,点击"Continue"返回。

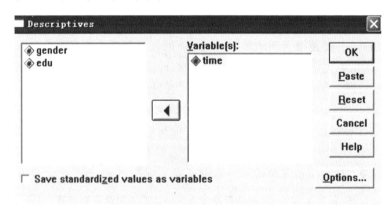

图 7.1 Descriptives 设置窗口

3. 设置完成后,点击图 7.1 中的"OK",SPSS 马上会输出结果,如图 7.3 所示。图 7.3 的结果表明,样本均值为 48.85,标准误为 6.3851。本例中要求

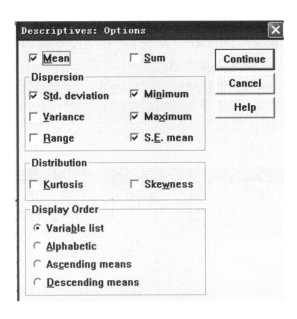

图 7.2　Descriptives：Options 设置窗口

99％的置信度，由于样本量仅为 20，且总体方差未知，因此抽样分布为 t 分布，故需要查表求 $t_{a/2}$，由于 $df=n-1=20-1=19$，则查表可得：$t_{0.01/2(19)}=2.861$。

此时根据所计算得到的三个统计值，即可实现对本例中真实上网时长的区间估计。

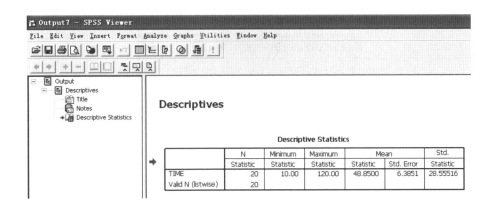

图 7.3　Descriptives 结果输出

127

（二）应用 Explore 进行参数估计

应用 Descriptives 还不是很方便,因为最后仍需要手工计算,而且查表也很麻烦,而这些问题在应用 Explore 时就不存在了,它会直接给出一定置信度下区间估计的上限值和下限值,其过程如下:

1. 调用选项 Analyze 中的 Descriptive Statistics,然后选中 Explore,即会出现 Explore 窗口,然后将需要分析的选项（本例中为"time"）通过点击拖入 Dependent List 的窗口中,如图 7.4 所示。

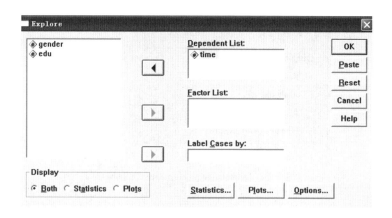

图 7.4　Explore 设置窗口

2. 点击图 7.4 中的"Statistics…"按钮,选择需要输出的统计指标,如图 7.5 所示。首先,选中 Descriptives,然后根据要求设置置信区间,本例中置信度为 99％。点击"Continue"返回到图 7.4 所示页面。

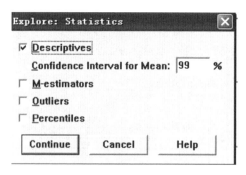

图 7.5　Explore：Statistics 设置窗口

3. 点击图 7.4 中的"OK",即可输出结果,如图 7.6 所示。图 7.6 的输出结果表明,该样本均值为 48.85,99％的置信区间的上限值为 67.1174,下限为

Descriptives			Statistic	Std. Error
TIME	Mean		48.8500	6.38513
	99% Confidence	Lower Bound	30.5826	
	Interval for Mean	Upper Bound	67.1174	
	5% Trimmed Mean		47.0556	
	Median		47.5000	
	Variance		815.397	
	Std. Deviation		28.55516	
	Minimum		10.00	
	Maximum		120.00	
	Range		110.00	
	Interquartile Range		37.5000	
	Skewness		.836	.512
	Kurtosis		.792	.992

图 7.6　Explore 分析输出结果

30.5826。读者还可以发现，输入结果中还给出了总体方差和总体标准差的估计值。

二、两组均值差异比较及方差齐性检验

两组均值差异比较分两种情况：

第一种情况是某样本均值与一个已知总体均值间的比较；

第二种情况是两个样本均值差异的比较。

在 SPSS 软件中，上述两种情况都有相应的统计分析模块，第一种情况对应的统计分析模块称为单一样本 t 检验(One-Sample T Test)，第二种情况对应的统计分析模块称为独立样本 t 检验或相关样本 t 检验[①](Independent-Samples T Test or Paired-Samples T Test)，下面仍以例 6 中表 7.3 的数据为例，分别介绍这两种情况在 SPSS 中的实现过程。

（一）单一样本 t 检验

例 7　以往的一些数据表明，年轻人晚上上网浏览新闻的时长日均值约为 1 小时（60 分钟），则该样本数据的结论与以往数据的结论有无差异？要求结果的置信度为 95%。数据文件见表 7.3。

很明显，本例适用单样本 t 检验，主要步骤如下：

1. 调用选项 Analyze 中的 Compare Means，然后选中"One-Sample T Test …"，

---

① 独立样本是指两个样本的数据不存在配对关系，两个样本量可以不相等；对于相关样本，其样本数据必须是配对的，而且两个样本量是相等的。

即出现 t 检验设置窗口，如图 7.7 所示。选中需要检验的变量（本例中为"time"），点击拖入 Test Variable(s)框中（也可以通过双击"time"）；输入已知总体的参数值，即图 7.7 中所示的 Test Value 在本例中为 60。

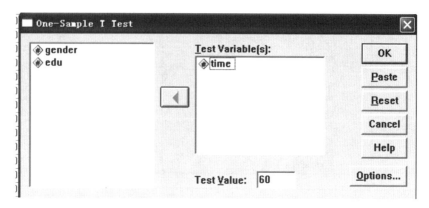

图 7.7　One-Sample T Test 设置窗口

2. 点击"Options…"设置置信度。本例中为 95%，如图 7.8 所示。设置完成后，点击"Continue"返回图 7.7 所示的界面。

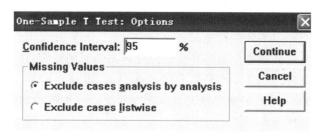

图 7.8　One-Sample T Test 置信度设置窗口

3. 点击图 7.7 中的"OK"，即输出检验结果，如图 7.9 和图 7.10 所示。输出的检验结果包括两张分析结果表格，图 7.9 所示为单样本的各项特征的统计描述，如样本量、样本均值、样本标准差及标准误等；图 7.10 所示为单样本检验结果，该结果表明，t 值为 -1.746，自由度为 19，sig.(2-tailed)值[①]用于和事先设定的显著性水平 α 进行比较，若 sig.(2-tailed)值小于 α（本例中为 0.05），则说明

---

① sig.(2-tailed)值是 t 统计值的显著性概率 p 值，是 t 统计值外侧的概率。在双侧检验中 $p=2\times t$ 统计值的外侧概率，单侧检验中 $p=t$ 统计值的外侧概率。本例中 t 值为 -1.746，sig.(2-tailed)值为 0.097，表示置信度仅为 90.3%，而本例设定的置信度要求达到 95%，因此可判定在这一水平未见显著差异。

差异显著,否则差异不显著。本例中,sig.(2-tailed)值为 0.097,而 $\alpha=0.05$,因此说明在 0.05 水平上,未见显著差异。

One-Sample Statistics

	N	Mean	Std. Deviation	Std. Error Mean
TIME	20	48.8500	28.55516	6.38513

图 7.9　单样本统计结果分析

One-Sample Test

	Test Value = 60					
					95% Confidence Interval of the Difference	
	t	df	Sig. (2-tailed)	Mean Difference	Lower	Upper
TIME	-1.746	19	.097	-11.1500	-24.5142	2.2142

图 7.10　单样本检验结果分析

(二)两个样本均值的差异比较

本节中,我们仅介绍两个独立样本间的均值差异检验。

例 8　对于例 6 中的数据,若分析者想要分析该样本中男女上网浏览新闻日均时长有无差异,且要求检验结果置信度达到 99%,此时适用独立样本 t 检验,主要步骤如下:

1. 调用选项 Analyze 中的 Compare Means,然后选中"Independent-Samples T Test…",即出现 t 检验设置窗口,如图 7.11 所示。首先,选中需要检验的变量(本例中为"time"),点击拖入 Test Variable(s)框中;其次选中一个分类变量①(本例中为"gender"),点击拖入 Grouping Variable 框中;最后,对分类变量进行设置,点击按钮"Define Groups…",根据编码情况输入 gender 的两个编码数值,即 1 和 2,如图 7.12 所示。设置完成后,点击"Continue"返回图 7.11 所示界面。

2. 点击图 7.11 中的"Options…"按钮,设置置信度,本例中为 99%,如图 7.13 所示。点击"Continue"返回图 7.11 所示界面。

3. 点击"OK",输出检验结果,如图 7.14 和图 7.15 所示。

输入结果包括两个分析结果表。图 7.14 为两个独立样本统计结果分析表,

①　分类变量是指根据这一变量(本例中为性别),我们可以将数据区分为男女两个独立的样本,由此可对这两个样本进行均值差异检验。

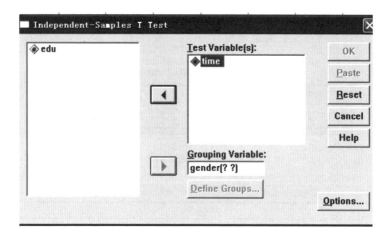

图 7.11　Independent-Samples T Test 设置窗口

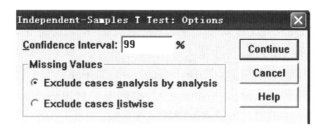

图 7.12　Independent-Samples T Test 分类变量定义窗口

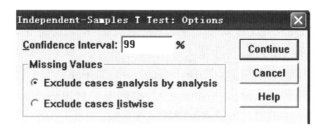

图 7.13　Independent-Samples T Test 置信度设置窗口

其中显示结果包括男女两个样本的均值、样本量、样本标准差及标准误。

图 7.15 为两个独立样本 t 检验结果分析表，其中显示结果包括两个样本方差齐性检验结果、t 值、自由度及 t 统计值显著性概率。

（1）Levene's Test for Equality of Variances：此为方差齐性检验，即 F 检验。分析结果表明，F 统计值的显著性水平为 0.055，大于 0.05 和 0.01 的水平，也就是说两个样本方差差异不显著，故方差齐性。

Group Statistics					
	GENDER	N	Mean	Std. Deviation	Std. Error Mean
TIME	男	12	50.5833	35.31021	10.19318
	女	8	46.2500	15.52648	5.48944

图 7.14 两个独立样本统计结果分析

(2)结果分析表中同时给出方差齐性条件下的 t 检验结果和方差不齐性条件下的 t 检验结果，且两种条件 t 检验的自由度不同。本例中，方差齐性，故参考该条件下的 t 检验结果。由此可知，t 值为 0.325，自由度为 18，t 统计值显著性水平为 0.749，大于规定的显著性水平 0.01，即在 0.01 水平上男女晚上浏览新闻日均时长未见显著差异。

Independent Samples Test										
		Levene's Test for Equality of Variances		t-test for Equality of Means						
									99% Confidence Interval of the Difference	
		F	Sig.	t	df	Sig. (2-tailed)	Mean Difference	Std. Error Difference	Lower	Upper
TIME	Equal variances assumed	4.199	.055	.325	18	.749	4.3333	13.35173	-34.09883	42.76550
	Equal variances not assumed			.374	16.169	.713	4.3333	11.57734	-29.43500	38.10166

图 7.15 两个独立样本 t 检验结果分析

三、单因素方差分析

若需要对 3 个或 3 个以上的样本均值进行比较，则此时两个样本均值差异检验不适用，应引入方差分析，本节中仅涉及对单因素方差分析的介绍。单因素方差分析是指以一个变量为标准，将其分为若干水平(2 个或 2 个以上)，由这若干水平将某个总体样本分为几个样本，然后进行样本间的均值差异比较。细心的读者可能会发现，当变量水平为 2 时，即为两均值差异检验，这种情况既适用上述两均值差异检验方法，也适用单因素方差分析;若分类水平多于 2 个，那么单因素方差分析为最佳选择。SPSS 软件中，与单因素方差分析相对应的功能模块为 One-Way ANOVA…。

例 9 对于例 6 中的调查结果，分析者想要检验该样本中不同受教育程度的样本在晚上上网浏览新闻的日均时长有无差异，且要求检验结果可靠度达到 99%。调查中受教育程度有三个水平，即高中、大学和研究生，故此时适用单因素方差分析，主要步骤如下：

1. 调用选项 Analyze 中的 Compare Means，然后选中"One-Way ANOVA …"，即出现单因素方差分析设置窗口，如图 7.16 所示。首先选中需要检验的变量(本例中为"time")，点击拖入 Dependent List 框中;其次选中一个分类变量(本

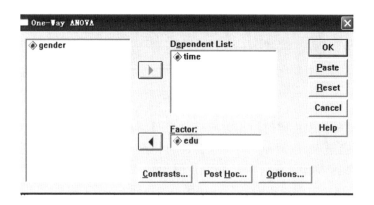

图 7.16 One-Way ANOVA 设置窗口

例中为"edu"），点击拖入 Factor 框中。方差分析中，无需对分类变量进行定义。

2. 点击"Post Hoc…"按钮，进入均值多重比较设置窗口，如图 7.17 所示。Post Hoc 检验的目的在于发现差异的来源。方差分析的结果只报告若干样本均值间是否存在差异，但并不具体报告差异存在于哪些样本之间，而 Post Hoc 检验提供均值间的两两比较结果，从而能够明确差异来源。一般来说，只有方差分析结果显著，才有必要进行 Post Hoc 检验。该窗口提供两种设置条件，每种条件下还提供多种检验方法的选择。此外，该窗口中还可以设置检验的置信水平。设置完成后点击"Continue"返回主窗口。

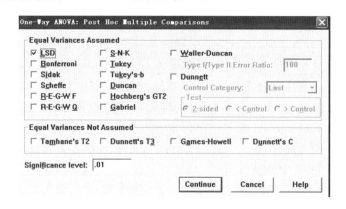

图 7.17 Post Hoc Multiple Comparisons 设置窗口

（1）equal variances assumed（方差齐性），即样本中最大方差和最小方差齐性。此时可供选择的检验方法有很多，本例中选择 LSD，LSD（least-significant difference）称为最小显著性差异法，其 α 可指定在 0～1 之间的任何水平，默认值为0.05。

(2)equal variances not assumed(方差不齐性)，即样本中最大方差与最小方差不齐性。此时可供检验的方法也有若干种。一般地说，若方差齐性无法满足，从严格意义上说，方差分析是不适用的，但可以引入此方法进行均值间的两两比较。

3. 点击"Options …"，进行方差分析其他统计及检验结果项目设置，如图7.18所示。该窗口中一个非常重要的检验项目是总体方差齐性检验，即homogeneity of variance test，该检验方法与独立样本 t 检验中的方差齐性检验方法相同，其结果决定数据是否适于方差分析，此外，Descriptive 可以提供对几个样本特征的统计描述分析。本例中，我们选择这两个项目。设置完成后，点击"Continue"返回主窗口。

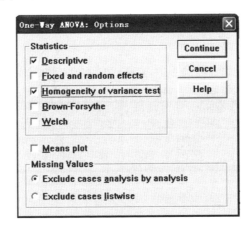

图7.18　One-Way ANOVA：Options 设置窗口

4. 所有项目设置完成之后，点击图7.16中的"OK"，即可输出方差分析结果，如图7.19、图7.20、图7.21和图7.22所示。

(1)图7.19 显示的是方差分析结果输出的三个样本的描述统计分析结果。

Descriptives

TIME

	N	Mean	Std. Deviation	Std. Error	95% Confidence Interval for Mean Lower Bound	Upper Bound	Minimum	Maximum
高中	5	47.0000	20.18663	9.02774	21.9350	72.0650	20.00	75.00
大学	9	67.2222	27.28451	9.09484	46.2495	88.1950	30.00	120.00
研究生	6	22.8333	12.57643	5.13431	9.6352	36.0315	10.00	40.00
Total	20	48.8500	28.55516	6.38513	35.4858	62.2142	10.00	120.00

图7.19　三个样本描述统计分析结果

(2)图7.20 显示的是 Test of Homogeneity of Variances(方差齐性检验)检

验结果。检验结果表明, F 统计值的显著性水平为 0.457, 大于规定的 α 水平 0.01, 方差齐性, 故该数据适用进行方差分析。

Test of Homogeneity of Variances

TIME

Levene Statistic	df1	df2	Sig.
.819	2	17	.457

图 7.20　Test of Homogeneity of Variances 检验结果

(3)图 7.21 显示的是方差分析结果。分析结果表明, 组间均方为 3558.081, 组内均方为 492.729, F 统计值为 7.221, F 统计值的显著性水平为 0.005, 小于设定的 α 水平 0.01, 故在 0.01 的水平上不同受教育程度样本差异显著, 下此结论犯错误的概率小于 1%。

ANOVA

TIME

	Sum of Squares	df	Mean Square	F	Sig.
Between Groups	7116.161	2	3558.081	7.221	.005
Within Groups	8376.389	17	492.729		
Total	15492.55	19			

图 7.21　方差分析结果

Post Hoc Tests

Multiple Comparisons

Dependent Variable: TIME

LSD

(I) EDU	(J) EDU	Mean Difference (I-J)	Std. Error	Sig.	99% Confidence Interval	
					Lower Bound	Upper Bound
高中	大学	-20.2222	12.38117	.121	-56.1057	15.6613
	研究生	24.1667	13.44125	.090	-14.7892	63.1225
大学	高中	20.2222	12.38117	.121	-15.6613	56.1057
	研究生	44.3889*	11.69911	.001	10.4822	78.2956
研究生	高中	-24.1667	13.44125	.090	-63.1225	14.7892
	大学	-44.3889*	11.69911	.001	-78.2956	-10.4822

*. The mean difference is significant at the .01 level.

图 7.22　Post Hoc 多重比较检验结果

(4)图 7.22 显示的是 Post Hoc 多重比较检验结果。分析结果表明, 受教育程度为大学的人群与受教育程度为研究生的人群在晚上上网浏览新闻的时长上存在显著差异，前者浏览新闻的时间要长于后者，该结论的置信度达到 99%；在 0.01 的显著性水平下，未见其他组间存在显著差异，可见图 7.21 中方差分析显著差异的来源主要是大学生和研究生两个样本间的差异。

本章内容小结

在本章中，我们对推论性统计分析进行了大致的介绍。推论统计分析的目的在于根据样本所获得的结论向总体进行推广，并保证具有一定的置信度。推论统计分析中统计是最重要的一个部分，统计的价值由此得以体现。学习本章时，一定要特别注意各类推论统计方法适用的条件，在引入相关方法时，一定要先对数据的基本特征，如数据是否连续、样本所属的总体是否服从正态分布、方差是否齐性等进行考察。此外，本章引入相关数据分步骤讲解在 SPSS 中进行推论统计的过程，相信读者只要认真学习，掌握推论统计分析方法就不是一件十分困难的事情。

限于篇幅，本章中对推论统计方法的介绍并不全面。当读者遇到超出本章范围的应用案例时，可参考一些更专业和系统的相关书籍。

本章练习

1. 简述置信区间和置信度的概念及其关系。

2. 区间估计的主要步骤有哪些？

3. 总体均值参数的区间估计中，列出当总体服从正态分布，但总体方差未知时的区间估计的理论公式。

4. 简述假设检验的基本思想。

5. 如何区分假设检验中的单侧检验和双侧检验？

6. 假设检验中的两类错误分别是指哪两类？其关系如何？

7. 简述方差分析的原理及主要步骤。

8. 试找到一组数据，在 SPSS 中进行本章所介绍的几种推论统计分析过程，并将结果整理成表格形式。

推荐参考资料

[1] 尼尔·J. 萨尔金德. 爱上统计学[M]. 史玲玲，译. 重庆：重庆大学出版社，2011.

[2] Charles Wheelan. Naked Statistics: Stripping the Dread from the Data [M]. New York: W. W. Norton & Company, 2013.

［3］李连江.戏说统计：文科生的量化方法［M］.北京：中国政法大学出版社,2017.

［4］张文彤,邝春伟.SPSS统计分析教程（基础教程）［M］.北京：高等教育出版社,2011.

第八章 数据分析:计数数据

上述描述统计和推论统计部分所介绍的方法,大都只适用于连续数据,即等距数据和等比数据,如计算平均数、方差、标准差及积差相关系数,进行参数的区间估计等。这些统计分析方法对于计数数据(离散数据)是不适用的。然而,数据新闻操作中也经常会出现大量的计数数据,当遇到大量的计数数据时,我们又该如何处理呢?统计分析技术中,对于计数数据也有一些专门的分析方法,最常用的是求比率或百分比、比率差异的显著性检验以及 χ^2 检验。下面我们将对这三种主要计数数据的统计分析方法进行介绍。

第一节 比率或百分数

在数据新闻生产过程中,对所获取的计数数据,一般也需要进行初步的整理,最通常的做法是将这些初步的计数数据整理成比率或百分数的形式。比率或百分数是通过部分数据与全体数据的比值来揭示数据中存在的信息特征,这一形式较原始的计数数据在反映信息特征上更有效、更清晰,因此在计数数据的统计分析中应用十分广泛,一般将其称为相对数分析。

比率和百分数并不是两个相同的概念。

一、比率

比率即两个数的比值。

如果两个数其中一个代表部分,而另一个代表全体,则这两个数的比率称为比例。如某样本中男生 20 名,女生 25 名,则男生的比例为 4/9。

如果两个数其中一数表示某随机现象发生的数目,而另一个数表示随机现象发生的可能数目,则这个比率称为概率。如某班有 40 名学生,要从该班学生中随机抽取 10 名学生进行调查,则该班每个学生被抽中的概率为 10∶40,即 1/4。

二、百分数

百分数也是比率的一种表现形式,由部分对总数的比率乘以 100 得到比率则称为百分数。用百分数表示不同总数情况下的某种现象,或某种类别出现的情况,并进一步进行比较,是数据分析中常用的一种统计分析方法。不过在应用百分数时,应当注意以下两点:

1. 若总数小于 20,最好不用百分数,因为此时部分增减一个,百分数都会变化很大;

2. 在总数小于 100 时,百分数出现小数没有意义,因为计数数据是整数。

比率或百分数仅是实际观测数的一种表现形式,其同原始计数一样,仍具有随机性,因此无法根据比率或百分数作出更进一步的推论,因此还需要借助其他统计分析技术作进一步的分析,如比率差异的显著性检验、χ^2 检验等。

第二节　比率差异的显著性检验

虽然计数数据无法进行平均数及平均数差异的显著性检验,然而在将计数数据转化为比率或百分比数形式后,可以对其进行比率或比率差异的显著性检验。但比率差异的显著性检验仅限于两个比率之间的差异比较,而无法同时进行三个或三个以上比率间的差异比较。

一、比率的显著性检验

比率的显著性检验是指对样本比率与已知总体比率间的差异进行比较分析,比较的结果可以用于判断该样本比率所代表的总体比率与已知总体比率是否一致。

比率的显著性检验步骤与平均数的显著性检验步骤大致相同。

1. 建立统计假设

$$H_0: p = p_0, H_1: p \neq p_0$$

2. 确定比率的抽样分布及统计量

比率的抽样分布为二项分布,设有某种属性的事件出现的比率为 p,除此属性以外事件出现的比率为 $q = 1 - p$。从该二项分布的总体每次抽取大小为 n 的样本,计算得到样本比率 $\hat{p}$,当且仅当 $np \geqslant 5 (p < q)$ 或 $nq \geqslant 5 (q < p)$ 时,样本比率 $\hat{p}$ 的分布服从近似正态分布。一般情况下,在数据中,$np \geqslant 5$ 的条件是容易满足的。此时,二项分布的均值 $\mu_p = p$,标准误为:

$$\sigma_p = \sqrt{\frac{pq}{n}} \qquad (8\text{-}1a)$$

样本比率 $\hat{p}$ 为总体比率 p 的点估计值，若总体比率 p 未知，可用样本比率 $\hat{p}$ 估计标准误 σ_p，即

$$\sigma_p = \sqrt{\frac{\hat{p}\hat{q}}{n}} \qquad (8\text{-}1b)$$

若 $np \geqslant 5$ 得到满足，则适用 Z 检验，计算 Z 值的理论公式为：

$$Z = \frac{\hat{p} - p_0}{\sqrt{\dfrac{p_0 q_0}{n}}} \qquad (8\text{-}2)$$

3. 确定显著性水平 α，并查统计量分布表，确定统计量的临界值

若统计量为 Z，则可查标准正态分布表，确定 $Z_{\alpha/2}$（双侧）或 Z_α（单侧）的值。

4. 比较统计量 Z 值和统计量临界值 $Z_{\alpha/2}$（双侧）或 Z_α（单侧）

若 $Z > Z_{\alpha/2}$（双侧）或 Z_α（单侧），则差异显著，说明样本比率所代表的总体比率与已知总体比率不一致，两总体不同；

若 $Z > Z_{\alpha/2}$（双侧）或 Z_α（单侧），则差异不显著，说明样本比率所代表的总体比率与已知总体比率一致，两总体相同。

例 1 某省级电视台下属有六个频道，2009 年一季度，其平均收视率为 8.6%，其中有一个频道该季度的平均收视率为 11.6%。若该项调查的样本量为 1000，试分析在一季度，该频道的收视率与电视台一季度的平均收视率间有无差异。（$\alpha = 0.01$）

本例中，要求检验某一样本比率所代表的总体比率与已知总体比率有无差异，因此适用比率的显著性检验，且为双侧检验。

第一步：建立统计假设。

$$H_0 : p = p_0, H_1 : p \neq p_0$$

第二步：判断比率的抽样分布并计算统计量值。

本例中，根据已知条件 $p_0 = 8.6\%$，$q_0 = 1 - 8.6\% = 91.4\%$，$n = 1000$，可知：

$np_0 = 1000 \times 8.6\% = 86 \geqslant 5$，因此样本比率分布为近似正态分布，适用 Z 检验；

根据公式（8-1a）计算可得标准误为：

$$\sigma_p = \sqrt{\frac{p_0 q_0}{n}} = \sqrt{\frac{0.086 \times 0.914}{1000}} = 0.0089$$

根据公式（8-2）计算 Z 值可得：

$$Z = \frac{\hat{p} - p_0}{\sqrt{\dfrac{p_0 q_0}{n}}} = \frac{11.6\% - 8.6\%}{0.0089} = 3.37$$

第三步：确定显著性水平 α，并查统计量分布表，确定统计量的临界值。

本例中 $\alpha=0.01$，则查标准正态分布表可得：

$$Z_{0.01/2}=2.58$$

第四步：比较 Z 值与 $Z_{\alpha/2}$（双侧）。

$Z=3.37>Z_{0.01/2}$，差异显著，说明该频道一季度的收视率与电视台一季度平均收视存在明显差异（高于平均水平），作此结论犯错误的概率小于 1%。

二、比率的区间估计

当总体比率 p 未知时，需要以样本比率 α 对总体比率 p 进行区间估计。比率区间估计与均值参数的区间估计是一样的，首先确定样本比率 α 的抽样分布特征，并计算其抽样分布的标准误，在确定显著性水平 α 后，才可以给出一个具有一定置信度的置信区间。

一般地说，样本比率 $\hat{p}$ 的分布为二项分布，但当样本比率 $\hat{p}$ 满足条件 $n\hat{p}\geqslant5$，$\hat{p}<\hat{q}$ 或 $n\hat{q}\geqslant5$，且 $\hat{q}<\hat{p}$ 时，样本比率 $\hat{p}$ 的抽样分布符合近似正态分布。此时可依据如下公式进行比率的区间估计：

$$\hat{p}-Z_{\alpha/2}\times\sigma_p<p<\hat{p}+Z_{\alpha/2}\times\sigma_p \tag{8-3}$$

其中 $\sigma_p=\sqrt{\dfrac{\hat{p}\hat{q}}{n}}$，$Z_{\alpha/2}$ 指当显著性水平为 α 时，Z 值的双侧检验临界值。

例 2 以例 1 的数据为例，若已知该频道一季度收视率为 11.6%，调查样本量为 1000，试对该频道一季度真实的收视率进行区间估计，要求可靠性达到 99%。

第一步：检验样本比率的抽样分布特征。根据已知条件，$\hat{p}=11.6\%$，$n=1000$，则 $n\hat{p}=116>5$，因此样本比率抽样分布近似正态分布。

第二步：估计抽样分布的标准误。

$$\sigma_p=\sqrt{\dfrac{11.6\%\times88.4\%}{1000}}=0.0101$$

第三步：确定显著性水平 α。

本例中，$\alpha=0.01$，则 $Z_{\alpha/2}=2.58$

第四步：比较 Z 值与 $Z_{\alpha/2}$ 的值。根据公式(8-3)，计算置信度为 99% 的置信区间，可得：

$$11.6\%-2.58\times0.0101<p<11.6\%+2.58\times0.0101$$

$8.99\%<p<14.21\%$，即据此样本调查，该频道一季度平均收视率真实范围值为 8.99% 至 14.21%，下此推论的置信度达到 99%。

三、比率差异的显著性检验

比率差异的显著性检验是指检验两个样本比率 $\hat{p}_1$ 和 $\hat{q}_2$ 各自所代表的总体

比率 p_1 和 p_2 间的差异是否显著。比率差异的显著性检验过程与平均数差异的显著性检验大致相同。

(1)确定差异统计量 $\hat{p}_1 - \hat{q}_2 = D_p$ 的抽样分布特征。一般地,当满足 $np_1 \geqslant 5(p_1 < q_1)$, $np_2 \geqslant 5(p_2 < q_2)$ 时,D_p 的分布为正态分布。

(2)确定 D_p 抽样分布的均值与标准误。

$$\mu_{p_1 - p_2} = p_1 - p_2$$

$$\sigma_{p_1 - p_2} = \sqrt{\frac{p_1 q_1}{n_1} + \frac{p_2 q_2}{n_2}} \tag{8-4}$$

当总体比率 p_1 和 p_2 未知时,标准误 $\sigma_{p_1 - p_2}$ 可由两样本比率 $\hat{p}_1$ 和 $\hat{q}_2$ 估计获得,此时需要分两种情况:

(1)当总体比率 $p_1 \neq p_2$ 时,则

$$\sigma_{(p_1 - p_2)} = \sqrt{\frac{\hat{p}_1 \hat{q}_1}{n_1} \frac{\hat{p}_2 \hat{q}_2}{n_2}} \tag{8-5a}$$

(2)当总体比率 $p_1 = p_2$ 时,则

$$\sigma_{(p_1 - p_2)} = \sqrt{\frac{(n_1 \hat{p}_1 + n_2 \hat{p}_2) \times (n_1 \hat{q}_1 + n_2 \hat{q}_2)}{n_1 n_2 (n_1 + n_2)}} \tag{8-5b}$$

因为在满足 $np_1 \geqslant 5(p_1 < q_1)$, $np_2 \geqslant 5(p_2 < q_2)$ 时,D_p 的分布为正态分布,故此时适用 Z 检验。

例3 某市电视台几个频道在晚间 6 点至 8 点这个时间段都播出当天的新闻。收视调查的数据表明,上半年,A 频道该时段新闻节目的平均收视率为 4.5%,B 频道该时段新闻节目的平均收视率为 3.8%,收视调查的样本量为 1000 户家庭,试比较 A 频道和 B 频道同一时段新闻节目上半年的平均收视率有无差异。($\alpha = 0.05$)

根据题意可知,本例为两个样本比率各自所代表的总体比率差异的显著性检验问题,且为双侧检验。

第一步:建立统计假设。

$$H_0 : p_1 = p_2, H_1 : p_1 \neq p_2$$

第二步:确定 D_p 抽样分布的均值与标准误。

本例中,$n_1 \hat{p}_1 = 1000 \times 4.5\% = 45$, $n_2 \hat{p}_2 = 1000 \times 3.8\% = 38$,因此 D_p 的抽样分布近似正态分布。当满足条件 $p_1 = p_2$,标准误可根据公式(8-5b)计算得到,即

$$\sigma_{(p_1 - p_2)} = \sqrt{\frac{(n_1 \hat{p}_1 + n_2 \hat{p}_2) \times (n_1 \hat{q}_1 + n_2 \hat{q}_2)}{n_1 n_2 (n_1 + n_2)}}$$

$$= \sqrt{\frac{(1000 \times 4.5\% + 1000 \times 3.8\%) \times (1000 \times 95.5\% + 1000 \times 96.2\%)}{1000 \times 1000(1000 + 1000)}}$$

$$= 0.0089$$

由上述条件可知,本例适用 Z 检验,计算统计量 Z 值可得:

$$Z = \frac{p_1 - p_2}{\sigma_{p_1 - p_2}} = \frac{4.5\% - 3.8\%}{0.0089} = 0.7865$$

第三步:确定显著性水平 α,根据标准正态分布表查 $Z_{\alpha/2}$。

当 $\alpha = 0.05$ 时,$Z_{0.05/2} = 1.96$

第四步:比较 Z 值和 $Z_{\alpha/2}$。

$Z = 0.7865 < Z_{0.05/2}$,差异不显著,表明由此样本数据可以推论,上半年,A 频道与 B 频道在同时段新闻节目的平均收视率上不存在差异,作此结论犯错误的概率小于 5%。

第三节 χ^2 检验

在收集数据的过程中,一些变量仅有两项分类,如性别,此类变量应用相对数分析统计就可以满足要求了。然而还有相当大的一部分变量具有多项分类,此时比率差异的显著性检验已经无法满足这类变量产生的计数数据分析的要求,因此需要其他合适的统计技术来分析这类数据,其中最常用的一种方法就是 χ^2 检验。

在计数数据的统计分析中,χ^2 检验的应用十分广泛,其应用范围包括如下几个方面:

(1)配合度检验。χ^2 检验可用于检验一个因素两项或多项分类的实际观察次数与某理论次数分布是否相一致,此种 χ^2 检验一般称为配合度检验。当我们假设理论上几项分类之间在次数分布上是均等的,也就是说在理论上这几项分类不存在差别时,χ^2 检验又称为无差假说检验。

(2)独立性检验。χ^2 检验还可用于检验两个或两个以上因素各自的多项分类之间是否有关联或是否具有独立性,此种 χ^2 检验一般称为独立性检验。在独立性检验中,一般采用表格的形式记录观察结果,这种表格一般称为列联表,因此独立性检验也常被称为列联表分析。

χ^2 检验的基本公式为:

$$\chi^2 = \sum_{i=1}^{k} \frac{(f_{o_i} - f_{e_i})^2}{f_{e_i}} \tag{8-6}$$

公式中,f_o 和 f_e 分别是指每项分类中的实际观察次数和理论次数,k 指的是分类的项数。

本小节中,我们将对配合度检验及独立性检验进行介绍,此外,我们还将介绍品质相关的计算方法。

一、配合度检验

下面,结合一个具体的例子,介绍配合度检验的主要步骤。

例 4 在某个调查数据中随机抽取男生 150 人,女生 250 人,而该样本所属总体中男女生比例大致为 2∶3。则请判断该调查数据中所抽取的男女生比例结构与该总体男女生比例结构是否一致。要求结论的置信度达到 95%。

1. 建立统计假设

虚无假设为实际观察次数与理论次数之间无差异,用符号表示为:

$$H_0: f_o = f_e$$

对于本例来说,虚无假设为样本中男女生比例结构与该校男女生比例结构无差异。

研究假设为实际观察次数与理论次数之间差异显著,用符号表示为:

$$H_1: f_o \neq f_e$$

对于本例来说,研究假设为样本中男女生比例结构与该校男女生比例结构存在差异。

2. 计算理论次数及 χ^2 值

计算理论次数是计算 χ^2 的一个关键性步骤。在实际计算过程中,理论次数一般是根据理论分布特征,按一定的概率通过样本即实际观察次数计算得到。

本例中,男生的实际观测值为 150,女生的实际观测值为 250;理论上,男女生的比例应为 2∶3,根据这一理论分布,在 150+250=400 人的总人数中,理论上男生数应为 400×0.4=160 人,女生数应为 400×0.6=240 人。

由此,可根据公式(8-6)计算得到 χ^2 值,即

$$\chi^2 = \sum_{i=1}^{k} \frac{(f_{o_i} - f_{e_i})^2}{f_{e_i}}$$

$$= \frac{(150 - 160)^2}{160} + \frac{(250 - 240)^2}{240} = 0.625 + 0.417 = 1.042$$

3. 确定自由度及显著性水平 α,通过 χ^2 分布表查 χ^2 临界值

χ^2 检验的自由度 $df = k-1$,其中 k 即为分类项数。在上面的例子中,仅存在男女两个分类,因此 $k=2$,则 $df = 2-1 = 1$。

根据 χ^2 分布表查 $\chi^2_{\alpha(df)}$,本例中,若确定 $\alpha = 0.05$,则查表可得:

$$\chi^2_{0.05(1)} = 3.84$$

4. 比较计算得到的 χ^2 值和 $\chi^2_{\alpha(df)}$ 值,判断检验结果

若 $\chi^2 > \chi^2_{\alpha(df)}$,则差异显著,拒绝虚无假设,而接受研究假设,说明实际观察

次数与理论分布次数不一致；

若 $\chi^2 < \chi^2_{a(df)}$，则差异不显著，接受虚无假设，而拒绝研究假设，说明实际观察次数与理论分布次数是一致的。

根据上述计算结果，本例中，$\chi^2 = 1.042 < 3.84$，说明样本中的男女生比例结构与该校男女生比例结构无差异，作此结论犯错误的概率小于 5%。

不知道细心的读者有没有发现，本例其实也适用于比率差异的显著性检验，因为本例只涉及一个因素的两项分类，即男女两类。因此可见，χ^2 检验的应用范围要远远大于比率差异的显著性检验。感兴趣的读者可以结合前面小节介绍的方法，应用比率差异的显著性检验方法解决本例中的问题。

二、独立性检验

若在数据分析中，需要对两个或两个以上因素之间是否存在关联性进行判断，此时就需要应用 χ^2 的独立性检验，即列联表分析。

因分类的数目不同，列联表有多种形式。有两个因素，且每个因素各有两项分类的列联表称为四格表或 2×2 表；有两个因素，一个因素有两项分类，另一个因素有 K 项分类，则称 $2 \times K$ 表；有两个因素，一个因素有 R 项分类，另一个因素有 C 项分类，则称为 $R \times C$ 表；另外，当因素数目多于两个时，称为多维列联表。本小节中，只讨论二维列联表的分析方法。读者不要引起误解，以为独立性检验只是两个因素列联表的分析。

独立性检验的主要步骤如下：

1. 建立统计假设

虚无假设是两个因素之间是独立的；

研究假设是两个因素之间有关联。

2. 计算理论次数及 χ^2 值

一般地，独立性检验的理论次数是直接由列联表所提供的数据推算而来的，若用 f_x 表示每一行的和，用 f_y 表示每一列的和，则理论次数的公式可以表示为：

$$f_e = \frac{f_{x_i} f_{y_i}}{N} \tag{8-7}$$

公式中，N 为总的观察数目。

在计算理论次数时，出现小数是被允许的。

将公式(8-7)代入公式(8-6)，可以得到独立性检验的 χ^2 值的公式，即

$$\chi^2 = N \times \left(\sum_{i=1}^{k} \frac{f_{o_i}^2}{f_{x_i} f_{y_i}} - 1 \right) \tag{8-8}$$

公式(8-8)是 $R \times C$ 列联表计算 χ^2 值的一般式。若列联表的形式是四格表,则有更方便的 χ^2 值计算公式,即

$$\chi^2 = \frac{N(AD-BC)^2}{(A+B) \times (C+D) \times (A+C) \times (B+D)} \tag{8-9}$$

不过值得注意的是,上述四格表计算 χ^2 值的简便公式需要在一定条件下才适用,即四格表任一格的理论次数必须大于 5,否则不能套用此公式计算 χ^2 值,此时仍需要运用公式(8-8)。

3. 确定自由度及显著性水平 α,通过 χ^2 分布表查 $\chi^2_{\alpha(df)}$

χ^2 检验的自由度 $df = (R-1) \times (C-1)$,其中 R 和 C 分别为两个因素各自的分类项数。对于四格表来说,自由度为 1。然后,根据 χ^2 分布表查 $\chi^2_{\alpha(df)}$。

4. 比较计算得到的 χ^2 值和 $\chi^2_{\alpha(df)}$ 值,判断检验结果

若 $\chi^2 > \chi^2_{\alpha(df)}$,则拒绝虚无假设,而接受研究假设,说明两个因素之间存在关联性;

若 $\chi^2 < \chi^2_{\alpha(df)}$,则接受虚无假设,而拒绝研究假设,说明两个因素之间不存在关联。

例 5　为了检验电视节目类型对城乡不同居民的吸引,某分析者选取了四类电视节目(生活服务类、社会新闻类、娱乐类和财经类),样本数据为 300 人,其中城市居民 200 人,农村居民 100 人,调查结果如表 8.1 所示。

表 8.1　电视节目类型对城乡不同居民的吸引

	生活服务类/人	新闻类/人	娱乐类/人	财经类/人
城市居民	30	60	40	70
农村居民	20	30	40	10

根据以上数据,试检验城乡居民在电视节目偏好上是否存在差异。($\alpha = 0.01$)

本例中要求检验两个因素,即居民所在地和电视节目类型偏好这两者间是否有关联,故适用列联表分析。

(1)分别计算城乡居民偏好不同电视节目类型的理论人数。

根据公式(8-7)可计算城市居民偏好不同电视节目类型的理论人数。

生活服务类:$200 \times \frac{50}{300} = 33.3$,新闻类:$200 \times \frac{90}{300} = 60$,阅读:$200 \times \frac{80}{300} = 53.3$,财经类:$200 \times \frac{80}{300} = 53.4$。

根据公式(8-7)可计算乡村居民偏好不同电视节目类型的理论人数。

生活服务类：$100 \times \dfrac{50}{300} = 16.7$，新闻类：$100 \times \dfrac{90}{300} = 30$，阅读：$100 \times \dfrac{80}{300} =$ 26.7，财经类：$200 \times \dfrac{80}{300} = 26.6$。

(2)计算 χ^2 值。

根据公式(8-6)可得：

$$\chi^2 = \frac{(30-33.3)^2}{33.3} + \frac{(60-60)^2}{60} + \frac{(40-53.3)^2}{53.3} + \frac{(70-53.3)^2}{53.3}$$

$$+ \frac{(20-16.7)^2}{16.7} + \frac{(30-30)^2}{30} + \frac{(40-26.7)^2}{26.7} \frac{(10-26.6)^2}{26.6}$$

$$= 0.33 + 0 + 3.32 + 5.23 + 0.65 + 0 + 6.63 + 10.34 = 26.5$$

当然也可以根据公式(8-8)来计算 χ^2 值，有兴趣的读者不妨一试，看看结果是否相同。

(3)确定自由度及显著性水平，查表求 $\chi^2_{a(df)}$。

独立性检验自由度为 $df = (R-1) \times (C-1)$，则 $df = (4-1) \times (2-1) = 3$

本例中，$\alpha = 0.01$，则根据 χ^2 分布表可得：

$$\chi^2_{0.01(3)} = 11.3$$

(4)比较 χ^2 值与 $\chi^2_{a(df)}$ 值。

$\chi^2 = 26.5 > 11.3$，差异显著，表明居民所在地区与其对电视节目类型的偏好间存在关联，作出此结论的可靠程度为 99%。

三、品质相关的测定

独立性检验结果中，若 $\chi^2 < \chi^2_{a(df)}$，说明两个因素间不存在关联，则可认为其关联程度为零；但若 $\chi^2 > \chi^2_{a(df)}$，说明两个因素间存在关联，则可认为关联程度不为零，但独立性检验的结果无法显示关联程度到底是多少。因此，为了进一步分析两个因素间的关联程度，我们还需要利用其他统计分析方法对存在关联的两个因素间的关联程度进行测定。统计上，一般我们采用计算相关系数的方法来测定关联程度，并将其称为品质相关，其值介于 0~1 之间。所分析的列联表形式不同，品质相关的名称和计算方法也不同。对于二维列联表来说，主要存在三种品质相关，即四分相关、ϕ 相关和列联相关。

（一）四分相关(tetrachoric correlation)

四分相关的计算适用于四格表，且四格表中的两个因素均为连续的正态变量。四分相关常用符号 r_t 表示。

四分相关的计算公式为：

$$r_t = \cos\left[\frac{\sqrt{bc}}{\sqrt{ad}+\sqrt{bc}} \times \pi\right]$$　　　　　(8-10)

公式中，a、b、c、d 为四格表中的实测数据，π 为圆周率。

（二）ϕ 相关（phi coefficient）

ϕ 相关适用于除四分相关之外的所有四格表，它是表示两个因素两项分类数据相关程度最常用的一种相关系数，常用符号 ϕ 表示。

ϕ 相关的计算公式为：

$$\phi = \sqrt{\frac{\chi^2}{N}}$$　　　　　(8-11)

（三）列联相关（contingency coefficient）

列联相关适用于所有 $R \times C$ 表数据相关程度的计算，其相关系数常用符号 C 表示。

列联相关有很多计算方法，最常用的是 Pearson 提出的列联系数：

$$C = \sqrt{\frac{\chi^2}{n+\chi^2}}$$　　　　　(8-12)

例 5 中，我们检验的结果为居民所在地区与其对电视节目类型的偏好间存在关联，然而检验的结果并未说明两个因素间的关联程度有多高，此时可用列联相关法测定两个因素间的关系强度。

根据例 5 计算得到 $\chi^2 = 26.5$，则根据公式（8-12）可求得：

$$C = \sqrt{\frac{\chi^2}{n+\chi^2}} = \sqrt{\frac{26.5}{300+26.5}} = 0.28$$

上述计算结果显示，居民所在地与居民对电视节目类型偏好两者间的相关联程度为 0.28，为中等相关。

第四节　SPSS 在计数数据统计分析中的应用

本小节对 SPSS 软件应用的介绍仅限于本章所涉及的统计分析方法，主要内容包括计数数据的频次分析（以百分数表示）、二项分布的假设检验、单样本的 χ^2 检验、交叉列联分析。可以看出，进行计数数据统计分析时，最重要的是非参数检验方法。此外，调查数据会涉及多选项的数据分析，因此对于多选项数据在 SPSS 中的处理过程也将作为独立部分进行介绍。

一、计数数据的频次分析

无论是对计数数据还是对连续数据，SPSS 频次分析结果一般都会以百分比的形式表示。计数数据一般反映变量在某个水平上所观测到的次数（以人计数）。

例 6 研究人员在一所中学对学生进行了一项娱乐综艺节目收视行为调查，参与调查的中学生有 100 名，并建立了相关的数据文件。试采用频次分析方法分析参与调查者的节目类型偏好、观看频率。

上述几个变量的数据类型均为分类数据，在 SPSS 软件中进行计数数据的频次分析主要步骤如下：

1. 单击"Analyze"菜单中的"Descriptive Statistics"项中的"Frequencies"命令，即可打开频次分析设置窗口，如图 8.1 所示；选中所要分析的变量，点击按钮使之进入 Variable(s)框中。

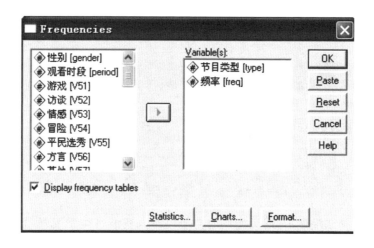

图 8.1 频次分析设置窗口

2. 点击"OK"，即可输出分析结果，如图 8.2 所示。

二、二项分布假设检验

假设在数据中，变量的分类仅有两个水平，若需要对该变量的样本数据中的两个水平之比与一个已知总体的两个水平之比进行差异检验，则适用 SPSS 中的二项分布检验。

以例 6 中的数据文件为例，检验样本结构中男女比例是否符合 1∶1（即检验比例为 0.5），要求置信度达到 99%。SPSS 软件统计分析过程如下：

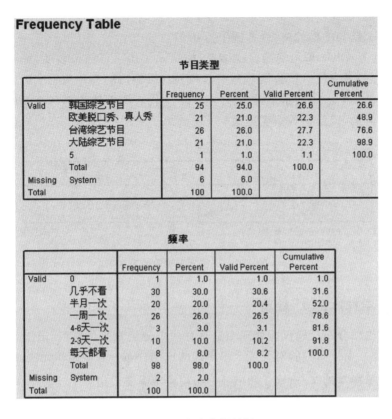

Frequency Table

节目类型

		Frequency	Percent	Valid Percent	Cumulative Percent
Valid	韩国综艺节目	25	25.0	26.6	26.6
	欧美脱口秀、真人秀	21	21.0	22.3	48.9
	台湾综艺节目	26	26.0	27.7	76.6
	大陆综艺节目	21	21.0	22.3	98.9
	5	1	1.0	1.1	100.0
	Total	94	94.0	100.0	
Missing	System	6	6.0		
Total		100	100.0		

频率

		Frequency	Percent	Valid Percent	Cumulative Percent
Valid	0	1	1.0	1.0	1.0
	几乎不看	30	30.0	30.6	31.6
	半月一次	20	20.0	20.4	52.0
	一周一次	26	26.0	26.5	78.6
	4-6天一次	3	3.0	3.1	81.6
	2-3天一次	10	10.0	10.2	91.8
	每天都看	8	8.0	8.2	100.0
	Total	98	98.0	100.0	
Missing	System	2	2.0		
Total		100	100.0		

图 8.2　频次分析结果

1. 单击"Analyze"菜单中的"Nonparametric Tests"项中的"Binomial…"命令，即可打开二项分布检验设置窗口，如图 8.3 所示；选中所要检验的变量，点击

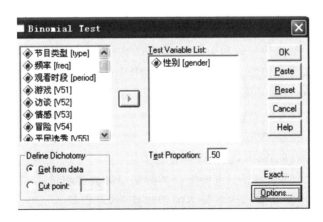

图 8.3　二项分布检验设置窗口

151

按钮使之进入 Test Variable List 框中；然后在该框下方的 Test Proportion 框中填入一个已知的检验概率（本例中为 0.5）。

2. 点击"OK"，即可输出检验结果，如图 8.4 所示。结果表明，样本中男性占 23%，女性占 77%，检验概率为 0.5，检验结果输出的相伴概率<0.001，小于检验要求的 $\alpha=0.01$ 的水平，因此样本比率所代表的总体比率与 0.5 的检验概率是有差异的，该结论置信度达到 99%。

Binomial Test

		Category	N	Observed Prop.	Test Prop.	Asymp. Sig. (2-tailed)
性别	Group 1	男	23	.23	.50	.000[a]
	Group 2	女	77	.77		
	Total		100	1.00		

a. Based on Z Approximation.

图 8.4　二项分布检验结果

三、单样本的 χ^2 检验

上述二项分布检验仅能处理变量具有两个分类水平的情况，若变量存在三个水平，则二项分布检验对其三个水平间的比例分布差异检验是无法适用的，此时可引入单样本的 χ^2 检验。和二项分布检验中需要设定一个检验概率相同，单样本的 χ^2 检验也需要设定一个期望的分布比例，这个分布比例对应于变量的分类数目。细心的读者可以发现，其实这里所说的 χ^2 检验就是匹配度检验。该方法也适用比率差异的显著性检验。

以例 6 中的数据文件为例，分析受众娱乐节目类型是否存在明显偏好，要求达到 99% 的置信度。由于本例中节目类型偏好这一变量具有四个分类水平，故适用单样本的 χ^2 检验。很明显，本例中期望的分布比例为 $1:1:1:1$，即所有分类的期望频次都相等。若检验结果与该期望分布比例有差异，说明受众对娱乐节目类型存在明显偏好。在 SPSS 中的操作过程如下：

1. 单击"Analyze"菜单中的"Nonparametric Tests"项中的"Chi-Square Test"命令，即可打开 χ^2 检验设置窗口，如图 8.5 所示；选中所要检验的变量，点击按钮使之进入 Test Variable List 框中。

2. 设置期望值。SPSS 提供两种设置方式：

（1）All categories equal，指所有分类的期望频数都相等；

（2）Value，由分析者指定各分类的期望比例，可以输入大于 0 的数值，输入的顺序与检验变量分类值的递增顺序相对应。

本例中期望比例为所有分类的期望频数相等，因此可以勾选第一项，如图

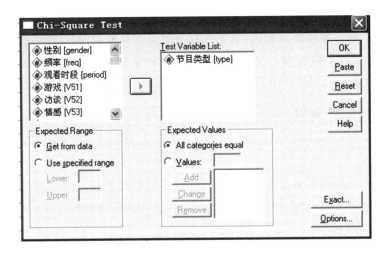

图 8.5　χ^2 检验设置窗口

8.5 所示;不过也可以通过指定期望比例来进行设置,即设置为 1∶1∶1∶1(由于变量存在四个分类水平)。

　　3. 点击"OK",即可输出检验结果,如图 8.6 所示。

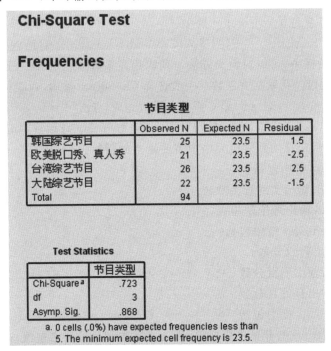

图 8.6　χ^2 检验结果

结果分析包括两个部分：一是观察次数与期望次数分布统计表，另一个是检验结果分析表。分析结果表明，观察次数与期望次数分布非常接近，检验得到的 χ^2 值为 0.723，自由度为 3，χ^2 值的显著性概率为 0.868，大于设计的显著性水平 0.01，因此受众对娱乐节目类型的偏好在 0.01 的水平上未见显著差异。

四、列联表分析

列联表分析，即独立性检验，主要用于检验两个或两个以上因素间是否存在相互关联性。

以例 6 中的数据文件为例，若要了解受众的性别与受众对节目类型的偏好是否存在相关性，且要求置信度达到 95％，则适用列联表分析。在 SPSS 软件中的实现过程如下：

1. 单击"Analyze"菜单中的"Descriptive Statistics"项中的"Crosstabs…"命令，即可打开列联分析设置窗口，如图 8.7 所示；选中所要分析的变量，点击按钮使之分别进入 Row(s) 和 Column(s) 框中，若还有其他变量参与分析，则在下方的 Layer 对话框中指定为层控制变量，此处可输入变量数。需要提醒注意的是，层控制变量过多，将使分析结果变得没有意义，因为此时很难确定差异的来源。本例中只有两个变量，故无须设置层控制变量，只需使性别变量进入 Row 框，使节目类型偏好变量进入 Column 框中。

2. 点击"Statistics…"按钮，进入 Crosstabs：Statistics 对话框，如图 8.8 所示。在此对话框中，可以对检验方法与列联相关系数进行选择。SPSS 提供多种列联检验方法以及列联相关系数。一般选择 Chi-Square 检验，列联相关系数一般选择 Contingency Coefficient，即 C 系数。设置完成，点击"Continue"，返回主界面。

3. 点击"Cells"按钮，进入 Crosstabs：Cell Display 对话框，如图 8.9 所示。在此对话框中，定义列联表单元格中需要输出的指标。

(1)Counts 框中包括：

Observed：输出实际观测数；

Expected：输出理论期望数。

(2)Percentages 框中包括：

Row：输出行百分数；

Column：输出列百分数；

Total：输出合计百分数。

(3)Residuals 框中包括：

Unstandardized：非标准化残差，即为实际数和理论数之差值；

Standardized：标准化残差，即为实际数与理论数之差值除以理论数；

Adjusted Standardized：调整标准化残差，即为标准误确立的单元格残差。

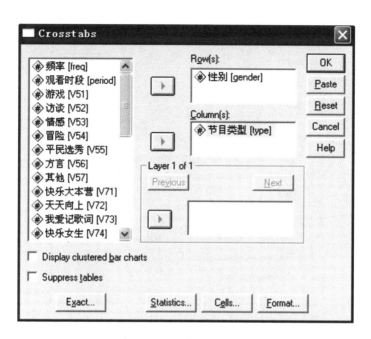

图 8.7 列联分析设置窗口

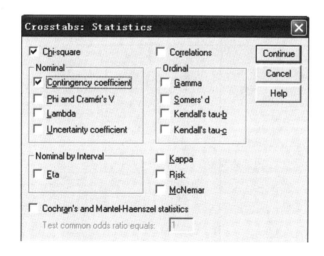

图 8.8 Crosstabs：Statistics 对话框

本例中要求 Counts 框、Percentages 框和 Residuals 框中的所有项目均需要输出。设置完成后，点击"Continue"返回主界面。

4. 点击"OK"，即可输出列联分析结果，如图 8.10、图 8.11 和图 8.12 所示。

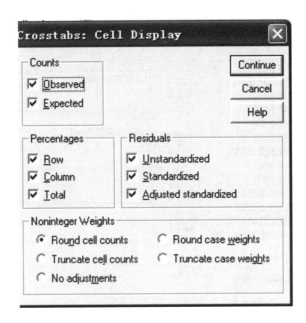

图 8.9 Crosstabs：Cell Display 对话框

性别 * 节目类型 Crosstabulation

			节目类型				Total
			韩国综艺节目	欧美脱口秀、真人秀	台湾综艺节目	大陆综艺节目	
性别	男	Count	6	4	5	6	21
		Expected Count	5.6	4.7	5.8	4.9	21.0
		% within 性别	28.6%	19.0%	23.8%	28.6%	100.0%
		% within 节目类型	24.0%	19.0%	19.2%	27.3%	22.3%
		% of Total	6.4%	4.3%	5.3%	6.4%	22.3%
		Residual	.4	-.7	-.8	1.1	
		Std. Residual	.2	-.3	-.3	.5	
		Adjusted Residual	.2	-.4	-.4	.6	
	女	Count	19	17	21	16	73
		Expected Count	19.4	16.3	20.2	17.1	73.0
		% within 性别	26.0%	23.3%	28.8%	21.9%	100.0%
		% within 节目类型	76.0%	81.0%	80.8%	72.7%	77.7%
		% of Total	20.2%	18.1%	22.3%	17.0%	77.7%
		Residual	-.4	.7	.8	-1.1	
		Std. Residual	-.1	.2	.2	-.3	
		Adjusted Residual	-.2	.4	.4	-.6	
Total		Count	25	21	26	22	94
		Expected Count	25.0	21.0	26.0	22.0	94.0
		% within 性别	26.6%	22.3%	27.7%	23.4%	100.0%
		% within 节目类型	100.0%	100.0%	100.0%	100.0%	100.0%
		% of Total	26.6%	22.3%	27.7%	23.4%	100.0%

图 8.10 列联表分析中的单元格

（1）图 8.10 显示列联表单元格，其中包括观察数、期望数、行列百分数、合计百分数以及非标准化、标准化和调整标准化残差。

（2）图 8.11 显示的是 χ^2 检验结果。结果表明，pearson χ^2 值为 0.624，其显著性概率为 0.891，大于事先设定的 0.05 的显著性水平，说明性别与节目类型偏好无显著性关联。

Chi-Square Tests			
	Value	df	Asymp. Sig. (2-sided)
Pearson Chi-Square	.624ª	3	.891
Likelihood Ratio	.619	3	.892
Linear-by-Linear Association	.044	1	.835
N of Valid Cases	94		

a. 2 cells (25.0%) have expected count less than 5. The minimum expected count is 4.69.

图 8.11 χ^2 检验结果

（3）图 8.12 显示了列联系数。由于 χ^2 检验结果显示两个变量无关联，一般地列联系数也不会大，应为弱相关，且相关也不显著。结果表明，C 系数为 0.081，弱相关，且显著性概率为 0.891，相关性不显著。

Symmetric Measures			
		Value	Approx. Sig.
Nominal by Nominal	Contingency Coefficient	.081	.891
N of Valid Cases		94	

a. Not assuming the null hypothesis.

b. Using the asymptotic standard error assuming the null hypothesis.

图 8.12 对称性测试结果

五、多选项分析

多选项分析是对多选项问题的分析方法，多选项的问题一般指一个问题的答案都是顺序变量或分类变量，且允许选择的答案可以有多个问题。在调查数据时，经常会碰到这类问题。在 SPSS 软件中录入数据时，大家都会知道，一般地一个问题被设计成一个变量，且该变量只容许存入一个数值，那么这种设计方法对于单选的问题来说是可行的，但对于多选的问题则是不适合的，因为若将多选的问题也视为一个变量，这一变量对应的数值有多个，而该变量在 SPSS 中只

157

允许存入一个数值。那么如何来解决这类问题呢？

聪明的读者可能会这么想，既然在 SPSS 中一个变量只允许存入一个数值，那么是否可以将一个多选项的问题设计成多个变量，且每个变量分别对应于多选项中的各个答案呢？是的，面对多选项的问题，我们就可以按照这一思路，对多选项问题进行重新编码，将一个问题转换为多个子问题，设置多个 SPSS 变量，用于存放几个可能的答案。最常用的转换的方法是多选项二分法（multiple dichotomies method），即将每个问题的答案设置为一个 SPSS 变量，该变量的取值有两个，分别表示选中（用"1"表示）和未选中（用"0"表示）。经过如此的处理之后，就可以在 SPSS 软件中进行多选项分析了。SPSS 软件中的多选项分析包括两个主要内容：一是多选项频次分析；二是多选项列联分析。

（一）多选项频次分析

以例 6 中的数据文件为例，为了解大学生实际上经常收看的娱乐节目类型，设计了一个多选题（V5），有 7 个可能的答案。采用多选项分析大学生对各类娱乐节目的选择情况，在 SPSS 中的实现过程如下：

1. 应用多选项二分法，将 V5 设计成 7 个子问题，即 V51、V52、V53、V54、V55、V56、V57，每个子问题设 2 个取值，即 1 表示选中，0 表示未选中。

2. 单击"Analyze"菜单中的"Multiple Response"，选择其中的"Define Sets"命令，即可打开多选项定义窗口，如图 8.13 所示。通过多选项定义操作，创建一个多选项变量集"喜欢的节目类型"，具体定义操作过程如下。

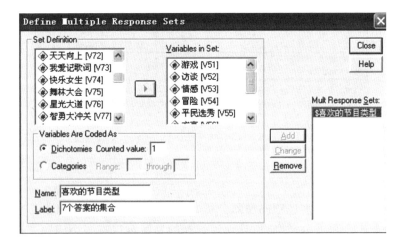

图 8.13　多选项定义窗口

（1）将"Set Definition"框中的 V51、V52、V53、V54、V55、V56、V57 通过点击按钮拖入"Variables in Set"框中。

（2）选中"Variables Are Coded As"中的"Dichotomies"项，表示采用二分法，并设置计数值"Counted value"为1。

（3）在"Name"框中对多选项变量集进行命名，本例中将其命名为"喜欢的节目类型"；"Label"框主要是对该多选项变量集进行说明，本例中说明为"7个答案的集合"。

（4）创建变量集，单击右边的"Add"，系统将生成一个多选项变量集"＄喜欢的节目类型"。设置完成后，点击Close，结束定义操作。

3. 重新单击"Analyze"菜单中的"Multiple Response"，此时SPSS软件的"Multiple Response"中的"Frequencies"和"Crosstabs"两个功能被激活。选中"Frequencies…"，即可进入频次分析设置窗口，如图8.14所示。

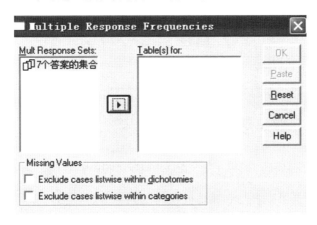

图8.14 多选项分析中的频次分析设置窗口

4. 选中"Mult Response Sets"中的变量集"＄喜欢的节目类型"，点击按钮将该变量集拖入右边的"Table(s) for"框中，单击"OK"，即可输出对该多选项问题的频次分析结果，如图8.15所示。分析结果包括两个表格，即"Case Summary"和"＄喜欢的节目类型 Frequencies"。

（1）Case Summary：分析个案汇总。结果表明，参与调查的个案数为100人，有效个案数（Valid）为97人，缺失（Missing）为3人。

（2）＄喜欢的节目类型 Frequencies：频次分析结果。结果表明，选择游戏类节目的人数为69人，占总人数的71.1%（Percent of Cases），选择访谈类节目的人数为70人，占总人数的72.2%；选择人数较少的是方言类节目和其他节目，两者均占总人数的4.1%。

（二）多选项列联分析

多选项列联分析过程与一般列联分析过程相同，只不过对于前者来说，参与列联分析的变量是多选项的问题。经过对多选项问题的定义，并通过创建多选

Multiple Response

Case Summary

	Cases					
	Valid		Missing		Total	
	N	Percent	N	Percent	N	Percent
$喜欢的节目类型a	97	97.0%	3	3.0%	100	100.0%

a. Dichotomy group tabulated at value 1.

$喜欢的节目类型Frequencies

		Responses		Percent of Cases
		N	Percent	
7个答案的集合a	游戏	69	28.2%	71.1%
	访谈	70	28.6%	72.2%
	情感	22	9.0%	22.7%
	冒险	37	15.1%	38.1%
	平民选秀	27	11.0%	27.8%
	方言	10	4.1%	10.3%
	其他	10	4.1%	10.3%
Total		245	100.0%	252.6%

a. Dichotomy group tabulated at value 1.

图 8.15 多选项频次分析结果

项变量集,该变量可以参与和其他变量间的列联分析。仍以变量"$喜欢的节目类型"为例,若想了解性别与喜欢的节目类型之间是否存在关联,可用多选项列联分析,其在 SPSS 软件中的实现过程如下:

1. 由于"$喜欢的节目类型"已经创建完成,故本过程无须进行多选项问题的变量定义过程。直接单击"Analyze"菜单中"Multiple Response",选中其中的"Crosstabs…"命令,进入多选项列联分析设置窗口,如图 8.16 所示。多选项列联分析设置与一般列联分析设置过程相同,点击按钮使"性别"变量进入 Row 框,使"$喜欢的节目类型"进入 Column 框中。

2. 点击"Define Ranges"按钮,弹出行变量定义窗口,以确定行变量的取值,如图 8.17 所示。本例中,行变量为"性别",性别有两个取值,即"男性"和"女性",这两个取值在 SPSS 中,分别以数值 1 和 2 表示。设置完成后,点击"Continue"返回主界面。

3. 点击"Options"按钮,进行其他选项的设置,如图 8.18 所示。在该对话框中,可以设置单元格中行、列百分数和合计百分数。设置完成后,点击"Continue"返回主界面。

4. 点击"OK",即可输出多选项列联分析结果,如图 8.19 所示。

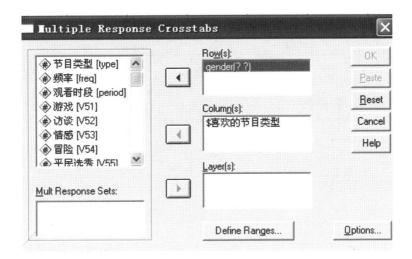

图 8.16　多选项列联分析设置窗口

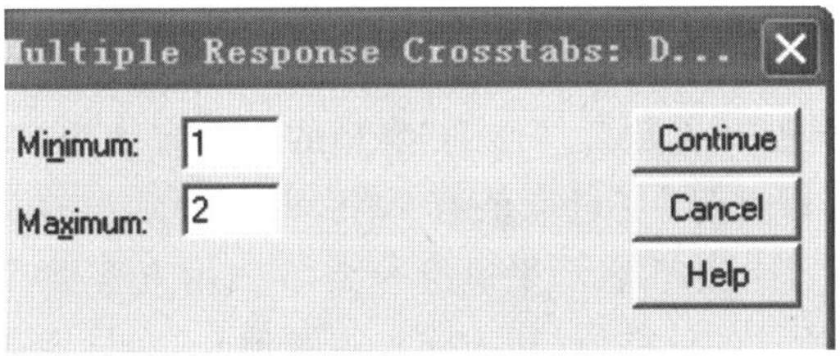

图 8.17　行变量定义窗口

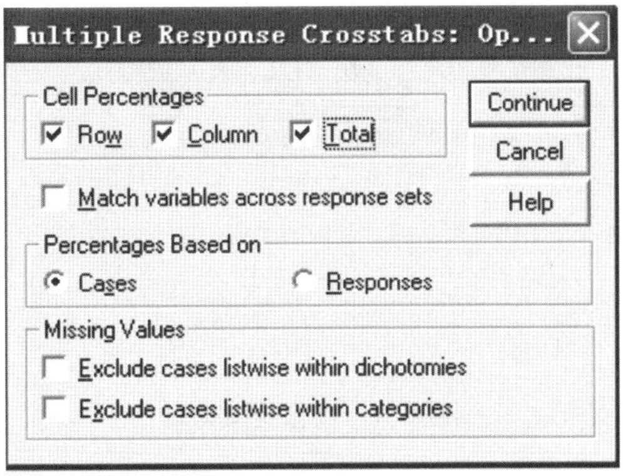

图 8.18　Multiple Response Crosstabs：Options 对话框

gender *$喜欢的节目类型 Crosstabulation

			7个答案的集合							Total
			游戏	访谈	情感	冒险	平民选秀	方言	其他	
性别	男	Count	14	17	6	4	7	7	3	21
		% within gender	66.7%	81.0%	28.6%	19.0%	33.3%	33.3%	14.3%	
		% within $喜欢的节目类型	20.3%	24.3%	27.3%	10.8%	25.9%	70.0%	30.0%	
		% of Total	14.4%	17.5%	6.2%	4.1%	7.2%	7.2%	3.1%	21.6%
	女	Count	55	53	16	33	20	3	7	76
		% within gender	72.4%	69.7%	21.1%	43.4%	26.3%	3.9%	9.2%	
		% within $喜欢的节目类型	79.7%	75.7%	72.7%	89.2%	74.1%	30.0%	70.0%	
		% of Total	56.7%	54.6%	16.5%	34.0%	20.6%	3.1%	7.2%	78.4%
Total		Count	69	70	22	37	27	10	10	97
		% of Total	71.1%	72.2%	22.7%	38.1%	27.8%	10.3%	10.3%	100.0%

Percentages and totals are based on respondents.

图 8.19　多选项列联分析结果

5. 多选项列联分析的独立性检验。本例中，需要对性别和喜欢节目类型两个变量进行独立性检验，然而多选项列联表分析并没有提供相关的检验功能。因此，需要利用图 8.19 中的结果，对该结果进行某种处理，才能进行独立性检验。处理方法如下(以图 8.19 的结果为例)：

(1)新建一个 SPSS 数据文件，在新建的 SPSS 数据编辑窗口中定义变量，即“性别”“喜欢节目类型”“人数”。“性别”变量的取值有 2 个，即 1 表示男性，2 表示女性；“喜欢的节目类型”变量取值有 7 个，即 1 表示游戏类，2 表示访谈类，3 表示情感类，4 表示冒险类，5 表示平民选秀类，6 表示方言类，7 表示其他；“人数”变量的取值为表中所示的计数值(即为样本观测值)。变量定义完成后，将上表中的数据录入新建的 SPSS 文件中，保存为 case3. sav，如图 8.20 和图 8.21 所示。

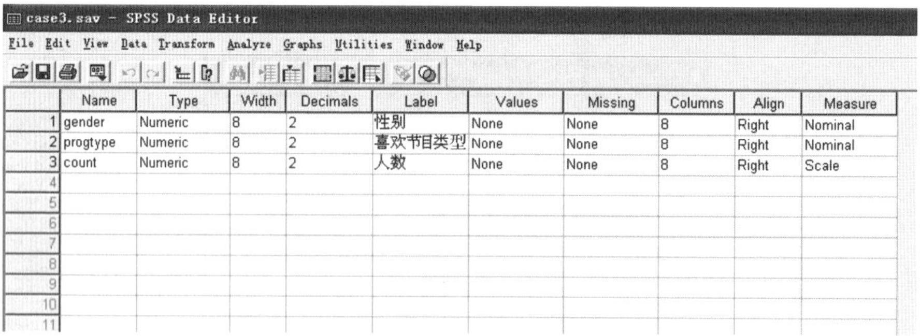

	Name	Type	Width	Decimals	Label	Values	Missing	Columns	Align	Measure
1	gender	Numeric	8	2	性别	None	None	8	Right	Nominal
2	progtype	Numeric	8	2	喜欢节目类型	None	None	8	Right	Nominal
3	count	Numeric	8	2	人数	None	None	8	Right	Scale
4										
5										
6										
7										
8										
9										
10										
11										

图 8.20　变量定义窗口

(2)在“Data”菜单中选择“Weight Cases”命令，如图 8.22 所示。选中变量“人数”点击按钮使其进入“Frequency Variable”框中，这一操作的功能在于使人数变量成为独立性检验中的一个权重变量。设置完成后，点击“OK”，返回 SPSS

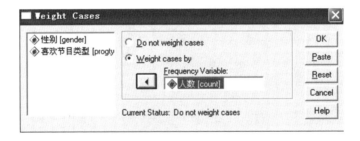

图 8.21 数据编辑窗口

图 8.22 Weight Cases 对话框

数据编辑窗口。

（3）单击"Analyze"菜单中的"Descriptive Statistics"项中的"Crosstabs…"命令，打开列联分析设置窗口，如图 8.23 所示；选中所要分析的变量，点击按钮使"性别"变量进入 Row 框，使"喜欢节目类型"变量进入 Column 框中。

（4）点击"Statistics…"按钮，进入 Crosstabs：Statistics 对话框，设置过程与列联分析中该选项设置一致（参见图 8.8）。

（5）点击"Cells"按钮，进入 Crosstabs：Cell Display 对话框，设置过程与列联分析中该选项设置一致（参见图 8.9）。

（6）点击"OK"，即可输出列联分析结果，如图 8.24、图 8.25 和图 8.26 所示。

图 8.24 显示了列联表单元格，其中包括观察数、期望数、行列百分数、合计百分数以及非标准化、标准化和调整标准化残差。

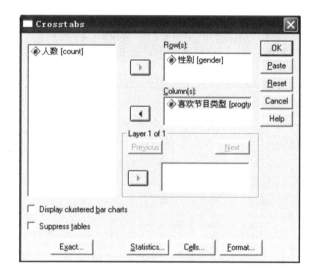

图 8.23　列联分析设置窗口

性别 * 喜欢节目类型 Crosstabulation

			喜欢节目类型							Total
			1.00	2.00	3.00	4.00	5.00	6.00	7.00	
性别	1.00	Count	14	17	6	4	7	7	3	58
		Expected Count	16.3	16.6	5.2	8.8	6.4	2.4	2.4	58.0
		% within性别	24.1%	29.3%	10.3%	6.9%	12.1%	12.1%	5.2%	100.0%
		% within喜欢节目类型	20.3%	24.3%	27.3%	10.8%	25.9%	70.0%	30.0%	23.7%
		% of Total	5.7%	6.9%	2.4%	1.6%	2.9%	2.9%	1.2%	23.7%
		Residual	-2.3	.4	.8	-4.8	.6	4.6	.6	
		Std. Residual	-.6	.1	.3	-1.6	.2	3.0	.4	
		Adjusted Residual	-.8	.1	.4	-2.0	.3	3.5	.5	
	2.00	Count	55	53	16	33	20	3	7	187
		Expected Count	52.7	53.4	16.8	28.2	20.6	7.6	7.6	187.0
		% within性别	29.4%	28.3%	8.6%	17.6%	10.7%	1.6%	3.7%	100.0%
		% within喜欢节目类型	79.7%	75.7%	72.7%	89.2%	74.1%	30.0%	70.0%	76.3%
		% of Total	22.4%	21.6%	6.5%	13.5%	8.2%	1.2%	2.9%	76.3%
		Residual	2.3	-.4	-.8	4.8	-.6	-4.6	-.6	
		Std. Residual	.3	-.1	-.2	.9	-.1	-1.7	-.2	
		Adjusted Residual	.8	-.1	-.4	2.0	-.3	-3.5	-.5	
Total		Count	69	70	22	37	27	10	10	245
		Expected Count	69.0	70.0	22.0	37.0	27.0	10.0	10.0	245.0
		% within性别	28.2%	28.6%	9.0%	15.1%	11.0%	4.1%	4.1%	100.0%
		% within喜欢节目类型	100.0%	100.0%	100.0%	100.0%	100.0%	100.0%	100.0%	100.0%
		% of Total	28.2%	28.6%	9.0%	15.1%	11.0%	4.1%	4.1%	100.0%

图 8.24　列联表分析中的单元格

图 8.25 显示的是 χ^2 检验结果。结果表明，pearson χ^2 值为 16.172，其显著性概率为 0.013，小于事先设定的 0.05 的显著性水平，说明性别与喜欢节目类型显著性相关。

图 8.26 显示的是列联系数。结果表明，C 系数为 0.249，中等相关，且相关系数的显著性概率为 0.013，在 0.05 的水平上显著相关。

Chi-Square Tests

	Value	df	Asymp. Sig. (2-sided)
Pearson Chi-Square	16.172[a]	6	.013
Likelihood Ratio	14.487	6	.025
Linear-by-Linear Association	2.209	1	.137
N of Valid Cases	245		

a. 2 cells (14.3%) have expected count less than 5. The minimum expected count is 2.37.

图 8.25 χ^2 检验结果

Symmetric Measures

		Value	Approx. Sig.
Nominal by Nominal	Contingency Coefficient	.249	.013
N of Valid Cases		245	

a. Not assuming the null hypothesis.
b. Using the asymptotic standard error assuming the null hypothesis.

图 8.26   对称性测试结果

本章内容小结

本章对计数数据分析方法进行了初步的介绍，内容范围包括计数数据的相对数分析、比率差异的显著性检验、χ^2 检验以及计数数据统计分析在 SPSS 软件中的实现过程。和前面几章一样，本章仍然注重这些统计方法具体的操作应用过程，因此，在介绍这些统计方法的过程中，我们均引入实例数据，结合例题进行介绍，读者在学习过程中，可以参照本章描述的操作步骤，自行在计算机中进行相关的操作练习，这样更有利于读者掌握本章介绍的统计内容及方法。当然第一节至第三节中的原理部分的学习也是不可缺少的，我们再一次强调，一定要掌握统计方法适用的条件，必须先对数据类型作出准确的判断和分析，然后再决定引入何种适当的统计方法。

现代计算机技术的发展为数据处理提供了非常便利的支持，数据处理的专业软件大量地被开发出来供数据分析者使用，本书中所介绍的 SPSS 就是其中一种，此外还有 Stata、SAS、Minilab、Matlab 等，也都是非常通用的统计分析软件。因此，读者不必感到害怕，你只需要理解这些公式适用的条件及背后的原理是什么即可，计算过程可交给相关的统计软件的相应模块去处理。

本章练习

1. 比率的显著性检验与比率差异的显著性检验有何不同，SPSS 软件中如何进行这两类假设检验？

2. χ^2 检验可应用于匹配性检验和独立性检验，其各自适用于哪种条件？SPSS 软件中如何进行这两类检验？

3. 试找到一组多选项问题相关的数据，并在 SPSS 软件中进行频次分析和列联分析。

推荐参考资料

[1] 李连江. 戏说统计：文科生的量化方法[M]. 北京：中国政法大学出版社，2017.

[2] Charles Wheelan. Naked Statistics：Stripping the Dread from the Data[M]. New York：W. W. Norton & Company，2013.

[3] 尼尔·J. 萨尔金德，爱上统计学[M]. 史玲玲，译. 重庆：重庆大学出版社，2011.

[4] 张文彤，邝春伟. SPSS 统计分析教程（基础教程）[M]. 北京：高等教育出版社，2011.

第九章　数据可视化:原则与工具

数据可视化是数据新闻在呈现环节中重要且主要的形式,一篇数据新闻报道在经历了前面章节介绍的从选题到数据搜集、清洗和分析过程后,基本上从逻辑到内容都已经形成,而数据可视化大多时候更像是临门一脚,让受众更好地吸收作者要传达的信息。

一般而言,一篇新闻报道总有它自己的主题和逻辑,数据新闻也概不例外,它总是围绕某个事情的某个或某几个角度进行展开,以帮助读者了解新情况。数据新闻报道的逻辑架构不同于传统的文字稿报道,它存在两个截然不同的符号构建过程,即通过数据搜集、清洗、分析的数字逻辑关系架构阶段和将逻辑关系经可视化映射成人视觉可感知视图的形式架构阶段。下面我们将要学习的数据可视化即是后一阶段。

第一节　数据可视化原则

数据新闻的可视化设计是一种与文字表达截然不同的符号体系,和每种语言有自己的要素和语法要求一样,数据可视化也有自己的基本元素和需要遵循的基本原则,以及让表达更优美、更吸引人的表现手法。

一、基础数据图表

数据可视化是数据新闻表达的一个工具,在制作这张图表时要思考它将帮助我们完成什么任务。回答这个问题,也就是我们需要遵循的第一个原则——功能原则。我们需要根据我们的数据类型、表达目的等,选择能满足我们需求的图表类型。

"工欲善其事,必先利其器。"学习数据新闻可视化的第一步是我们需要知道不同类型的图表能完成怎样的任务,即它的功能和要求。在我们的数据新闻中,可视化表现最多的是描述数据,即展现数据的分布情况,我们可以综合数据类型等多因素考虑,选择条形图、直方图、线图、饼图、散点图、雷达图等来呈现分布,但在这之前,我们需要深入了解它们之间的不同。

1. 条形图与直方图

一般而言,从外观来看条形图和直方图差别不大,但在应用中两者有着本质的区别。因此我们将这两种基础类型的图表放在一起来讨论,以便在比较中加深学习。

从外观看,条形图和直方图一般情况下都有横纵轴、图例、数据单位,大部分图表每个条宽都一致,且起点都在一个水平线上,条块的高低展现数量的多少。不过两者的最大区别在于,条形图条块间有空隙,而直方图没有。

条形图用条柱的高度表示数值的大小,通常在横轴上分为不同组,组与组之间会存在间隙,这种分组不要求有逻辑顺序,数据组之间可以不是并列关系,只需要具有比较意义或连续性就可以,一般而言分组属于类别数据,而值属于离散数据或连续数据。基于基础的条形图,还可以延伸出堆积条形图、径向柱图等。

直方图则较条形图复杂一些,它与条形图的区别在于,直方图是用面积而不是条块高低来表示数值大小;直方图在横轴上的变量必须具有连续性,且可以被分为若干等份,每一份为一个区间,区间的大小一般为最大值减去最小值,再除以你想要的分组数;直方图的每个组之间没有间隙,每个区块的高度乘以区间大小等于区块在全部数据中所占百分比,所有区块连在一起为100%。直方图中条宽代表区间的长度,区间不同条宽可以不同,但一般情况下应为单位区间长度。

直方图可以帮助读者了解数据的分布偏差情况,例如众数、中位数的大致位置等。

2. 饼图(扇形图)

饼图是另一种用面积来表示不同组数据在总体中所占比例的图表。适用于饼图的数据类型必须是具有完整集合的,一个圆饼即是一个完整的集合,分组之间具有并列关系。

但是饼图也有它的缺陷,一般而言,数据可视化描述整体分布,其最重要的是能对不同大小的数据进行排序比较,但是人视觉上对小变化的角度值很不敏感。饼图的分组不宜过多,一般4~5个较好,很多小的部分如果一一列出,在图中并不能呈现良好的视觉对比,可以将它们合并成"其他"项代替。

不过,如果以为饼图就是个平面圆饼那就太小看它了,基于圆饼图还可以作出立体圆饼、单层环形图、多层环形图、扇形等。

3. 线图(折线图)(图9.1,见彩插①)

折线图最常被用于展现数据的变化趋势,展现连续时序关系的数据,折线的斜率可以展示"变化率"的大小。

---

① 图片来源:http://www.bjnews.com.cn/graphic/2018/11/19/522956.html。

在一个折线图表中,可以用多条折线展现多个维度的数据,还可以进行数据间相关性的呈现。

(图 9.1 是一个典型的分左、右轴的折线图,同时设计者通过添加色块,着重突出了城市化率不同阶段的曲线斜率变化。)

4. 散点图

如果把折线图的每个数据用点标记,然后抹掉线条,你就可以得到一个最简单的散点图。不过散点图和折线图的真正差别可不是在点与线。散点图一般用于比较跨类别的聚合数据,点在图表中的位置由一组至少两个数据的大小决定。

散点图可以在图表中展示出每个个案的分布,这便于我们观察整体数据的离散分布和聚合状态,以及横坐标和纵坐标两个变量之间是否存在某种潜在的相关关系。

5. 雷达图

雷达图主要用于展现某一事物不同方面的分布情况,从中心点发散出来的长度相等的若干辐条,每个辐条代表一个比较的方面,数值的大小决定点在辐条上离中心点的距离,将每个辐条上的不同点连接起来,就构成了一个雷达图。一个雷达图除了可以展现某一事物,还可以对不同事物在相同指标上的大小进行比较。

雷达图在用于比较一个事物在各个方面的进展、优劣、偏向等时显得非常直观。不过,使用雷达图的时候,设置的辐条不宜太多;不同轴的数据单位可能不同,这个时候要注意跨轴比较是否有意义,以免误读。

以上介绍了几种比较常见的数据图表类型及其适用情况,但是你会发现,在现实中见到的图表远不止上面列到的这些,阿伯拉(Andrew Abela)根据数据表达的目的对更多基础图表使用场景进行了详细的划分,可供初学者按图索骥(见图 9.2)。

(Andrew Abela 从需求出发,提出了选择图表时的思路。)

对于上述基础图表的学习是为了让初学者培养遵循功能原则的意识,在接到一个数据集进行图表制作时,我们必须根据我们的报道需要,首先问问自己:我选择的这个图表类型,它的数据类型要求和功能能满足我的需要吗?

二、混合/组合图表制作

在一些复杂的数据新闻报道中,我们会看到一些数据图表似曾相识,但又从来没有见过。这是因为更复杂的数据新闻为了达到可视化的目的,根据自己的需要,采用多种图形混合或重新设计。

这个时候就需要数据可视化制作者在了解数据类型和大框架结构后,根据功能需要选择图表类型,发挥想象力重新进行设计。这种重新设计不能是画蛇添足,而应是锦上添花,即在不影响实用功能的基础上让图表更吸引人。

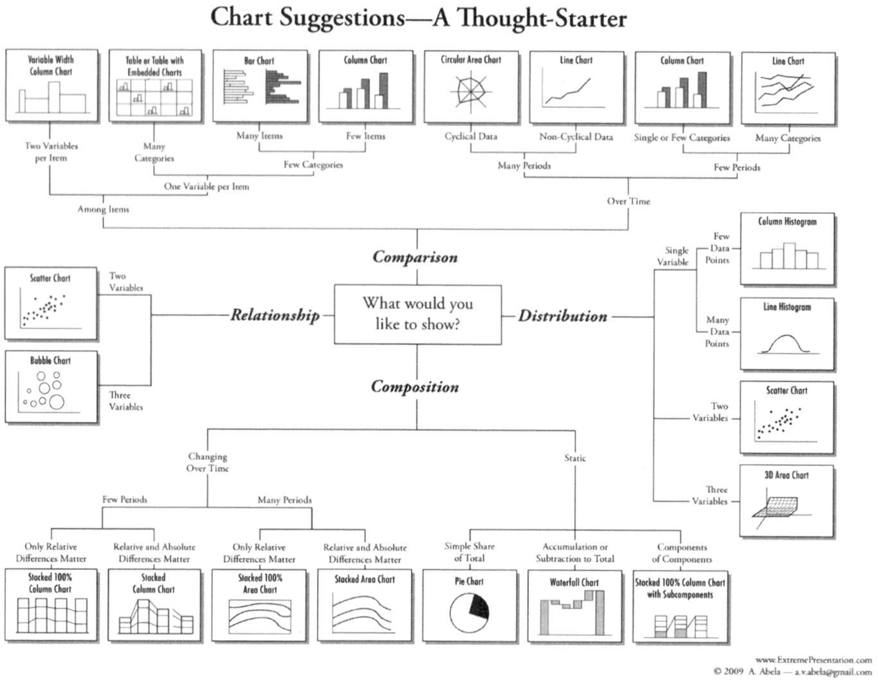

Chart Suggestions—A Thought-Starter

图 9.2　图表建议——思维指南①

对图表进行重新设计的好坏标准是什么呢？在这里我们从人类认知事物的角度出发，大脑系统对事物的感知具有优先级，这种优先级基于对事物辨识度的感知。例如，视觉—大脑系统对颜色差异的识别要快于形状差异，对一维事物的计量要快于面积等等。而这些差异都将是我们在数据可视化设计时需要注意的原则。

1. 格式塔心理学原则

根据格式塔心理学理论（曾悠，2014）②，人倾向于将看到的事物当作一个整体感知，而不是一开始就区分各个独立的部分，为了便于理解，人类大脑会"自动补全信息"，对客观事物获得一个整体的感知。而制作人员可以利用接近、相似、闭合等不同原则，给受众带来不同的视觉感知，从而造成不同的视觉暗示。中国人民大学方洁（2015）③认为，设计可视的过程相当于对这些视觉元素进行编码的过程，这个过程依赖于人类大脑对这些视觉元素长期存储的认知模式，即人们

---

① 图片来源：https∥extremepresentation.typepad.com/files/choosing-a-good-chart-09.pdf。
② 曾悠.大数据时代背景下的数据可视化概念研究[D].杭州：浙江大学，2014.
③ 方洁.数据新闻概论：操作理念与案例解析[M].北京：中国人民大学出版社，2015.

已经习惯于在日常生活中针对相应的视觉元素的相互组接和影响形成较为固定的视觉暗示，当可视化中出现类似的视觉设计时，大脑会自动地做出认知和理解的反馈，从而快速地读懂视觉元素背后承载的信息。

根据格式塔心理学原理[①]，阿尔伯托·开罗（Alberto Cairo）提出了数据可视化设计的5项原则：

A. 邻近原则。相邻事物倾向于归为同属性组。

B. 相似原则。相同事物属于同一群组图标。

C. 相连原则。通过诸如线条等图形元素连接的事物属于同一群组。

D. 连贯原则。相对于棱角、尖锐的轮廓，平滑、圆形的轮廓更容易看出是一个整体。

E. 闭合原则。位于边界明确的区域内的事物属于同一群组。

这些原则的运用很多时候是同时存在的，例如图9.3（见彩插）[②]是一张共享单车公司生命线的时间轴，左图和中间图比较，它使用到了相连原则，将一个公司的两个点相连；同时中间图和右图相比，它运用了连贯原则，曲线连贯性明显比带有拐角的直线连贯性要强。

2. 辨识度排序原则

除了上述提到的设计原则，在复杂数据可视化中，我们经常对图表的基本元素进行拆分并重新组合，这个时候就需要知道不同图表表现元素时的差异。数据图表的元素都需要呈现对比，但是不同元素在对比的精确度上存在着明显的差异，这种差异在读者那里就表现为读者需要花多长时间才能感知辨识。例如，读者对颜色差异的识别要快于形状差异，对一维事物的计量要易于对面积等的计量。

例如图9.4（见彩插）[③]，左右图的数据是一模一样的，但是右边条形图的视觉对比度明显要优于左边的气泡图，左边这张图很难让读者在视觉上通过气泡大小辨识数据之间的差距。

（对于同一组数据，气泡图和条形图的视觉辨识差异很大，上图中不大的数据差异值，读者在视觉上很难感受到。）

在数据可视化设计的过程中，选择位置、长度、角度、面积、颜色（这几项的数据准确度、读者辨识度递减）中的哪一个来表现数据分布、对比差异，取决于你的表达目的。如果你希望读者能够快速进行排序和比较，那就应该选择辨识度高

---

① Alberto Cairo. 不只是美：信息图标设计原理与经典案例[M]. 罗辉，李丽华，译. 北京：人民邮电出版社，2015.

② 图片来源：http://www.bjnews.com.cn/graphic/2017/11/24/465722.html。

③ 图片来源：http://www.bjnews.com.cn/graphic/2017/12/01/466637.html。

的图表元素;如果你的数据特别多,并且主要是想提供数据的概要情况及趋势,则可以选择颜色渐变这类的图表元素。

三、配色技巧

正如前面提到的格式塔心理学设计原则和辨识优先级原则中讲到的,在数据图表中合理运用色彩将有助于我们更好地表达信息,它们还关乎一张图表的"颜值"。好的图表配色既能和内容主题贴合,也能让读者悦目。

数据图表大多时候需要对描述对象进行对比和突出,不同色调(颜色)的不同明度是一种颜色搭配的方法。色相或者色调是从物体反射或透过物体传播的颜色,明度是指色彩的明亮程度。

例如图 9.5(见彩插)①,《华尔街日报》就常用互补色来形成强烈而又不刺眼的视觉效果。互补色是指色轮上呈 180°角的颜色。这种配色方案有非常强烈的对比度,在明度较低,色彩饱和度很高的情况下,常能创建出十分震撼的配色效果。

但是有时候数据级是多维多层次的,这个时候如果全部是不同颜色的配色,就会让图表显得很乱,一个分组用一个颜色,分组里面不同维度再使用不同明度,会让你的图表富有层次,一目了然。

如果实在不知道该怎么搭配多种颜色,建议你可以从渐变颜色条开始,不论在你的设计中需要多少种颜色,从一个渐变颜色条中总能提取出来这些颜色,且图表配色看上去自然和谐。渐变配色结合不同色调效果更好。

不过,无论用什么方法确定配色方案,在制作图表的过程中,仍要注意不同数据的颜色之间的辨识度,尽可能避免不同数据分组颜色边界模糊不清。当你需要突出某部分数据时,除了让该部分数据的颜色最深和最亮,还要注意避免整张图表配色太多彩而分散了读者的注意力。

此外,如果你对色彩搭配实在不知道从何处下手,也有一些现成的配色小工具给你提供配色方案。

1. Color Advice for Maps

http://colorbrewer2.org 是一个专业的在线配色方案提供网站,自带了多色调和单色调的配色方案,进行热点图、地图配色时,可以在这个网站找到不错的方案,如图 9.6(见彩插)②所示。

2. Colorpicker for data

该工具适合于渐变配色,可以通过拖动页面中的两个圆圈取色,来获得两球

---

① 图片来源:https://mp.weixin.qq.com/s/ZdKim3GiSlPRa6-glr62dw。

② 图片来源:http://colorbrewer2.org/#type=sequential&scheme=BuGn&n=3。

之间的渐变色,如图 9.7(见彩插)①所示。

3. Color Hunt

网站呈现了不同的配色方案,选择一个你喜欢的,将鼠标移动到色块上就能得到其颜色编码,直接在 AI、PS 等作图工具中输入编码就能得到颜色,如图 9.8(见彩插)②所示。

第二节　数据可视化需遵循新闻制作原则

上一节我们讨论了数据图表的设计原则,但数据可视化只是数据新闻报道的工具,它还需要符合新闻传播的一些规律。再次强调,数据新闻不等于数据可视化,这也是为了帮助初学者尽快从各种酷炫的表现形式和工具中回归到新闻上来。

一般而言,任何新闻报道都有它的主题,新闻内容围绕着它的主题展开。好的数据新闻可视化不仅要合理且美观地展现数据,更重要的是要服务于报道。下面我们将学习如何运用上面的原则来构建一个完整的数据新闻可视化叙事。

一篇好的新闻报道一般都具有几个特点,例如语言清晰、表达清楚、逻辑连贯、主题突出等。数据新闻作为新闻报道的一种全新方式,也离不开这些基本的规律。而在数据可视化这临门一脚上,我们需要注意哪些问题呢?

一、图表要有侧重

选择数据可视化的最初目的是什么? 是为了让读者有更便捷、高效的方式,来获取躺在数据表格里密密麻麻的数字背后的信息。如果读者在阅读完你设计的图表以后,被你酷炫的设计弄得一头雾水,那这个设计肯定是失败的。

与报道一个新闻现场一样,如果我们在展现信息时没有选择,而是事无巨细地呈现,那只会加重信息冗余。数据新闻中的图表,应该让读者能够快速提取到你传达的最重要的信息。在这个信息大爆炸的时代,新闻工作者的任务之一就是帮助读者筛选出对他们有价值的信息,在我们进行了大量的数据搜集和分析以后,我们的数据集中还是有很多数据,可视化应该完成它进一步提炼信息的使命。

如何让你的图表有侧重,最简单的办法就是突出重要的数据部分,在前面我们学习过,人的视觉—大脑系统对环境的感知是存在优先级的,对视觉设计元素

---

① 图片来源:http://tristen.ca/hcl-picker/#/hlc/6/1/15534C/E2E062。

② 图片来源:https://colorhunt.co/。

的感知也是，例如大小、明暗、有无(虚化)这些对比变化都会被读者的研究快速捕捉到。因此在设计的过程中，如果是需要重点突出的部分，可以选择用高亮、放大、加标签等方式，将读者的注意力吸引到你要重点表达的信息上去。

不要吝啬你的表达，不要把重要的数据值藏在同等优先级的视觉表达元素中，高亮重要的数据，虚化、浅灰色处理不重要的数据。重要的数据和不重要的数据背后的信息量级如同一篇新闻报道中的干货信息和背景信息，干货信息是我们主要想传递给读者的，但是背景信息也不能直接删掉不要了，背景信息可以帮助读者更好地理解。

总之，"less is more"。要让读者能够在最短的时间找到并理解你图表中传达的最重要的信息，事无巨细的数据可视化不是好的信息传递设计。追求绝对完整的数据可视化不是数据新闻的要求，提取和传递出新闻信息才是在报道新闻。

二、整体要有一条清晰的视觉运动线路

我们在本章的开头就提到过，和所有的新闻报道一样，一篇数据新闻报道也应该有它自己的逻辑架构，通过数据搜集、清洗、分析形成的数字逻辑关系经可视化映射成人视觉可感知视图。普通新闻稿通过文字叙述向读者展示逻辑线，这样的逻辑线对应到数据可视化设计中就是视觉运动线路。当我们制作多种图表组合而成的数据可视化方案时，需要突出重点，也需要给读者提供一套彼此相连、有阅读顺序暗示的整体设计。

这条视觉运动线路是叙事逻辑的环环相扣，要保证其连续性，就如同写新闻稿时不能出现逻辑漏洞一样；且这条起导向的线路最好自然过渡而不突兀。不论你采用何种叙事逻辑，在视觉设计时要留有线索让读者能看到这个逻辑。

格式塔理论中也提到了视觉的连续性规律。连续性是对事物之间关系的一种知觉倾向，即人们在认知过程中容易将某些距离较短或位置上互相接近的部分组成整体。[①] 这给我们建立视觉运动线提供了建议。

在复杂数据可视化作品的设计过程中，要在视觉流程、空间层次、版面占比分布等各方面有一个整体的把控，让视觉设计和要传递内容之间的逻辑有一个顺畅的整体感。制作者在操作这类报道时，在开始可视化设计之前，对可视化内容的主题、重点及各组成部分、表现方法、各设计要素整体协调等要有一个深入的考量，然后利用设计手段，呈现出一条导读性清晰的阅读路线，让版面上的各元素形成合理的秩序。

要保证读者按照你安排的视觉运动路线阅读，还有一点就是要学会做减法，

---

① 冯正未.平面设计中的视觉导向:心理学基础与文字的应用[J].艺术百家,2011(1):223-224.

在第一阶段的内容逻辑架构阶段中可能会有很多有价值的数据，和普通新闻操作一样，我们要对手上的材料进行筛选，把与主题相关、在逻辑线上有重要作用的信息留下来，删掉或弱化一些无关紧要的细节或信息。

从整体设计的角度看，没有视觉（逻辑）导向的数据可视化设计不是好的可视化叙述方式，它会让读者无从下手。

第三节　数据可视化工具介绍

目前可用于数据可视化的工具五花八门，但适合自己的才是最好的。在工具的选择方面既要根据想要达到的可视化目标进行工具选择，另外也要看自己运用各种工具的熟练程度和能力水平。

鉴于在实际操作中每个人面对的问题难易程度不同，初学者对事物的接受程度也不一样，这里我们将数据可视化工具分为入门级、进阶级、高级三个层次，每个层次介绍两种工具。介绍的重点在于这些工具能帮助你做什么，以及你如何入手这个工具，而对于如何熟练地掌握某个工具，基本上每个工具都可以专门开门课，这就需要初学者根据自己所处阶段的需要，在平时花更多的时间去学习。在本节中，我们搜集了一些开源的学习资源，所以本节更像是一个开放性的数据可视化工具学习路径介绍。

一、入门级工具

入门级可视化工具适合对可视化设计毫无经验的初学者，选择这些工具入门，一是因为其很简单，门槛很低，另外是因为很有必要去学习它们。

1. Excel

Excel是一个入门级的数据可视化工具。在前面部分我们也提到了它是快速分析数据的工具，但对它提供的创建内部使用的数据图的介绍不多。Excel拥有制作前面提到的所有基础数据图表的能力，例如直方图、百分比柱形堆积图、折线图、圆饼图、散点图以及组合图形。

框选数据—点击"插入"—选择合适的图表类型，简单的几步操作就能生成你想要的数据图表。

然后你可以通过拖拽图表边缘调整图的长宽比例，通过加标签、改颜色、加标题等操作改变图的外观。但是Excel在颜色等方面的选择范围有限，这也导致Excel很难制作出能达到专业出版或网页发布视觉要求的数据图表。

但是较新版本的Excel也拓展了一些新颖的制图功能，例如有power view插件版本的Excel。

Excel2016 版本中的"插入"板块有三维地图,提供制作 3D 地球展示数据的途径,Excel 和 Power BI,能让你实现广泛的数据分析和可视化操作。这些拓展应用在网上都有详细的安装及使用教程,在这里不再一一赘述。

2. Adobe Illustrator & Photoshop

Adoble Illustrator(AI)和 Photoshop(PS)是 Adobe 公司推出的两款与制图处理相关的软件,初次设计可视化制作的人可能还无法辨识它们的区别。两者都可以制图,但在这里我们首推学习使用 AI 来制作数据图表。

AI 和 PS 的最主要区别是 AI 是矢量图形设计,而 PS 是像素图像设计。矢量图的最显著特性是,无论放大多少倍,图片边线仍然清晰光滑,而像素图像放大到一定程度后会变模糊。可以随意缩放对于数据可视化这种图形设计来说会有很大的便利性,因为你不知道你做的东西会经历怎样的修改过程。

AI 里还有专门的数据图表绘制工具,选择图表类型—输入数据—输出图表,然后可以取消编组图表对象,进行二次设计,但要注意在拖拉缩放的过程中保持比例不变,以免影响图表的准确性。此外,使用其他工具制作的图表保存为矢量图格式后也可以在 AI 中打开,进行样式再设计,进一步完成标题文字排版等工作,因为 AI 作为一款专业的绘图软件,在设计细节处理等方面的突出表现会给你原来的图表再加分。

但和我们以往做其他设计图一样,AI 和 PS 如果能结合使用就更好了。例如新版本的 PS 里的时间轴可以帮助我们将 AI 制作的多张图表加工成 gif 数据动图。现在 PS 的功能也已经很强大,很多 AI 做的事情在 PS 里也能做。

二、进阶级工具

进阶级工具就其能达到的可视化目标而言更高级一些,它们除了能制作静态图表,还能制作交互和动态可视化,但无须写代码,所以相对门槛不高。一些专业在线或桌面数据分析工具都能完成这一任务要求,本书选择了两款开源应用介绍给初学者。

1. Rawgraphs

Rawgraphs 是一款在线的可视化工具,它是基于 d3. js 库(在后面我们将进一步介绍)的开源应用工具,不需要写代码也能制作出酷炫的数据图表,图表输出可以是静态的,也可以是交互的。图 9.9(见彩插)[1]和图 9.10(见彩插)[2]就是使用 Rawgraphs 制作的,其数据处理体量和图形的复杂、美观度也不逊色于用 d3. js 等代码专门写出来的案例。

---

[1]　图片来源:https://rawgraphs.io/gallery_project/the-saudi-dynasty/。

[2]　图片来源:https://rawgraphs.io/gallery_project/visualizations-for-issue-mapping-book/。

（理清沙特阿拉伯王室的复杂关系是一个很大的挑战，设计者选择了经典的Family tree 可视化类型进行了展示。）

（图 9.10 通过可视化方式展示了欧洲各国目前所要面对的人口老龄化问题。）

使用 Rawgraphs 制图大致分为五步：

（1）上传数据，其形式有三种：粘贴、上传 Excel 文件或者从 url 中获取数据；

（2）向下滑动网页，出现选择图表的界面，选择你要的图表类型；

（3）再下拉网页设置图表，将表格中的不同属性标签对应拖拽到 x-axis、height、groups 和 colors 框中；

（4）这个时候图表已经制成，但是 Rawgraphs 提供了图表优化的选项，包括设置图片大小比例、配色等；

（5）输出图片，Rawgraphs 提供了三种下载格式：SVG、PNG、JSON，这就意味着 Rawgraphs 制作的图表可用于 AI 或者网页交互设计二次加工。

要注意的是，Rawgraphs 要求输入数据的格式为首行是属性，下面每行是一个案例，如果是 Excel 里面的数据直接粘贴进去还需要点击右下的按钮进行格式转换。

2. Tableau

Tableau 不仅是一款可视化软件，它还是一个强大的大数据可视化分析工具，在此部分我们仅介绍它的可视化部分知识，在网上有各种关于如何使用它的教学视频。Tableau 包括个人电脑所安装的桌面端软件 Desktop 和企业内部数据共享的服务器端 Server 两种形式，初学者可以从 https：// www. tableau. com/products/desktop/download？ os＝windows 这个网址下载，在网上搜索安装教学视频，在这里不再详述。

使用 Tableau 创建数据图表大致分为三个基本步骤：

（1）打开 Tableau，开始页面会要求选择数据源，可以连接 Excel、CSV、SQL 等数据格式；此外，还可以连接到一个或多个数据源，支持单数据源的多表连接和多数据源的数据融合，可以轻松地对多源数据进行整合分析而无需任何编码基础。

（2）转到工作区。Tableau 工作区包含菜单、工具栏、"数据"窗格、功能区和卡以及一个或多个工作表，表可以是工作表、仪表板或故事。此时，工作区内已经自动将数据分为维度（dimensions）和度量（measures）两大类，一般而言，维度框内多是类别数据，而度量框内多是离散或连续数据。

（3）我们可以将需要进入图表的数据分别拖放到"行"和"列"，右边智能板块将显示可适用的图表类型，点击选择一个类型就会在工作区生成图表。Tableau 可以制作条形图、折线图、交叉表、散点图、气泡图、项目符号图、树图、甘特图、瀑布图等。

需要指出的是，Tableau 提供了两个完美的数据地图可视化模板，Tableau 可以自动将你已有的位置数据和新闻转化为地图，对于无法自动识别的位置数据还可以利用自定义地理编码（经纬度）绘制，非常方便。Tableau 支持比例符号地图、点分布图、热图等等，详细功能可阅读官网说明（https：//www.tableau.com/zh-cn/solutions/maps）进一步了解。

对于免费用户而言，制作的图表需要发布到 Tableau Public 上公开分享才能保存，保存以后可以下载 PDF、PNG 等图片格式，也可以下载嵌入代码然后直接放入稿件的网页中，以交互图表的形式出现在数据新闻报道中。

三、高级工具

在掌握了入门级和进阶级数据可视化工具以后，基本上已经可以应对一般的数据可视化需求，但有些人总是想进行更多的尝试。高级可视化工具的使用需要制作者具有较好的计算机基础，已掌握基本的网页设计开发技术，具备编程能力，如 HTML5、CSS、JAVASCRIPT 等，这对于初涉可视化领域的人而言可能具有挑战性，但不妨做个了解。

学过网页开发的人都知道，Html 是超文本标记语言，CSS 是层叠样式表，而 JavaScript 是一种脚本语言。Html 告诉计算机哪个是段落、哪个是标题、哪个是图片……CSS 定义段落长什么样子、标题长什么样子、色块是什么颜色……而 JavaScript 规定这些元素有什么动作，对鼠标移动做出什么反应……

而下面介绍的两个数据可视化库都是基于上述前端设计环境运行的，Echarts 和 D3 都是 JavaScript 库。

1. Echarts

Echarts 是百度出品的一款开源数据可视化 Javascript 库，通过它可以向网页中添加直观、动态和定制化的图表，目前已更新到 3.0 版本。

Echarts 提供常见的如折线图、柱状图、散点图、饼图等图表类型，还提供用于地理数据可视化的地图、热力图、线图，用于关系数据可视化的关系图、Treemap，多维数据可视化的平行坐标，以及用于 Power BI 的漏斗图、仪表盘，并且支持图与图之间的混搭。在它的官网（http：//echarts.baidu.com）可以看到每个类型图表的实例开源代码。

Echarts 也向零基础使用者提供了使用方法，在百度图说里，用户通过鼠标点击（类似于 Excel 式的操作）进行交互式制图操作。

2. D3

D3（Data Driven Documents）是支持 SVG 渲染的另一种 JavaScript 库。它也是一款开源数据可视化库，其主要作者是 Mike Bostock，官方网站为 http：//

www.d3js.org（见图 9.11①，见彩插）。作为一款网页前端数据可视化工具，它将数据在网页端映射出来，并表现为我们需要的图形。

D3 与 Echarts 最大的区别可能在于，D3 可以自定义事件而 Echarts 不能，这也意味着 D3 更自由，其在数据可视化创意设计方面的空间更大。D3 几乎能满足我们所有的数据可视化设计想象，只有你想不到的，没有它实现不了的。目前 D3 已成为最流行的可视化库之一。

（在 D3.js 的网站上提供了很多相关案例，打开网站首页，每一个六边形就是一个实例，点击可以查看案例代码）

有利就有弊，D3 的更高自由度使得它的语言太底层，学习成本高；而 Echarts 的每个类型图表代码是封装好的，可以直接调用。选择哪一个库用于你的数据新闻中，取决于你想达到的可视化目标以及对于工具的熟悉程度和应用水平。

此外，如果你听说过数据科学中常用到的两种编程语言 R 语言和 python（这两种语言在前面提到的数据搜集、清洗和分析中发挥着非常大的作用），你就不会忘记它们在数据可视化方面的表现，它们作为目前数据科学领域主流的编程语言，各自都拥有很多数据可视化库。对这些库的使用需要有相关的编程语言基础，感兴趣的制作者可以系统地去学习。

如果以上选项中没有满足你可视化制作需求的选择项，你或许可以浏览网站 http://www.datavizcatalogue.com/，上面提供了各类型图表的可视化可选方案，你可以从图表需求倒推工具选择。

本章内容小结

本章对数据新闻数据可视化过程中涉及的基础图表类型、设计原则、可视化叙事要求以及数据可视化工具进行了初步的介绍。和前面的内容不同，本章的内容需要融合新闻、数据、设计等多方面的技能，作为数据新闻报道的临门一脚，实现数据可视化既需要掌握相关的设计知识，保持新闻敏感，还需要掌握具体的操作技能。

在这里再次强调的是，数据可视化不等同于数据新闻，数据可视化只是数据新闻报道呈现结果时非常重要的一种表达形式，你也可以选择用其他方式去表达。所以任何数据新闻报道还是要回归新闻价值，不要陷入对可视化酷炫表面的追求。

由于数据可视化的工具繁多，每次报道需要的图表类型需求也有差异，在此建议初学者不要陷入对工具的执迷之中，学习好基本的基础工具，如 Excel、AI

---

① 图片来源：http://d3js.org。

可以帮助你解决大部分问题。启动工具之前可以试着将你的想法以草图的形式确定下来，再一步步使用工具实现。

本章练习

1. 自己找两篇相似的数据新闻报道，复制数据运用你掌握的工具完成临摹，然后分别列出它们的优点和缺点。

2. 请根据本章学到的知识，重新设计制作其中一篇报道的可视化部分。

推荐参考资料

[1] 樱田润.信息图表设计入门[M].施梦洁,译.上海:上海人民美术出版社,2015.

[2] Alberto Cairo.不只是美:信息图表设计原理与经典案例[M].罗辉,李丽华,译.北京:人民邮电出版社,2015.

[3] 黄慧敏(Dona M. Wong).最简单的图形与最复杂的信息:如何有效建立你的视觉思维[M].白颜鹏,译.杭州:浙江人民出版社,2013.

[4] 木村博之.图解力:跟顶级设计师学作信息图[M].吴晓芬,顾毅,译.北京:人民邮电出版社,2013.

第十章　国外数据新闻实践观察

数据新闻兴起的主要促进因素是媒体的实践,最早践行的是《纽约时报》和《卫报》,其在 21 世纪初就开始了相关的探索。本章将以《纽约时报》、《卫报》、BBC、ProPublica 等几家在数据新闻实践方面全球领先的媒体为例,介绍国外数据新闻实践现状。

第一节　《纽约时报》数据新闻实践

一、"The Upshot"栏目简介

早在 2007 年,美国《纽约时报》就建立了一个由记者和计算机技术人员组成的团队,[①]也即现在的交互新闻技术部(Interactive News Technology Department),这个团队让采编结合计算机编程技术,探索新闻在线报道的全新形式。2009 年美国颁布《开放政府令》,建立政府数据门户网站,将政府掌握的涉及民众利益的医疗、环境、教育等数十万项数据在线公开,这极大地推动了媒体对数据新闻的探索。到 2014 年,《纽约时报》推出了全新栏目"The Upshot",将采编、智能分析、数据可视化等相结合,针对政治经济领域,通过数据分析和呈现,帮助读者洞悉复杂事件背后的意义。除了严肃的政治经济主题外,The Upshot 还推出了许多体育主题的作品,在不到一年的时间里给《纽约时报》带来了 5% 的整体流量。

The Upshot 在成立后利用政府开放数据推出了多个优秀的新闻报道,例如《255 图解析衰退之后的美国经济》。除此之外,《纽约时报》推出的非常有名的数据作品还包括《租房还是买房?》("Is It Better to Rent or Buy ?")[②]《美国最难生存

---

① A Case Study of *The New York Times* Interactive News Technology Department. https://online.journalism.utexas.edu/2010/papers/Royal10.pdf.

② http://www.nytimes.com/interactive/2014/upshot/buy-rent-calculator.html?_r=0.

的地方在哪里》（"Where Are the Hardest Places To Live in the U. S."）[①]等。

二、《纽约时报》的数据新闻特点

综合而言，《纽约时报》的数据新闻有以下特点：

（1）个性化。这一点在《纽约时报》多篇比较出名的报道中都有突出体现。例如 2013 年制作的《人们如何说话》（"How Y'all, Youse and You Guys Talk"）[②]，报道并不是向受众直叙大量的调查结果和数据，而是设计了一个互动测试程序，通过 25 个问题来测试用户用词和发音的细微差异，生成用户个人的方言接近地图，从而判断用户的出生地。2014 年推出的《租房还是买房？》与这种处理思维一脉相承，通过设计的"房屋计算器"，将房价涨跌、个人贷款、税率等数据与用户个人生活联系起来，用户只要根据自身情况输入各项数据，就可以得到具有针对性的购房或租房建议。《纽约时报》通过这种交互设计将采集到的数据与每一个读者联系起来，做到个性化互动，让读者对数据新闻报道或作品产生共鸣。

（2）服务用户。《纽约时报》的数据新闻注重让读者理解所发生的事件对自己会产生什么影响，除了让读者知晓事件，更为个体服务/实现价值。为了方便用户使用，其可视化设计通常都较为简洁，大量的核心数据很少直接出现在表现层，而是通过动态交互表格和背后的分析系统呈现给用户结果。其操作简便，向每个读者解释对他们个人的影响，服务意识很强。

第二节　《卫报》数据新闻实践

一、"Datablog"栏目简介

《卫报》（*The Guardian*）是英国的一份全国性综合性报刊，2009 年《卫报》在其网站上开创专门用以报道数据新闻的栏目"Datablog"，发布了第一条数据新闻"Land's household recycling and rubbish rates where you live"（你所居住地区的垃圾回收率），Datablog 涉及的领域非常广泛，包括政治、经济、文化、体育、科技、环境等。

自 Datablog 上线以来，其最为业界所熟知的作品是 2010 年 10 月 23 日根据维基解密有关伊拉克战争中的伤亡数据，利用 Google Fusion 制作的报道，如图 10.1（见彩

---

① 　http://www.nytco.com/wp-content/uploads/NYT-Years-Most-Visited-of-2014.pdf.
② 　http://www.nytimes.com/interactive/2013/12/20/sunday-review/dialect-quiz-map.html.

插)所示。

2011 年,《卫报》凭借其出色的数据新闻报道荣获班腾奖(Knight-Batten Award)奖;2012 年,其报道又荣获了全球"数据新闻奖",其作品被认为是在"用数据可视化讲述新闻故事"。

除了进行数据新闻报道,《卫报》还向用户介绍数据新闻的制作步骤、方法以及数据处理工具,通过"众包"的方式,处理大量的数据收集或整理工作。《卫报》还设立了 datastore 这一专门的数据频道,向用户开放新闻背后的原始数据集。其比较出名的数据新闻作品有对维基解密战争日志的报道[①]、对 2011 年伦敦骚乱的系列报道[②]等。

二、《卫报》数据新闻的特点

整体上《卫报》奉行"开放"的数据新闻报道实践原则,其有以下特点:

(1)突出受众参与。跟《纽约时报》一样,《卫报》也有一些动态交互式图表,引导受众参与到新闻信息探索之中。但除此之外,《卫报》在每一篇数据新闻报道后面都会附上原始数据集,受众可以继续从中挖掘意义;采用"众包"的方式处理数据,将大量数据分发出去,由受众在线根据要求帮助整理,最后《卫报》再对整理后的数据进行分析、呈现。这既降低了数据新闻生产成本,也提升了用户参与感。

(2)注重经营。《卫报》除了通过"众包"方式降低成本以外,还积极拓展其他收益方式。2010 年《卫报》向第三方开发者授权,免费开放了大量内容,其中包括《卫报》获取的许多公共数据库信息,合作方可以通过 API 方式免费获取数据库内容,但内容必须链接卫报的广告。这一举措让《卫报》形成了广告垂直市场。同时《卫报》还积极使用大数据技术,收集受众信息,细分广告受众,帮助提升广告价值。

三、《卫报》Datablog 栏目代表作品举例

在诸多较早投身数据新闻实践的媒体中,英国的成绩斐然。尤其是 2009 年其开创了"数据博客"更是数据新闻在新闻发展史上的一个里程碑。《卫报》的数据新闻大多以静态可视化方式呈现,多运用直白明了的关系图来展现新闻报道中人物或事件的关系,它的优势就在于总是能将趣味性和严谨性结合得非常

---

① 资料来源:https://www.theguardian.com/news/datablog/2011/jan/31/wikileaks-data-journalism。

② 资料来源:http://www.theguardian.com/news/datablog/interactive/2011/aug/10/poverty-riots-mapped。

数据新闻：操作与实践

完美。

1. "60-hour weeks and unrealistic targets：teachers' working lives uncovered"[1]

可以看出这篇报道在正式刊登前对教师年龄分布、每周的工作时间以及工作目标等做了大量的搜集调查工作,进而进行量化分析,制作出了数据化新闻,属于非常严谨正统的数据新闻的类型。

在图 10.2(见彩插)中,我们可以看出不同年龄层教师工作时间的分布,这种可视化的呈现方式直白简洁,是广大读者所熟知的一种呈现方式。在对《卫报》数据新闻进行分析时,能强烈地感受到《卫报》作为数据新闻报道的先行者,其内容表达的权威性和正统性。证据简单有力、版面布局条理清晰可以说是《卫报》数据新闻一种典型的表达方式。

2. "How English is the Eurovision Song Contest?"[2]

这篇 2017 年 5 月 13 日的新闻也延续了《卫报》一贯的严谨、简洁的作风。通过对已有数据的调查,围绕英语在欧洲电视网歌唱大赛中的地位逐渐下降,许多歌手已经不再选择以英语歌为主要比赛歌曲这一议题来进行报道。

通过对欧洲电视网歌唱大赛选用英语歌曲的五十年间的对比所得可以看出,英语歌曲的选用量有逐年递减的趋势,然后再对这一现象进行多角度、全方位的文字解释(图 10.3,见彩插)。

3. "Boom and bust：five census maps that show how Australia has changed"[3]

这篇 2017 年 6 月 12 日的报道以五幅人口分布地图,运用交互式可视化的方式呈现了澳大利亚近年来的改变,将碎片化的信息串联成一幅完整的地图,运用交互式可视化的方式形象、立体地将澳大利亚的转变展现在读者面前。

该数据新闻以 persons、median、age、dwelling owned outright、dwelling rented、persons born overseas 为变量展现不同地区的具体情况,进而进一步以文字解释澳大利亚不同地区的变化以及整体的变化。文章依旧是《卫报》一贯的正统的数据新闻写作风格。

[1] 资料来源：https：// www. theguardian. com/teacher-network/datablog/2016/mar/22/60-hour-weeks-and-unrealistic-targets-teachers-working-lives-uncovered。

[2] 资料来源：https：// www. theguardian. com/tv-and-radio/datablog/2017/may/13/how-english-is-the-eurovision-song-contest。

[3] 资料来源：https：// www. theguardian. com/news/datablog/2017/jul/12/five-census-maps-show-how-australia-changed。

第三节　BBC 数据新闻实践

一、BBC 数据新闻简介

BBC 没有开设专门的数据新闻栏目,BBC 使用数据为用户提供服务和工具的起源可以追溯至 1999 年,当时 BBC 根据每年政府公布的学校排名数据制作了一个"学校排名表",在这个表中,读者输入邮编后就可得到这一地区学校的排名情况,同时在这个表中还有一些学校间的比较信息,如学校的类型、教学水平等。这个应用在 BBC 的网站上依然可以找到。现在这个应用要比 1999 年的学校排名表丰富了很多,由于有很多读者不清楚自己所在区域的邮编,现在这个应用还增加了地名选择选项,读者按名称选择区域即可,同时现在一旦输入邮编或选择名称,网页会直接链接到英国教育机构所做的学校排名系统中。

BBC 一直致力于用"数据做新闻",这种新闻使用的多半是小数据,同时每制作一条新闻所耗费的时间较长,对可视化技术的应有也非常有限。直至"大数据"革命到来及可视化技术发展,BBC 才开始制作真正意义上的数据新闻,在尝试各种数据新闻的制作方法后,他们找到了 BBC 数据新闻的定位。BBC 数据新闻团队称,他们致力于让读者找到与自己更相关的信息,帮助读者更好地理解复杂的问题,讲述那些意义重大且不为人知的事实。[1]

据 BBC 数据新闻负责人 Bella Hurrell 介绍,BBC 数据新闻团队由 20 人组成,包括记者、设计师和研发人员,负责为 BBC 的新闻网站制作数据新闻;团队除了承担数据项目和视觉效果的制作外,还包揽了新闻网站所有的信息图表和多媒体专题的制作。这些因素综合起来催生了一种新的新闻报道模式,即所谓的视觉新闻。[2]

二、BBC 数据新闻的特点

不同于《纽约时报》《卫报》《经济学人》等纸质媒体,BBC 是主打广播和电视业务的媒体机构,在数据新闻实践上也同它们有着较为明显的区别。但是从新闻价值和影响力上来讲,BBC 的数据新闻水平不亚于任何一个全球领先的权威媒体,并有着自己的独特风格。BBC 数据新闻团队将 BBC 自身的优势和新媒体结合,创造了一个又一个"BBC 式数据新闻"佳作。总结 BBC 数据新闻的实践,

① 董雯.英国广播公司 BBC 数据新闻研究[D].保定:河北大学,2014.
② 资料来源:数据新闻手册,http://datajournalismhandbook.org/chinese/newsroom_1.html。

可以发现如下几个方面的特点。

1. 无单独平台，议题丰富

BBC没有一个专门的频道发布数据新闻，数据新闻只是作为一种报道方式与日常的新闻议题结合，这样使其选题的局限性较小，灵活性强。BBC通常在医疗、科技、体育等新闻选题中对大量的数据进行数据挖掘和分析，并进行可视化呈现。在一些如经济、教育与家庭、娱乐与艺术、医疗、科技等新闻时效性较弱的议题中，数据新闻的应用比较普遍，数据分析的可视化呈现也比较丰富。

2. 数据来源丰富，呈现方式多样化

BBC的数据新闻来源丰富，包括政府机构发布的报告（如 IMF、OECD、ONS等数据），大学发布的研究报告（如曼彻斯特大学、哈佛大学），在社交网络（如 Facebook、Twitter）上所收集的数据。在一篇数据新闻作品中，还会采用多个来源的数据，保证了数据的多样性。

在数据作品中，BBC灵活地运用静态图片、动态图像、各种各样形象化的数据图表以及包含数据信息的互动地图等形象化地呈现数据，展示直观，表现力强，使读者能更简便地理解数据，如图 10.4（见彩插）、图 10.5（见彩插）所示。

3. 应用工具化交互性强

BBC的交互可视化数据新闻作品通常基于对大数据的挖掘和分析，将应用工具化，该数据新闻产品通常不仅告知了读者所需要的信息，还能将该数据新闻产品变成工具，即除了为用户提供大型数据库的搜索渠道之外，还为用户创建了一些简便的工具，为用户提供所需要的信息。读者能够在趣味的阅读中通过点击、拖拉一些图片和表格等素材，读到素材中包含的大量具体翔实的细节信息。如 BBC 在 2016 年发布的"The world at seven billion"[1]，如图 10.6（见彩插）所示。该程序的发布日期与世界人口达 70 亿人的官方日期一致，用户只需要输入自己的出生年月日，就可以立即计算出自己是全球第几个出生的人，并可以通过Twitter 和 Facebook 分享其出生排名。该应用还使用了联合国人口基金会提供的数据。

这种与读者的交互性强调了用户参与和互动，能为用户提供便利交互接口，吸引用户参与互动，又能对特定主题提供深入解释。而且在读者进行阅读和选择的过程中，BBC能不断收集读者的访问和操作信息，存储读者的阅读习惯，为读者提供个性化的呈现方式。

---

[1]　资料来源：https://www.bbc.com/news/world-15391515#output_1。

三、BBC 数据新闻的代表作品举例

1. "US election 2016：Trump victory in maps"①

本作品发表于 2016 年 12 月 1 日，作品以地图的形式将美国各个州对希拉里和特朗普的支持和不支持比例清楚地呈现出来，读者只需要点击每个州，就能清晰地看到数据，也能从地图上直观的颜色深浅宏观地看出以特朗普和希拉里为代表的共和党和民主党在各个州的支持率。

除此之外，该作品还将各大州 2016 年和 2012 年的投票情况数据进行了对比，让读者能一目了然看到数据的变化情况。

2. "Who is your Olympic body match?"②

本作品发布于 2016 年，该新闻产品发布于里约奥运会举行期间，使用了官方奥林匹克数据（ODF）中的 11500 多名运动员的数据，并使用了称为欧几里得距离的数学技术计算数据库为读者提供不同运动员之间的匹配数字和项目。

用户只需要输入自己的身高、体重和出生年月以及性别，就可以得到几个分析表格，分别分析你在这个运动员数据库中身高、体重等指标的排名，最后得出三个和你的个人信息互相符合的运动员以及你适合的运动项目。

这个作品将新闻和日常应用结合起来，将看似和你不相干的奥运会议题做成和每个人日常相关的体育应用，具有实用性，是个让人印象深刻的数据新闻作品，如图 10.7（见彩插）、图 10.8（见彩插）所示。

3. "Will a robot take your job?"③

该作品发布于 2015 年 9 月 11 日，是根据牛津大学和德勤有限公司研究人员的一项研究制作出来的。研究认为英国有近 35％的职位在接下来的 20 年内有高度电脑化风险，因此有一些职业会面临被机器人取代的危险。这是在互联网发达的今天很多人关注的问题。读者只需要在搜索框中输入职位的种类，就可以了解到在未来 20 年内该职位被机器人取代的可能性，如图 10.9（见彩插）所示。

数据库的结果会提供这项职业在未来被取代的可能性，可视化呈现数据，展示其发展趋势以及在那一年该职位提供的工作岗位情况，最后，还会提供一些小建议，告诉你面对这样的情况你应该注意什么，应该怎么做才能不被机器人取代。

---

① 资料来源：http：//www.bbc.com/news/election-us-2016-37889032。

② 资料来源：https：//www.bbc.com/sport/olympics/36984887。

③ 资料来源：https：//www.bbc.com/news/technology-34066941。

4. "Budget calculator：How will the Budget affect you?"①

该作品发布于 2017 年 3 月 8 日,是由 BBC 和毕马威会计师事务所合作开发的预算计算器,以帮助了解在未来一年内税收政策会如何影响市民的生活。用户只要输入自己的收入以及各方面的花销情况,就可以通过计算器的运算,分析出可以预见的财政大臣的预算一旦生效后可能产生的更好或更坏的影响,然后分享计算结果,具有实用性和预测性,如图 10.10 所示。

Cigarettes, alcohol and fuel - your average consumption

Medium glasses of wine per week (175ml)	0
Pints of beer per week	0
Double spirits per week (50ml)	0
Cigarettes per day	0
Car fuel cost per week (£)	0
Petrol ▼	

图 10.10　预算计算器交互页面

第四节　ProPublica 数据新闻实践

一、ProPublica 数据新闻简介

ProPublica 成立于 2008 年,是一家非政府、非商业性的独立新闻网站,其自我定位为"致力于公众利益的新闻",其名称显然出自拉丁语"propublica"——"为了人民"。2010 年和 2011 年其先后两次获得普利策新闻奖,并且成为第一个获此奖项的网络媒体。ProPublica 总编在其自介文档中,宣称 ProPublica 专注调查性报道,排他性地专注于"真正重要"和具有"道德力量"的新闻。

ProPublica 以其调查性报道的新闻质量和社会的公信力而闻名,把数据新闻作为一常规模式引入调查性报道中。将数据新闻与调查性报道相结合,是其数据新闻最重要的特色。ProPublica 的数据新闻作品往往数据获取难度大,制作周期长,常常需要耗费大量人力和财力,是很多媒体不敢尝试的领域。

---

① 资料来源:https://www.bbc.com/news/business-17442946。

ProPublica 还在 2014 年 2 月设立了"数据商店",使在数据新闻生产过程中收集到的数据在随后的使用过程中能够得到价值变现,这是其在数据新闻项目可持续发展方面进行的一项重要的创新探索。这一做法使 ProPublica 变身数据商,通过建立媒体数据集营销渠道,获得了相当可观的收入。①

二、ProPublica 数据新闻特色

ProPublica 的数据新闻具有如下几个方面的特点。

1. 专业严谨、信息高度准确

总编斯伯格在一次演讲中爆料,ProPublica 每篇深度报道的成本高达 20 万～50 万美元,一篇报道耗时数月。每篇报道都详细列出资料来源,以及整理数据的记者信息,用户可以检索所需信息,也可以向记者爆料更多相关信息。

这方面"Dollars for Docs"就是一个很好的例子。② 该专题前后耗时三年,只为尽可能地做到公平、公正、无懈可击。凭借这一严谨作风,其成为首个斩获普利策公众服务报道奖的网站,如图 10.11(见彩插③)所示。

另一个例子是"The Opportunity Gap"。记者通过分析众多学校内学生高级课程的通过率,并将其做成可视化的图表,得出家庭经济状况是影响学生成绩好坏的重要因素,通过分析各项数据来支撑整个论证过程,如图 10.12(见彩插)所示。

2. 以人为本,数据背后是关于人的故事

无论是大量的数据还是可视化的表现手段,重要的是讲述"人的故事"。ProPublica 数据新闻尽管引入大量的数据和可视化手段,这些技术手段都与背后所叙述的那个人物故事有关。

"Lost Mothers"④就是一篇非常典型的以情动人的数据新闻作品。2016 年死于怀孕相关疾病的母亲大概有 700～900 人,记者确认了其中的 134 名,点击每个母亲的头像都会有一篇关于其生前经历的故事。这种呈现方式比单纯地列出数字要更触动人心,如图 10.13(见彩插)所示。

3. 可视化的呈现方式多样化

ProPublica 拥有强大的技术团队,不仅是数据挖掘技术,还有可视化呈现技术。这使 ProPublica 数据新闻作品能够做到充分使用各种视觉呈现技术去制

---

① 资料来源:https://www.propublica.org/datastore/。

② 资料来源:https://projects.propublica.org/docdollars/。

③ 资料来源:https://projects.propublica.org/schools/。

④ 资料来源:https://www.propublica.org/article/lost-mothers-maternal-health-died-childbirth-pregnancy。

作表格、地图，进行信息图设计等。

ProPublica 的技术能力优势可以很好地体现在"Explore the robot river"这个数据新闻作品上[1]。该作品在地形图上沿着 Colorade 河，为河流上每个水电站进行情况介绍。通过这些数据，读者自然就能发现该流域出现干旱的原因，也使得报道本身更客观更具说服力。

4. 建立数据库，销售数据实现盈利

目前，许多新闻媒体都有大量数据，但它们没有资源建立营销渠道或者销售支持系统。而非营利性民间新闻网站 ProPublica 则变身数据商，建立了媒体数据集营销渠道，收入还相当客观。

ProPublica 宣称其建立"Data store"（如图 10.14，见彩插）的目的不仅在于为新闻记者和编辑提供服务，还在于为其他人的调查报告提供有用、有价值的数据支持服务。ProPublica 还明确说明了他们的数据来源渠道及其相关数据服务费用的收取条件。

ProPublica 具有三类数据来源[2]：一是政府数据，即从"开放数据"网站下载的数据；二是公开数据，即通过"信息自由法案"请求获得的数据；三是自我采集数据，即 ProPublica 的记者花费数月时间从网站和 Acrobat 文档中搜集和组装材料。ProPublica 拥有的数据大部分是记者们的自采数据，这些数据一般需要数月的劳动力来清理，或者需要以前所未有的方式组合来自不同来源的数据集。

对于不同的数据来源，ProPublica 使用不同的收费标准。[3] 一是对于可从政府网站和其他公共资源下载的数据集，他们会提供链接，用户可以免费快速获取最新数据；二是对于平台所获取的来自于政府的原始数据集，他们也会提供一个免费下载链接，只需要用户同意他们的使用条款的简化版本；三是对于他们花费大量时间和精力的数据集，则会收取合理的费用，且每个数据集都会公布记者和学术研究人员的收费标准。

本章内容小结

国外数据新闻实践开展较早，已经形成相当成熟的数据新闻操作模式，有很多经验值得国内数据新闻实践借鉴和学习。本章选择《纽约时报》《卫报》、BBC 和 ProPublica 作为观察案例，介绍四家媒体的数据新闻实践特点。

《纽约时报》和《卫报》是数据新闻实践的先驱者和探索者；BBC 有着强大的

---

[1]　资料来源：https：// projects. propublica. org/killing-the-colorado/explore-the-river # big-thomp-son-project。

[2]　资料来源：https：// www. propublica. org/datastore/about。

[3]　资料来源：https：// www. propublica. org/datastore/about。

技术团队,其数据新闻作品在数据可视化方面表现卓越;ProPublica将数据新闻作为调查性报道的常规手段,拥有很强的自采数据能力,在数据新闻作品生产上可以不计成本,其最主要的特色是做有深度的数据新闻。

本章练习

1.《卫报》数据新闻实践有哪些特色?

2. ProPublica的数据新闻作品与其他媒体的有何区别?造成这一差异的主要原因是什么?

3. 请思考数据新闻可以有哪些实现价值变现的方式。

推荐参考资料

[1] 曹紫旖,薛国林. 获普利策新闻奖的网站如何做数据新闻——美国 Pro-Publica 网站的数据新闻实践[J]. 新闻与写作,2015(6).

[2] 董雯. 英国广播公司 BBC 数据新闻研究[D]. 保定:河北大学,2014.

[3] 章戈浩. 作为开放新闻的数据新闻——英国《卫报》的数据新闻实践[J]. 新闻记者,2013(6).

[4] 吴娟.《纽约时报》数据新闻可视化研究[D]. 广州:广东外语外贸大学,2017.

[5] 那宁宁. 全球"数据新闻奖"的数据可视化类获奖作品研究[D]. 兰州:兰州大学,2018.

第十一章　对国内数据新闻实践现状的观察与反思

第一节　国内数据新闻实践背景

国内数据新闻的发展,历经萌芽、兴起、繁荣三个阶段。21世纪初期,随着国内互联网和计算机的普及,国内计算机辅助新闻、数据库新闻的实践逐渐增多。从2011年开始,国内四大门户网站紧随国外数据新闻实践的脚步,相继推出数据新闻栏目,数据新闻在国内兴起。到2013年,随着大数据与可视化技术发展成熟,财新传媒于2013年10月率先成立财新数据可视化实验室,其数据新闻专栏"数字说"发表的《青岛中石化管道爆炸事故》等报道获得国际奖项,对国内数据新闻的发展具有非常大的借鉴意义。与此同时,一些传统媒体也开始增设数据新闻栏目,如新华网、中央电视台等开始制作可视化、交互式的数据新闻产品,国内数据新闻呈现出蓬勃发展之势。

从2011年至今,数据新闻的发展处在一个相对活跃的阶段,但同时也经历着不断的变化与转型。一些数据新闻栏目已经停止更新,如《壹读》杂志仅更新了两年的"壹读视频";一些数据新闻栏目则在尝试不断转型,如《南方都市报》的数据新闻栏目经历了"数据版""南都有数"再到"南都指数"等不同阶段的转型。不难看出,国内数据新闻实践者在不断地探索和思考如何在当前的媒介环境下推动数据新闻实践发展。

国内数据新闻实践至今经历了怎样的发展过程,又呈现了怎样的发展趋势?本节将选择国内7个具有代表性的数据新闻栏目作为分析样本,对其自栏目开设以来生产的数据新闻作品进行历时性梳理分析,在此基础上总结国内数据新闻实践的发展历程和趋势,最后对国内数据新闻实践的现状进行讨论和反思。

第二节　分析样本与指标设计

一、数据新闻栏目的选择

本节选取国内 7 个数据新闻栏目,选取的标准满足下列要求:一是既有传统媒体的数据新闻栏目,也有新兴网络媒体的数据新闻栏目;二是有专门的数据新闻栏目,有连续几年比较稳定的更新且发布的数据新闻内容不局限于某个领域;三是数据新闻作品可以公开获取。由此进入分析样本的数据新闻栏目包括新华网"数据新闻"、《南方都市报》"数据版"及"南都有数"、搜狐"数字之道"、人民网"图解新闻"、《新京报》"图纸"、网易"数读"、澎湃"美数课"。

二、分析样本数量与时间范围确定

国内数据新闻实践自 2012 年开始,但各个新闻栏目的创办时间不一,研究将时间范围限定在 2012 年 1 月 1 日至 2017 年 12 月 31 日期间。由于数据分析将以年作为时间单位,因此未收录 2018 年的数据。

为了保证分析数据的完整性,本节对所选取栏目分析时间范围内所有的数据新闻作品进行分析。

三、分析指标的设计

为了进一步规范分析内容,研究者基于数据新闻实践的核心要素,设计了用于数据新闻作品的分析指标,各指标及内容说明详见表 11.1。

表 11.1　数据新闻作品分析指标

一级指标	二级指标
发布媒体	7 个媒体的数据新闻栏目
作品年份	1.2012 年;2.2013 年;3.2013 年;4.2014 年;5.2015 年;6.2016 年;7.2017 年
选题范围	1.国内新闻;2.国际新闻
报道议题——具体议题	1.时政;2.经济;3.文化;4.体育;5.科学技术;6.社会;7.医疗;8.环境;9.教育;10.其他(注明)
数据来源机构(多选编码)	1.官方(主要指国内外政府及政府间组织的公开数据);2.高校或研究机构数据;3.媒体报道;4.自我收集;5.其他(注明)
可视化类型	1.静态图;2.动态图;3.交互动图;4.其他
是否属于深度报道	1.是;2.否

第三节　结果分析

本部分将以年份作为时间分析单位，根据表11.1的分析指标，对7家媒体的数据新闻栏目具体实践情况进行历时性分析，并在此基础上总结国内数据新闻的总体发展趋势。

一、数据新闻作品发表数量历年情况分析

对7个国内数据新闻栏目每年发表作品数量进行统计，结果见表11.2。结果分析发现：

（1）无论是新兴的网络媒体还是传统媒体，在数据新闻作品产出数据量上均呈现逐年提升趋势。

（2）网络媒体引领国内的数据新闻实践趋势明显，网易"数读"是国内最早开始数据新闻实践的媒体，并且连续多年保持比较稳定的产出，平均每周推出2～3篇，澎湃"美数课"和搜狐"数字之道"也保持着较高数量的产出。

（3）传统媒体在数据新闻实践上跟进迅速，新京报在2013年就开始尝试数据新闻的生产，而且传统媒体由于拥有一定的先天资源优势，在数据新闻作品生产数量上的表现并不逊于新闻网络媒体。新华网"数据新闻"栏目在2017年推出了206篇数据新闻作品，几乎1～2天就能推出一篇。

（4）唯一例外的是南方都市报（以下简称南都）。多次栏目调整和改版对其数据新闻的生产带来了较大的影响，新闻作品的生产数量逐年减少。不过在2018年2月9日，南都宣布2018年的总目标是全力做好大数据研究院工作，推出一批在全国有影响力的数据产品，[①]且数据新闻产品发布数量在2018年有明显提升。

总体来看，无论是传统媒体还是网络媒体，都非常重视推动数据新闻实践，数据新闻实践在国内呈现繁荣发展的景象。

---

① 尹来，赵安然，叶斯茗.南都大数据研究院来了[EB/OL].南方都市报，2018-02-09. http://epaper.oeeee.com/epaper/A/html/2018-02/08/content_10312.htm.

表 11.2 样本各数据新闻栏目年度发表数量统计结果　　　　单位:篇

发布媒体	年份					
	2012 年	2013 年	2014 年	2015 年	2016 年	2017 年
网易—数读	114	83	118	83	85	125
澎湃—美数课	—	—	—	83	135	182
搜狐—数字之道	—	—	—	80	83	148
《新京报》—图纸	—	35	77	95	91	102
人民网—图解新闻	—	—	136	143	160	165
《南方都市报》—数据版、南都有数	—	—	—	142	117	38
新华网—数据新闻	—	—	—	—	194	206

注:在出现年度数据不全时,该数据也将不进入分析。

二、数据新闻报道选题范围历年情况分析

对 7 个国内样本数据新闻栏目历年发表作品的选题范围进行统计,结果见表 11.3 和图 11.1(见彩插)。结果分析发现:

(1)南方都市报、人民网、新华网、新京报以及搜狐几家媒体的数据新闻作品选题主要偏向国内议题,尤其是南方都市报和新华网两者,其历年数据新闻作品中,国内选题报道占比几乎都在 90% 以上。

(2)澎湃和网易两家媒体的数据新闻作品选题偏向国际议题,两者共同的特色在于偏向基于国际范围的视角来分析国内问题。

数据新闻选题的选择体现了媒体对其所设立数据新闻栏目的定位,可以看出样本所选取各家媒体的数据新闻栏目均具有自己比较明确的定位,因此历年对国内外选题报道也呈现出普遍稳定发展的特征。

表 11.3 样本各数据新闻栏目历年作品选题范围统计结果

媒体	年份	国内选题	国际选题
南都	2015	90.10%	9.90%
	2016	94.00%	6.00%
	2017	100.00%	0.00%
澎湃	2015	16.70%	83.30%
	2016	48.10%	51.90%
	2017	58.80%	41.20%

续表

媒体	年份	国内选题	国际选题
人民网	2014	66.90%	33.10%
	2015	78.80%	21.20%
	2016	82.50%	17.50%
	2017	81.80%	18.20%
网易	2012	45.60%	54.40%
	2013	38.60%	61.40%
	2014	38.10%	61.90%
	2015	41.50%	58.50%
	2016	43.50%	56.50%
	2017	49.40%	50.60%
新华网	2016	89.20%	10.80%
	2017	96.10%	3.90%
新京报	2013	60.00%	40.00%
	2014	71.40%	28.60%
	2015	84.20%	15.80%
	2016	76.90%	23.10%
	2017	71.60%	28.40%
搜狐	2015	93.80%	6.20%
	2016	71.70%	28.30%
	2017	76.40%	23.60%

三、数据新闻报道内容具体议题历年情况分析

进一步对报道内容涉及的具体议题进行分析,结果见表11.4和图11.2(见彩插)。结果分析发现:

(1)国内数据新闻栏目报道议题以时政类新闻、社会类新闻、经济类新闻为主(如图11.2所示),文化、环境、教育类新闻次之,科技、医疗、体育类数据新闻所占比重较小。通过对"其他"这一选项的进一步分析发现,"其他"类中以科普、军事、交通、天气相关的新闻居多。

(2)时政类新闻是各个数据新闻栏目都非常重视的报道议题。特别是人民网的《图解新闻》,每年以时政类新闻为报道议题的作品占所有作品将近一半,且这个比重还在不断增加。

（3）社会类新闻同样也是各个数据新闻栏目非常注重的报道议题,并且比重呈现逐年增长的趋势。南都、新京报、搜狐以及网易四家媒体的数据新闻报道尤其偏好社会议题类选题。

　　（4）相比于其他媒体,新京报、网易和澎湃的数据新闻栏目更加重视财经类新闻的报道。

　　（5）关于环境、科技、教育的数据新闻,尽管比重较小,但呈现出逐年增长的趋势。

表 11.4　样本各数据新闻栏目报道内容具体议题占比的历年统计结果

年份	媒体	时政	经济	文化	体育	科技	社会	医疗	环境	教育	其他
2012	网易	29.80%	29.80%	5.30%	2.60%	2.60%	24.60%	0.00%	0.00%	0.90%	4.40%
2013	网易	19.30%	18.10%	6.00%	0.00%	1.20%	41.00%	2.40%	1.20%	8.40%	2.40%
	新京报	22.90%	22.80%	11.40%	5.70%	5.70%	20.00%	2.90%	2.90%	5.70%	0.00%
2014	人民网	48.50%	6.60%	11.80%	0.00%	0.70%	28.70%	1.50%	0.00%	2.20%	0.00%
	网易	24.60%	22.00%	10.20%	0.00%	1.80%	19.50%	5.90%	7.60%	7.60%	0.80%
	新京报	22.10%	18.20%	15.60%	2.60%	5.20%	26.00%	1.30%	6.50%	0.00%	2.50%
2015	南都	18.30%	9.20%	2.80%	3.50%	1.40%	36.60%	5.60%	8.50%	2.80%	11.30%
	澎湃	22.90%	13.30%	7.20%	2.40%	0.00%	30.10%	0.00%	7.30%	6.00%	10.80%
	人民网	42.50%	2.50%	22.50%	0.00%	0.00%	28.75%	0.00%	3.75%	0.00%	0.00%
	搜狐	28.10%	3.10%	0.00%	0.00%	3.10%	53.10%	0.00%	0.00%	9.40%	3.20%
	网易	25.40%	20.50%	4.50%	1.50%	3.50%	30.50%	4.50%	3.50%	5.50%	0.60%
	新京报	20.00%	15.80%	4.20%	2.10%	1.10%	37.90%	5.30%	4.20%	6.30%	3.20%
2016	南都	14.50%	8.50%	8.50%	3.40%	5.10%	29.10%	4.30%	6.00%	9.40%	11.20%
	澎湃	12.60%	11.90%	18.50%	7.40%	3.70%	28.30%	0.00%	10.90%	6.70%	0.00%
	人民网	51.30%	8.80%	3.10%	0.50%	1.30%	23.10%	3.80%	5.00%	3.10%	0.00%
	搜狐	25.30%	12.00%	12.00%	4.80%	6.00%	21.70%	2.40%	9.80%	2.40%	3.60%
	网易	27.80%	18.40%	6.80%	2.50%	2.50%	28.50%	5.20%	3.80%	3.50%	1.00%
	新华网	23.20%	8.80%	5.70%	0.50%	6.70%	18.60%	2.60%	4.10%	3.60%	26.20%
	新京报	14.30%	9.90%	8.80%	5.50%	5.50%	31.90%	3.30%	8.80%	8.80%	3.20%

续表

年份	媒体	时政	经济	文化	体育	科技	社会	医疗	环境	教育	其他
2017	南都	12.50%	5.40%	1.10%	1.40%	5.30%	47.40%	5.30%	8.90%	2.10%	10.60%
	澎湃	8.80%	24.20%	9.30%	13.20%	2.20%	24.20%	1.60%	12.00%	4.50%	0.00%
	人民网	53.70%	8.30%	0.80%	0.80%	1.70%	23.10%	1.70%	2.50%	5.00%	2.40%
	搜狐	13.50%	13.50%	14.70%	3.40%	2.00%	32.40%	6.80%	5.40%	3.40%	4.90%
	网易	21.10%	0.40%	0.10%	2.40%	2.40%	50.60%	8.20%	5.90%	3.50%	5.40%
	新华网	22.30%	7.30%	13.60%	1.50%	1.00%	42.70%	0.00%	0.50%	1.50%	9.60%
	新京报	4.90%	16.70%	8.80%	1.00%	5.90%	45.10%	2.90%	8.80%	4.90%	1.00%

四、数据新闻数据来源历年情况分析

对样本中数据新闻作品的数据来源进行分析,结果见表 11.5 和图 11.3(见彩插)。结果分析发现:

(1)政府及各行业组织的公开信息是数据新闻作品最主要的数据来源;高校及研究机构发布的数据以及媒体报道中提及的数据也是数据新闻重要的数据来源;自我采集以及其他形式的数据来源比重较小。

(2)自我采集的数据来源在部分媒体的数据新闻制作中的比重呈现逐年增长的趋势,如南都的数据新闻实践一直非常注重自我采集的数据来源,澎湃和网易的数据新闻作品也有一定比例的自我采集数据来源。

(3)进一步对"其他"数据来源分析发现,商业机构提供的数据也逐渐被国内数据新闻栏目青睐。以新华网为例,2016 年新华网发布的 194 条数据新闻中,有 16 条的数据由商业网站或机构提供,占总数的 8.2%,商业机构包括美团大众点评数据研究院、企鹅智酷、39 健康网、家庭医生在线、埃及航空公司官网、陈嘉庚科学奖基金会、199IT 数据网站、知乎日报等;到 2017 年,206 条数据新闻里有 56 条的数据来源是商业机构,占了 27.2%。总体而言,国内商业机构提供的数据利用程度仍较低,出于对商业机密与用户隐私的保护,大量商业数据还未能得到很好的开发,待健全的商业数据开放机制建立以后,有价值的商业数据才可能得到更好的利用。国内数据新闻实践已有对商业数据加以利用的趋势,以南都为例,2018 年南都大数据研究院公开的 8 个首批战略合作伙伴里,商业机构就占了 6 家,包括京东大数据研究院、蚂蚁金服、小米科技、云润大数据研究院、威凯检测技术有限公司、无讼网络。

表 11.5　样本数据新闻栏目作品数据来源历年统计结果

年份	媒体	政府及行业组织	高校及研究机构	媒体机构	自我收集	其他
2012	网易	69.50%	51.80%	14.00%	20.20%	1.80%
2013	网易	68.90%	71.10%	7.20%	2.40%	0.00%
	新京报	72.90%	11.40%	54.30%	8.60%	3.00%
2014	人民网	86.00%	5.10%	84.90%	0.00%	0.00%
	网易	60.70%	71.20%	11.90%	4.50%	0.00%
	新京报	73.30%	11.70%	70.10%	8.20%	3.90%
2015	南都	52.40%	18.30%	23.20%	18.90%	14.80%
	澎湃	69.80%	38.60%	44.60%	17.00%	4.80%
	人民网	75.00%	3.80%	88.80%	2.50%	1.30%
	搜狐	67.50%	33.10%	100.00%	6.30%	0.00%
	网易	60.30%	69.20%	13.50%	10.00%	1.00%
	新京报	66.80%	38.40%	71.60%	11.90%	4.20%
2016	南都	58.20%	12.00%	25.60%	23.90%	33.30%
	澎湃	69.60%	38.50%	54.80%	23.70%	1.50%
	人民网	78.80%	3.10%	63.80%	3.80%	0.00%
	搜狐	63.40%	28.90%	68.70%	10.60%	2.40%
	网易	58.40%	65.30%	9.60%	15.00%	2.00%
	新华网	53.60%	17.50%	40.20%	5.90%	8.20%
	新京报	68.20%	34.00%	57.10%	12.40%	6.60%
2017	南都	54.20%	10.50%	10.50%	30.00%	31.60%
	澎湃	62.90%	30.80%	42.90%	24.80%	1.10%
	人民网	69.40%	14.00%	58.70%	6.40%	0.00%
	搜狐	55.40%	48.00%	55.40%	11.40%	4.70%
	网易	25.90%	58.80%	34.10%	15.30%	1.20%
	新华网	60.70%	12.60%	40.80%	6.50%	27.20%
	新京报	45.10%	47.10%	55.90%	13.70%	11.80%

五、数据新闻可视化类型历年情况分析

对样本中数据新闻作品的可视化类型进行分析,结果见表 11.6 和图 11.4 (见彩插)。结果分析发现:

（1）在 4 种可视化四种类型中,国内数据新闻仍以静态图为主。除了新华网和澎湃,其他数据新闻栏目使用的可视化类型中,静态图占比基本达到 90％以上,有的甚至达到 100％,可见目前国内数据新闻作品的可视化类型单一。

（2）从 2015 开始,国内数据新闻媒体开始积极尝试并应用一些崭新的数据新闻呈现方式（动态图、交互动图、VR 等形式）,澎湃和新华网表现突出,其推出的数据新闻作品中使用动态和交互可视化比例占有一定的比重,并且呈现逐年增多的趋势。以新华网为例,其在 2016 年 11 月推出的红军长征胜利 80 周年的全景交互作品《征程》,就使用了交互动图与 VR 的形式。如图 11.5（见彩插）,《征程》以红军长征线路地图为背景,标注长征路线的 17 个关键地点,点击地点便可浏览相关新闻、与地点相关的视频资料和 VR 图集。此外,《征程》还设计了众多互动环节,如长征问答、献花等,充分体现了交互式的数据新闻呈现形式。整体来看,结合新技术进行可视化呈现方式的探索仍是国内数据新闻较为欠缺的部分。

表 11.6　样本各数据新闻栏目作品可视化类型历年统计结果

媒体	年份	静态图	动态图	交互动图	其他
南都	2015	96.50％	1.40％	1.40％	0.00％
	2016	95.70％	2.60％	1.70％	0.00％
	2017	92.10％	7.90％	0.00％	0.00％
澎湃	2015	54.20％	31.30％	12.00％	2.40％
	2016	81.50％	8.10％	4.40％	5.90％
	2017	83.00％	3.80％	4.40％	6.20％
人民网	2014	98.50％	1.50％	0.00％	0.00％
	2015	100.00％	0.00％	0.00％	0.00％
	2016	98.10％	0.60％	1.30％	0.00％
	2017	100.00％	0.00％	0.00％	0.00％
搜狐	2015	100.00％	0.00％	0.00％	0.00％
	2016	95.20％	3.60％	1.20％	0.00％
	2017	98.00％	0.70％	1.40％	0.00％

媒体	年份	静态图	动态图	交互动图	其他
网易	2012	99.10%	0.90%	0.00%	0.00%
	2013	100.00%	0.00%	0.00%	0.00%
	2014	98.30%	0.00%	1.70%	0.00%
	2015	98.00%	0.00%	2.00%	0.00%
	2016	97.50%	2.50%	0.00%	0.00%
	2017	97.60%	1.20%	1.20%	0.00%
新华网	2016	78.90%	5.70%	14.40%	1.00%
	2017	70.40%	17.50%	10.70%	1.50%
新京报	2013	100.00%	0.00%	0.00%	0.00%
	2014	100.00%	0.00%	0.00%	0.00%
	2015	100.00%	0.00%	0.00%	0.00%
	2016	93.40%	3.30%	3.30%	0.00%
	2017	88.20%	7.80%	3.90%	0.00%

六、数据新闻作品中利用数据进行深度报道的历年情况分析

数据新闻本身最大的优势在于通过挖掘和分析数据,为新闻叙事提供更充分更有深度的证据信息,创造更有价值的发现;同时借助于可视化的手段,便于普通受众理解和接受复杂的信息结构。顶级的数据新闻,一定会是深度报道,其实这是由数据新闻本身的特征决定的。那么国内数据新闻的实践有没有很好地利用数据新闻报道这一优势呢?

对样本中的数据新闻作品进行分析,结果见表 11.7 和图 11.6(见彩插)。结果分析发现:

(1)国内数据新闻实践中属于深度报道的作品非常稀缺。2017 年之前,93% 以上的数据新闻作品均不是深度报道。深度报道生产周期较长,制作成本较高,对于数据新闻这一报道形式来说,尤其如此。从统计数据中可以发现,很多媒体一般每周都能推出 2~3 则数据新闻作品,在一些媒体甚至 1~2 天就能生产推出一个数据新闻作品,在这种生产模式之下,也很难再产出属于深度报道的数据新闻。

(2)2017 年,数据新闻中深度报道的作品较以往几年明显增多,尤其是新华网、人民网、澎湃等媒体,其生产的数据新闻中属于深度报道的开始占据一定的比例。这也表明,国内数据新闻实践者开始注意提升数据新闻产品的质量,开始

了挖掘数据新闻本身价值优势的实践尝试。

表11.7　样本数据新闻中深度报道作品历年统计结果

媒体	年份	深度报道	非深度报道
南都	2015	5.60%	94.40%
	2016	8.70%	91.30%
	2017	16.60%	83.40%
澎湃	2015	3.40%	96.60%
	2016	8.20%	91.80%
	2017	17.20%	82.80%
人民网	2014	8.80%	91.20%
	2015	7.30%	92.70%
	2016	10.30%	89.70%
	2017	12.10%	87.90%
搜狐	2015	2.50%	97.50%
	2016	4.80%	95.20%
	2017	6.10%	93.90%
网易	2012	0.00%	100.00%
	2013	3.20%	96.80%
	2014	2.50%	97.50%
	2015	3.56%	96.44%
	2016	4.56%	95.44%
	2017	6.23%	93.77%
新华网	2016	6.80%	93.20%
	2017	10.00%	90.00%
新京报	2013	1.60%	98.40%
	2014	3.50%	96.50%
	2015	2.60%	97.40%
	2016	4.10%	95.90%
	2017	8.92%	91.08%

七、总结

基于6个关键指标的历时性分析可以发现，国内数据新闻发展至今，主要呈现出如下几个趋势特征：

1. 数据新闻作品发表数量呈现逐年上升趋势，数据新闻实践在国内处于发展阶段。

2. 数据新闻报道议题多以国内新闻为主，其中时政、社会、财经是数据新闻最为关注的报道议题；对环境、科技、教育等议题的关注度也呈现出逐年缓慢上升的趋势。

3. 数据新闻报道数据来源以政府及各行业组织的公开数据、高校和研究机构发布的数据以及媒体公开报道为主，商业数据正在得到发掘，自我采集数据能力缓慢提升中。

4. 数据新闻作品的可视化类型单一，以传统的静态图为主；部分数据新闻栏目正结合科技创新进行新的可视化呈现形式探索。

5. 数据新闻作品中属于深度报道的作品非常稀缺；从 2017 年开始，数据新闻作品中深度报道逐渐增多，媒体开始积极挖掘数据新闻本身的价值优势。

第四节 讨论与反思

当前国内数据新闻实践呈现一派繁荣发展的景象，越来越多的媒体专门设立数据新闻栏目，数据新闻作品推出的数量正呈现逐年增长的趋势。但是也需要正视一个现实问题，就总体而言，当前国内的数据新闻实践仍处于较低水平，数量多但高质量的数据新闻作品缺乏，样本分析结果也基本反映了这一现实状况。在数据新闻的生产过程中存在着两个最关键的问题：一是数据问题，二是用户问题。数据是数据新闻产品生产最核心的要素，而满足用户需求则是数据新闻产品生产的目的。这两个问题正是当前数据新闻实践发展和提升最需要解决的问题。

一、数据问题

数据新闻最核心的优势在于数据。数据新闻最有价值的内容是由数据支撑起来的，但其往往也是数据新闻实践中最难处理的部分。数据的获取、数据可靠性和准确性的保障、数据的分析以及数据可视化，处理任何一个环节时都有可能碰上极大的麻烦，数据的不完整性、缺乏信度，数据挖掘不充分以及数据可视化失当，都有可能从整体上降低数据新闻作品的质量和价值。从样本分析结果来看，当前国内数据新闻实践中面临的数据问题主要集中在以下几个方面：

一是数据新闻作品数据多数为来自于政府、机构、高校以及媒体的公开数据，在形态上多为二手数据。这些数据在抓取时都有不可避免的局限，如缺少对数据信度的控制，能获取哪些数据以及数据精确度能达到何种程度完全取决于数据拥有者的开放程度,数据的时效性较差。

二是数据自我采集能力较差,数据挖掘能力还无法适配当前的数据环境。分析结果发现,数据新闻作品使用自我采集数据作为数据来源的仍然不多,能进行数据挖掘的更是寥寥。尤其是在当前网络媒介环境下,数据形态包括了网络日志、文字、图像、声音等各种形态,获取并挖掘这些数据背后有价值的信息,需要具备更好的数据获取和挖掘能力。

三是对数据分析仍然停留在描述层次。大部分数据新闻作品仅仅是将数据从数据源那里搬运至作品,缺少对数据的二次加工和整理,数据背后有价值的信息未能得到充分挖掘。现有数据新闻中缺少深度报道的数据新闻,这与数据分析局限存在一定的因果关系。

如何解决数据问题?

首先,对于媒体机构来说,可以通过建立高品质的数据库以及营造"数据闭环"驱动数据创新,以数据"养数据"(罗杰斯,2015),实现对数据的循环使用及多次价值挖掘,从而克服对二手数据的依赖,提升自我数据采集和建设能力。

其次,对于数据新闻从业者来说,需要提高自身数据素养,建立高质量的数据新闻团队。数据素养不仅是指对数据的操作能力,更重要的是对数据的理解和科学的使用。金兼斌(2016)认为数据素养将处于记者新闻素养中的核心维度,那么对数据新闻从业者来说,数据素养则是核心中的核心。提高从业者的数据素养,可以使从业者更有能力去分辨有价值的数据,去挖掘背后的故事,拟成有价值的新闻选题,做出有深度的新闻报道。

二、用户问题

数据新闻生产需要以满足用户需要为中心,既要满足用户对良好阅读体验的需求,同时也要满足用户对有价值内容的需求。从目前来看,现有的数据新闻实践仍然无法有效地满足服务用户需求的目的,这主要表现在:

一是数据新闻作品内容呈现形式单一,互动性弱。样本分析发现,90%以上的数据新闻维持在静态信息图表阶段,文字体量大且与用户互动性差。数据新闻作品常常表现为数据冰冷且叙事乏味,信息复杂且表达晦涩,有酷炫的可视化表达但缺乏实质性有价值的内容。大部分数据新闻作品还无法有效调动受众阅读体验、阅读兴趣以及阅读参与。

二是数据新闻缺乏真正有价值的内容。数据新闻本身的特点决定其真正的优势在于深度挖掘数据背后的信息,带给用户具有重要价值的信息。当前大数据技术的发展,赋予了数据新闻更多的挖掘技术,这也意味着数据新闻更有可能做出趋势预测性新闻和数据驱动的深度报道。通过对样本的分析发现,目前的数据新闻仍然停留于一般性的描述性报道,深度报道则非常稀缺。

如何解决用户问题？

首先,对于媒体机构来说,在数据新闻生产上,不应一味要求提高作品制作数量,应该鼓励数据新闻制作团队坚持做扎实的深度报道;对于数据新闻作品,不应该使用与一般新闻作品同等的考核和评价标准,否则仍然会使实践者陷入追求数量产出的怪圈。

其次,对于数据新闻从业者来说,需要积极探索和学习更多有助于提升数据新闻作品交互性的技术、手段和创意,如可以将数据新闻与当下最新的技术相结合,尝试用编码、视频技术等多媒体手段的交互图表、视频短片、3D动画以及虚拟游戏等方式创作数据新闻作品,使有价值的内容与有创意的传达有效结合,以此激发用户的阅读兴趣,提升用户的阅读体验和阅读参与感。

总之,未来的数据新闻,应当以数据和用户为中心,做有深度的数据新闻。

本章内容小结

随着大数据时代的到来,国内新兴网络媒体与传统媒体在数据新闻领域进行了积极尝试与实践。国内数据新闻实践至今经历了怎样的发展过程,又呈现了怎样的发展趋势？本章基于国内七大数据新闻栏目2012—2017年的新闻作品样本进行研究,以发表数量、选题范围、具体议题、数据来源、可视化类型及深度报道情况作为分析指标,以年份作为分析的时间单位,具体描述国内数据新闻实践的发展过程以及总体发展趋势;最后对国内数据新闻实践现状进行讨论和反思。

本章练习

1. 选择4个设有数据新闻栏目的国内媒体,对比它们在数据新闻实践上的差异。

2. 国内数据新闻实践在数据采集上存在哪些问题？

3. 你觉得怎样的数据新闻作品才会引发用户的阅读兴趣？

推荐参考资料

[1] 方洁,颜冬.全球视野下的"数据新闻":理念与实践[J].国际新闻界,2013,35(6):73-83.

[2] 陈虹,秦静.数据新闻的历史、现状与发展趋势[J].编辑之友,2016(1):69-75.

[3] 韩巍.数据新闻与可视化报道——以财新传媒为例[J].新闻与写作,2014(4):12-15.

[4] 许向东.对中美数据新闻人才培养模式的比较与思考[J].国际新闻界,

2016,138(10):100-110.

[5] 方洁,高璐.数据新闻:一个亟待确立专业规范的领域——基于国内五个数据新闻栏目的定量研究[J].国际新闻界,2015,37(12):105-124.

[6] 金兼斌.数据媒体与数字泥巴:大数据时代的新闻素养[J].新闻与写作,2016(12):29-32.

[7] 罗杰斯.数据新闻大趋势——释放可视化报道的力量[M].北京:中国人民大学出版社,2015.

[8] 卢长春,李秋华.数据新闻实践国际前沿动态——以2016年数据新闻奖获奖作品为例[J].新闻界,2017(4):41-47.

附录 实用数据来源网站简介

使用说明：

本附录收录了数据新闻记者常用的一些数据来源网站，当你想做某一领域的数据新闻作品时，查找这些数据来源，会使你的数据获取效率得到有效提高。

这些数据来源包括综合类数据源、专题数据源和其他数据源。

综合数据源主要包括政府公开数据、专业机构公开数据、公共信息、综合数据网站、数据门户网站、新闻媒体/社交媒体。

专题数据源按数据内容不同进行主题分类，主要分为法治类、文化娱乐类、财经类、知识科普类、政治军事类、医学健康类、学术类。

一、综合数据源

（一）政府公开数据

1. Data. gov. uk

http://data.gov.uk/

一个允许个人查找和访问英国各种公共机构政府部门或地方当局和政府机构发布的数据的网站。

2. Data. gov

http://www.data.gov/

该网站是美国政府向公众提供开放数据的地方。除原始数据外，该站点还提供了许多数据可视化以及为 Web 和移动构建应用程序的工具。

3. DataSF

http://datasf.org/

DataSF 提供了数百个与旧金山相关的数据集。该网站有开放数据制作并提供学术、博客和许多其他工具，这在很大程度上是由协作和社区推动的。

4. 美国国家环境信息中心（National Genters for Environmental Information）

http://www.ncdc.noaa.gov/data-access/quick-links#loc-clim

美国国家环境信息中心是获取高质量环境信息的地方，如果问题涉及环境问题，本网站可能会有相关信息。

5. 能源地图集

http：// energyatlas. iea. org/？subject＝－1118783123

能源地图集由国际能源机构发布，使研究人员能够通过能源统计数据了解世界，是可以与出版物一起使用的多个数据库。

6. 美国交通运输部门（U. S. Department of Trasportation）

http：// www. rita. dot. gov/bts/home

该网站由美国交通局运营，其数据涵盖广泛的与交通相关的主题。

7. Data. gov. au

https：// data. gov. au/

Data. gov. au 由澳大利亚政府运营和发布信息，可以轻松访问和搜索开放数据。

8. earthquake. usgs. gov

http：// earthquake. usgs. gov/earthquakes/search/

地震目录能查看地震最后发生的时间和地点，能够按幅度、时间，甚至按地理区域过滤结果，这对于覆盖自然灾害或当地地震并正在寻找一些背景信息的记者特别有用。

9. HIFLD Open Data

https：// hifld-geoplatform. opendata. arcgis. com/

由美国国土安全部运营和维护，用于公开国土基础设施基础层面数据，将地理空间数据置于公共领域。

（二）专业机构公开数据

10. 联合国儿童基金会（United Nations International Children's Emergeney Fund）

https：// data. unicef. org/

联合国儿童基金会所涵盖的统计数据包括与健康和人权问题有关的统计数据，如教育、产妇保健、儿童贫困、水和卫生以及儿童残疾等。

11. 世界卫生组织（World Health Organization）

http：// www. who. int/en/

世界卫生组织是一个在全世界范围内收集卫生统计和信息的国际组织，包括各国在全民医疗保健、卫生研究和发展等方面的信息。

12. UNdata

http：// data. un. org/

UNdata 提供有关世界各国的信息，包括所涉及的每个国家的技术指标、社会指标和经济指标等数据。

13．EU Open Data Portal

http：∥data. europa. eu/euodp/en/data/

在这个网站上，欧盟机构免费提供数据供公众查看和使用，没有版权限制。

14．American Economic Association

https：∥www. aeaweb. org/resources/data

美国经济协会提供有关美国和世界其他国家的宏观经济数据。它列出了一些最可靠的数据，只需访问该网站，然后点击相应的经济数据类别。

15．Smithsonian Institution

http：∥volcano. si. edu/

史密森学会网站提供有关火山在线研究的最佳信息，发布报告、研究链接和数据库，包括缩小的火山、火山爆发、发射和变形搜索，以及全新世火山列表和电子表格。

16．国际数据中心（The Center for International Data）

http：∥cid. econ. ucdavis. edu/

国际数据中心致力于收集、创建、改进和分发离线和在线国际经济数据。读者可以访问美国关税数据、世界和美国进出口信息，甚至是宾夕法尼亚大学世界表的信息。

17．大学记分卡数据（College Scorecard Data）

https：∥collegescorecard. ed. gov/data/

美国教育部通过其大学记分卡数据提供了 1996 年至 2016 年学生的当前数据、记分卡数据和学后收入以及新的国家学生贷款数据系统信息等数据。

18．剑桥地理信息系统（Cambridge GIS）

http：∥cambridgegis. github. io/gisdata. html

剑桥 GIS 是美国马萨诸塞州剑桥市的开放数据存储库。数据集包括商业区、地域权、分区、人口普查结果、墓地以及其他可以通过数据量化的地标和特征。

19．美国国家技术情报局（NTIS）

http：∥www. ntis. gov/products/ntrl/

第二次世界大战结束后不久，美国创建了 NTIS（国家技术情报局），目的是利用数据帮助联邦机构做出明智的数据决策。如今，该网站在无数主题上收藏了数百万种出版物。

20．和平基金（Fund for Peace）

http：∥fsi. fundforpeace. org/

和平基金是一个致力于通过开发可用于缓解冲突的工具来预防冲突和集中

于安全的组织。无论是寻找趋势、比较分析，还是全球数据，都可以通过网站浏览器内的数据探索工具找到想要的材料。

21．Data. Police. UK

https：//data. police. uk/data/

在这个网站上可以访问有关英国警务和犯罪状况的公开数据。通过这个网站，记者可以对警察部队进行比较，并发现刑事司法的发展趋势。

22．The integrated Civil Society Organizations

http：//esango. un. org/civilsociety/

综合的民间社会组织系统（iCSO）旨在促进民间社会组织与经济和社会事务部的沟通。数据可以按部门、组织类型、涉及的区域以及组织的 ECOSOC 状态进行分类。

23．全球大学（Universities Worldwide）

http：//univ. cc/

全球大学是全球大学的数据库，搜索可以通过世界列表进行，也可以专门过滤到美国大学，用户也可以在此过程中添加自己的链接。拥有由大量学生组成的数据发布者队伍。

24．国际网络档案馆（International Internet Archive）

http：//www. princeton. edu/～ina/

普林斯顿大学的国际网络档案馆提供独特的出版物组合，其中包括 1999 年人类发展报告和全球网络跨国事务杂志等。在这个网站上能够了解档案馆的综合公共历史和最新数据，涉及的主题包括医疗保健、武器、书籍、音乐、移民、地区、互联网、政治和交通。

（三）公共信息类

25．Google Public Data

http：//www. google. com/publicdata/directory

该搜索引擎提供许多可用的公共数据，并可分析 100 多个公共数据集。

26．Wunderground

https：//www. wunderground. com/

这是一个致力于确保世界各地的人们都可以获得有关天气信息的资源，同时也注意到了那些没有被大量覆盖的地区。

27．Weatherbase

http：//www. weatherbase. com/

Weatherbase 通过一个简单的搜索栏提供全球 40000 多个城市关于当前天气状况、气温平均值、气候信息和旅行条件的信息。

28．Skift

https：//skift.com/skiftx/skiftstats/

Skift 是一个专注于为旅游业提供信息和数据的网站。

29．Geoba．se

http：//www.geoba.se/

这是一项提供原始数据和统计数据的资源。可以使用主页上的搜索引擎，查找坐标、旅行信息、天气等。

30．Tu Tiempo

http：//www.tutiempo.net/en/Climate

Tu Tiempo 是世界上每个国家的天气和气候数据的绝佳来源，可以轻松找到世界上几乎每个城市和地区的年度、月度和日均值，数据可追溯到 1929 年。

31．全球行政区域（GADM）

http：//www.gadm.org/

全球行政区域是一个地理数据库，显示世界各个行政区域的位置，包括国家，并进一步分为省、县和部门等数据。

32．Geonames

http：//www.geonames.org/

Geonames 是一个拥有数百万条目、独特功能和替代名称的地理数据库，这是一个每天处理大约 1.5 亿个请求的数据库。

33．自然地球数据（Natural Earth）

http：//www.naturalearthdata.com/

自然地球数据是一个地图数据集，可在公共领域获得，并且包含用于地图制作软件的信息，用于创建最先进的地图。

34．公开地图（OpenStreetMap）

https：//wiki.openstreetmap.org/wiki/Downloading_data

OpenStreetMap 不是一个网站，更像是用户之间的协作，现在为应用程序站点和各种硬件设备提供地图服务，当用户输入关于鲜为人知的地标（如火车站、道路和小径）的信息时，该站点将获取新数据。

35．Hubway Data Visulization Challenge

http：//hubwaydatachallenge.org/trip-history-data/

Hubway 提供了 2011 年 7 月至 2012 年 9 月期间波士顿大都市区共享单车每次旅行的基本信息，其中包括旅行的开始和结束时间等详细信息。

36．OpenFlights

http：//openflights.org/data.html

OpenFlights 是一个数据库,其中包含全球 10000 多个轮渡码头、机场和火车站的信息。

37. 气候数据(Temperature Data)

https：//crudata. uea. ac. uk/cru/data/temperature/

气候数据是一个提供全球温度综合信息的数据集,用户可以通过网格查看每个重要的气候信息,同时还能够看到气温平均值。

38. 精算师气候指数(Actuaries Climate Index)

http：//actuariesclimateindex. org/data/

精算师气候指数,简称 ACI,为广大公众和决策者提供有关气候趋势和加拿大、美国气候变化影响的信息。

39. 航空气象中心(Aviation Weather Center)

https：//aviationweather. gov/dataserver

航空气象中心提供有关空域系统可依赖的准确、及时和最新的天气信息。用户可以以飞行员可以欣赏的方式查看各种图表、预测和天气观测。

40. Temperature data

https：//crudata. uea. ac. uk/cru/data/temperature/

气候研究小组的网站是为了明确过去研究气候变化的影响,研究原因,并找到解决当前气候变化问题的方法建立的。

41. european climate assessment&data set

http：//eca. knmi. nl/

在欧洲气候评估和数据集的网站上,公众能够发现有关气候或天气极端变化的信息。

42. 全球形象浏览服务(GIBS)

https：//wiki. earthdata. nasa. gov/display/GIBS

全球形象浏览服务(GIBS)允许普通人与从地球上任何地方以高清晰度拍摄的卫星图像进行交互,数据是由 NASA 的地球科学数据提供的。

43. Earth Models

http：//www. earthmodels. org/

Earth Models 专注于共享和存储与地球相关的软件和数据集,网站上提到的建模工具包括模拟软件和处理以及从构造和地震学等特定研究领域大量借鉴的虚拟数据。

44. 社会经济数据和应用中心(SEDAC)

http：//sedac. ciesin. columbia. edu/data/sets/browse

社会经济数据和应用中心(SEDAC)是与 NASA 的 EOSDIS 系统相关的数

据中心之一。在该网站上,读者将找到提供气候变化或网格化人口统计信息数据的数据集。

45．DRED

http：//www.st.ewi.tudelft.nl/～akshay/dred/

DRED 数据库的 DRED 部分代表荷兰住宅能源数据集。这些数据可以衡量和研究单个荷兰家庭将消耗多少能源。研究能源消耗的记者可以从检查此处提供的原始数据中受益。

46．印度水环境能源数据集(IAWE)

http：//iawe.github.io/

IAWE 代表印度水环境能源数据集,通过电器、电表和电路板测量新德里住宅的能源使用情况。这是记者在讨论能源使用模式时非常有用的数据。

47．英国家用电器级电力(UK-DALE)

http：//www.doc.ic.ac.uk/～dk3810/data/

英国家用电器级电力(UK-DALE)是一个数据集的名称,该数据集监视和记录 5 个家庭需要使用多少电力。每 6 秒钟,UK-DALE 就会测量主电网以及房屋内个别电器的需求。

48．Geo-Wiki.org

http：//geo-wiki.org/

Geo-Wiki 专注于"公民科学运动",鼓励市民尝试监测环境。可以在侧栏中找到最新消息、出版物名称和免费数据集以及软件下载。

49．OpenStreetMap Data Extracts

http：//download.geofabrik.de/

OpenStreetMap 数据提取来自 OpenStreetMap 项目,该项目是通过全球用户社区的编辑和努力来创建世界地图的在线尝试。

50．OpenAddresses

http：//openaddresses.io/

OpenAddresses 专注于地址基础设施和集合。人们可以将地址添加到数据库后将地址放在地图上,也可以获取数据并立即直接进行地理编码。

51．Open Data LMU

http：//data.ub.uni-muenchen.de/61/

开放数据 LMU 严重依赖 OpenStreetMap 的数据来帮助开发快速反向地理编码器。这意味着应用程序能够快速获取地图上的位置并根据该点查找完整地址。

52. GeoData

http://geodata.grid.unep.ch/

通过环境数据浏览器可以下载和探索联合国环境规划署与其附属组织和合作伙伴一起使用的相同数据集。此外，数据集还包括健康、GDP、气候、排放和淡水等类别的数据。

53. Open Data for Africa

http://dataportal.opendataforafrica.org/

非洲开发银行集团的网站，是记者在寻找与非洲大陆有关的统计信息和指标时的第一站。网站还提供了一系列出版物链接，包括《非洲经济展望》和《非洲统计年鉴》等刊物。

54. Indie Map

http://www.indiemap.org/

Indie Map 是从 2000 多个 IndieWeb 最繁忙的站点获取信息并将数据滚动到交互式可视化表单（如 Social Graph API，具有 SQL 查询功能的数据集以及570 个网页的原始信息）的网站。

55. 法国国家人口研究所（Independent Non-Executive Director）

http://www.ined.fr/en/

法国国家人口研究所（INED）是在互联网上可以找到的丰富的人口调查数据和统计数据来源之一，以图表形式展示，涵盖衡量诸如两性之间生育差异等问题的统计数据。

56. 国际社会调查计划（International Social Survey Programme）

http://www.issp.org/

国际社会调查计划（ISSP）作为不同国家人民之间的合作手段，每年都会对社会科学领域的重要主题进行调查。主题包括社会不平等、国家身份、公民身份、社交网络和工作取向等。

57. 国际研究协会（International Studies Association）

http://www.isacompendium.com/public/

国际研究协会（ISA）汇集了研究人员、学者和政策专家有关国际事务主题的专业知识。ISA 的国际研究百科全书以同行评审的论文为特色，这些论文充满了关于该领域研究主题的深入讨论。

58. Cross National Data

http://jmcguire.faculty.wesleyan.edu/welcome/cross-national-data/

由卫斯理大学（Wesleyan University）大学的 James W. McGuire 教授创建，充满相关经济和全球发展数据链接的资源。在这里能够发现有关计划生育、教育成就、食物不足、水和卫生、自由市场定位以及拉丁美洲和加勒比特有的信息的数据。

59．Marine Traffic

http://www.marinetraffic.com/de/ais-api-services

Marine Traffic 是一家使用大数据跟踪船只和海洋旅行的公司。通过海上交通的 AIS API 服务涵盖的信息类型包括船只、航行信息和有关船舶的数据。

60．Bixi

https://montreal.bixi.com/en/open-data

Bixi 自行车共享计划发布了开放数据，提供行车历史和车辆状态等信息，以及会员和临时用户之间的比较。

61．**事故数据库**（Plane Crash Information）

http://www.planecrashinfo.com/database.htm

事故数据库存档和存储 1920 年至 2017 年间发生的航空事故数据。该数据库中的事故包括民用和军用飞行事故，涉及名人死亡的事故，10 人或更多人死亡的直升机事故等。

62．Transport for London

https://tfl.gov.uk/info-for/open-data-users/our-open-data

伦敦交通局是负责监督伦敦地区公共交通的政府机构。网站上提供铁路地图以及旅行计划指南等信息。任何有兴趣了解伦敦居民如何使用公共交通工具的人都可以从访问这些数据中受益。

63．CMAP

http://www.cmap.illinois.gov/data/transportation/travel-tracker-survey

CMAP 负责在伊利诺伊州的 DuPage，Lake，McHenry，Kendall，Kane，Cook 和 Will 县的区域规划和组织。从网站上可以看出，CMAP 的职责范围包括解决关于社区发展、税收和经济指标，甚至道路和交通等的问题。

64．Freight Analysis Framework

http://ops.fhwa.dot.gov/freight/freight_analysis/faf/index.htm

由于交通统计局和联邦公路管理局之间的合作，货运分析框架收集的数据随后被用于评估货运系统的总体健康状况和绩效。该软件收集出发和到达站的商品类型和吨位等详细信息。

（四）数据汇集网站

65．Kaggle

https://www.kaggle.com/

Kaggle 是一个允许用户在编写和共享基于云代码时发现机器学习的网站。

215

该网站主要依靠举办数据集竞赛以获得大量数据,并将这些数据汇编到其中。

66．Common Crawl

https：//www.commoncrawl.org/

Common Crawl 通过搜索或"抓取"网络中的数据,对其进行存储并将之构建在用户可以访问的开放存储库中,它是一个用于创建原始信息的可访问工具。

67．DataFerrett

http：//dataferrett.census.gov/

DataFerrett 是一个允许用户通过数据分析和提取从本地、州和联邦来源定制数据的工具。

68．Mldata

http：//mldata.io/

Mldata 是一个由机器学习数据使用的存储库,这些数据集的范围包括从人类面部表情的汇编到更加科学的主题。

69．Wolfram Alpha

https：//www.wolframalpha.com/

Wolfram Alpha 实际上是一个允许用户输入他们想知道的数据并接收计算结果的计算引擎。

70．Data World

https：//data.world/

Data World 是一个允许人们共享、托管、协作和跟踪数据的站点。

71．Gap Minder

http：//www.gapminder.org/data/

Gap Minder 提供了许多本地和国家的指标数据,以及所有数据提供者的链接和信息。

72．Qlik Data Market

http：//www.qlik.com/products/qlik-data-market

Qlik Data Market 允许用户借用多个数据集,并可选择将其与已有的数据进行交叉引用,以优化其对上下文的感知。

73．UNODC

https：//www.unodc.org/unodc/en/data-and-analysis/

在这个网站上,研究人员可以找到许多统计数据和出版物,涵盖数据收集、趋势分析和研究项目等主题的科学信息。

74．CDC

http：//www.cdc.gov/nceh/data.htm

这个网站可以找到接收国家资金的数据系统的参考和清单,同时跟踪和存储与环境公共卫生相关的信息。

75．Open Data Network

http：//www. opendatanetwork. com/

开放数据网络是一个允许用户按地区和城市查找数据的网站。研究人员能够按数据类别、城市甚至样本问题进行搜索。

76．UCDP(Department of Peace and Conflict Research)

http：//www. pcr. uu. se/research/UCDP/

可提供世界上有组织暴力犯罪统计数据以及国家内战武装冲突数据,已有40 年的历史。提供交互式数据库 web 系统,用于可视化处理和下载数据。

77．Roper Center

https：//ropercenter. cornell. edu/

Roper Center 由康奈尔大学运营,专门用来收集、分发和保存舆论数据。

78．UDS

https：//www. ukdataservice. ac. uk/

该网站的信息包括跨国调查的商业数据、英国政府赞助的调查,甚至英国人口普查数据等材料。

79．Five Thirty Eight

https：//github. com/fivethirtyeight/data

Five Thirty Eight 汇编了数据集以及在网站历史过程中使用的编码。

80．LinkedData

http：//databib. org/

LinkedData 是一个致力于寻找新方法来连接之前未给出链接的互联网数据的网站。

81．Web Miner

http：//thewebminer. com/

该网站提供示例数据库,可以找到所有通用数据。

82．Open Data Inception

http：//opendatainception. io/

Open Data Inception 是一个提供超过 2600 个数据门户链接的站点,通过使用顶部的搜索栏,研究人员可以按类别和主题搜索门户和数据集。

83．The Data Hub

http：//thedatahub. org/

用户可以在该网站尽可能快速有效地查找和发布数据,该站点本身托管了许多数据集,如房价指数(Case-Shiller)、黄金的月度价格和大气二氧化碳浓度等。

84. Enigma Public

https：// public. enigma. com/

该网声称提供"最广泛的公共数据集",数据集属于 FOIA、Essentials、Newsworthy 和 Under the Radar 中的四大类别之一。

85. GroupLens

http：// www. grouplens. org/node/12

由明尼苏达大学计算机科学与工程系的 GroupLens 网站提供,提供出版物以及用于研究目的的数据集,总共约有六个数据集。

86. Complex Network Resources

https：// math. nist. gov/～RPozo/complex_datasets. html

这是一个站点,可以访问最初在其计算机实验中使用的大量数据。数据集列表中,包括新闻图、生物图、引文图、协作图、工程图和语义图。

87. 斯坦福大型网络数据集(Snap)

http：// snap. stanford. edu/data/

斯坦福大型网络数据集托管了许多数据集,其中包括社交网络信息等详细信息。包括 Facebook 的社交圈、维基百科、Twitter 社交圈和 Google。

88. LAW

http：// law. di. unimi. it/datasets. php

米兰大学信息科学系运行一个称为网络算法实验室的网页,这个网站上有大量的数据集,包括社交网络、Facebook 图表、DELIS 项目的快照以及杂项数据的简短列表相关的图表。

89. The UCI Network Data Repository

http：// networkdata. ics. uci. edu/resources. php

UCI 网络数据存储库是一个致力于采用科学方法研究网络的网站。在资源页面上,研究人员将找到研究组织和团体以及个人选择的数据集目录的链接。

90. CAIDA

http：// www. caida. org/data/overview/

CAIDA 或应用互联网数据分析中心通常在不同组织和个人的帮助下,从多个不同地点收集大量数据,此站点上托管的数据集包括 AS 关系、DDOS 攻击、望远镜及其相关数据集以及其他数据。

91. Crawdad

https：∥crawdad.org/

该网站提供了许多工具以及对众多数据集的访问链接。列出的集合包括教育用途、误码特征、网络诊断、机会连接、位置感知计算等等。

92. Open Data Soft

https：∥opendatainception.io/

Open Data Soft 提供法语、英语和德语版本,可提供对 4.8 亿条记录、400 万个 API 单元和 9284 个数据集的访问,可以通过输入关键字找到合适数据集。

93. followerwonk

https：∥followerwonk.com/

Followerwonk 将对 Twitter 的使用提升到一个新的水平,包括 Twitter 用户分析、当前的关注者研究,以及规划 Twitter 活动以获得最佳结果。

94. Civic Commons

http：∥wiki.civiccommons.org/Initiatives/

Civic Commons 有一个列出各种政府开放数据计划的页面,这个可搜索的资源清单按国家、城市、地区组织排列,甚至提到政府间组织提供的资源。

95. Open Government Data

https：∥opengovernmentdata.org/

该网站属于开放知识基金会的一个小组,其目标是鼓励和支持政府开放数据的持续发展。

96. Network Repository

http：∥networkrepository.com/

Network Repository 是一个存储科学数据的站点,添加了用户可以访问和分析的交互式可视化工具。

97. Our World In Data

http：∥ourworldindata.org/

我们的数据世界从各个领域的许多来源获取信息,并在其上提供量化数据。记者可以使用此来源查找与社会问题相关的统计数据和数字。

98. COMBED

http：∥www.st.ewi.tudelft.nl/～akshay/dred/

主要处理能源的数据集,数据来自商业建筑,每分钟被更新多次。访问 COMBED 的数据就像下载和打开 Excel 电子表格一样简单。

99. NIMH Data Archives

https：∥ndar.nih.gov/

NIMH 数据存档(简称 NDA)并不是一个独立的数据源,而是一个分发和存储数据的平台。收集了多篇论文和研究项目的数据,以及提供更好的进行分析和协作的方法和工具。

100．StatSci．org

http：// www. statsci. org/datasets. html

StatSci. org 提供了一个完整的资源列表,供公众根据其特定需求访问和使用。部分信息包括加州大学洛杉矶分校编制的电子数据集服务和案例研究。与原始数据集一起,此页面上还链接了教科书。

101．Simon Fraser University

http：// netsg. cs. sfu. ca/youtubedata/

西蒙弗雷泽大学的"YouTube 视频统计和社交网络"数据集,从使用 You-Tube API 查找视频的抓取工具中提取信息,这些文件包含数百万个视频和用户信息数据集的数据。

102．FlickrLogos

http：// www. multimedia-computing. de/flickrlogos/

FlickrLogos 是由在各种不同位置拍摄的公司徽标组成的数据集。该系列由奥格斯堡大学的多媒体计算和计算机视觉实验室维护,最初编译的目的是培训计算机识别徽标和文本。

103．ImageNet

http：// www. image-net. org/

ImageNet 是一个包含了 WordNet 组织的图片的数据库。面向技术的内容发布者可以使用资源管理器选项来理解 WordNet 结构以及云图。

104．Stanford ImageNet Dogs

http：// vision. stanford. edu/aditya86/ImageNetDogs/

斯坦福狗数据集包含大量不同犬种的图像。这个由 ImageNet 驱动的数据库包含 120 种不同品种的狗的超过 20000 张的单独的图像,同时教机器如何识别每只狗的品种。

105．SUN Database

http：// groups. csail. mit. edu/vision/SUN/hierarchy. html

SUN 数据库为研究社区提供在计算机视觉和图形、数据挖掘、机器学习和神经科学等领域取得进展的项目。该网站在其索引中拥有超过 131000 个图像和近 4000 个对象类别。

106．Oxford-IIIT Pet Datase

http：// www. robots. ox. ac. uk/~vgg/data/pets/

Oxford-IIIT Pet Dataset 是 2012 年 IEEE 计算机视觉和模式识别大会上发表的论文的补充,并托管了原始数据集。这些图像被分为大约 37 个宠物类别,以及另外 200 个与所涉及的每个类相关联的图像。

107. Visual Genome API

http:∥visualgenome. org/api/v0/api_home. html

Visual Genome API 由斯坦福大学几位学生和副教授创建。其目标是寻求创建能够评估和描述图像的 API,其已评估超过 100000 个图像。此 API 代表了计算机科学及其相关领域的进展。

108. YouTube Faces

http:∥www. cs. tau. ac. il/～wolf/ytfaces/

YouTube Faces 数据库专注于开发视频中自动面部识别问题的解决方案,拥有超过 3000 条来自 YouTube 的近 1600 个人的视频。其目标是一种能够标识视频中人物的算法。

109. KEEL-dataset Data Sets

http:∥sci2s. ugr. es/keel/datasets. php

KEEL 数据集存储库包含基于 Java 的开源软件的数据集,该软件旨在帮助进行各种类型的知识数据发现。KEEL,简称为基于进化学习的知识提取,可以训练学习如何添加缺失值、混合模型和统计方法,以评估许多其他任务中的实验。

（五）综合类数据网站

110. Wikipedia

http:∥en. wikipedia. org/wiki/Wikipedia：Database_download

Wikipedia 是一个网络百科全书项目,其特点是用户参与、自由编辑。它是目前全球网络上最大且最受大众欢迎的参考工具书,名列全球十大最受欢迎的网站。

111. Amazon

http:∥aws. amazon. com/publicdatasets/

Amazon 是一个可以提供免费的公共数据集的零售网站,任何人都可以访问这些数据集而无需在自己的设备上存储或下载任何东西。

112. Lemur

http:∥lemurproject. org/clueweb09/

Lemur 项目是一个专注于支持信息检索和处理人类语言技术研究的数据库。

113．CSDS

http：//spatial. uchicago. edu/

CSDS 对开源软件的贡献和信息的分发使得环境经济学、公共卫生和犯罪学等领域的数据更易于访问。

114．UCI

http：//archive. ics. uci. edu/ml/

UC Irvine 机器学习库（简称 UCI）是一个存储大量综合有趣数据的网站。

115．Socrata

http：//opendata. socrata. com/

Socrata 是一个专门针对公共政策制定者、研究人员、企业家和有关公民等非技术人员的需求而设计的使用云来汇编来自各种来源的数据的网站。

116．中情局世界概况（The World Factbook）

https：//www. cia. gov/library/publications/the-world-factbook/

The World Factbook 汇集了有关 267 个世界实体（world entities）的社会结构、历史、军事和经济状况的信息，以及世界地图中材料后面的地图、旗帜和时区。

117．DBpedia

http：//wiki. dbpedia. org/

该网站旨在使对维基百科内容进行更复杂的搜索成为可能，基于维基百科的信息提供全面的报道。

118．Pew Research

http：//www. pewinternet. org/datasets/

Pew Research 涉及调查、报告和研究数据，该网站涵盖的主题包括政治观点、社会趋势、各种工作场所和行业的发展，还具有搜索功能。

119．Statista

http：//www. statista. com/

Statista 类似于谷歌搜索，只需按一下按钮，用户就可以立即访问超过 100 万的统计数据和事实。

120．联合国开发计划署（UNDP）

http：//hdr. undp. org/en/data

该网站收集了大量有关世界各地人类发展的有用数据，研究人员可以直接通过搜索栏搜索数据，也可以按国家/地区搜索数据。

121．Rand States Tats

http：//www. randstatestats. org/us/

在这个网站上,可以在其他类别中找到有关 K12 教育、健康、商业和经济学的信息,以解决与公共利益相关的问题。

122．KAPSARC

http：//datasource.kapsarc.org/

KAPSARC 是网络上最全面的能源数据来源之一。

123．US Goverment Web Services and XML Data Sources

http：//usgovxml.com

用户可以在这个网站上浏览美国政府提供的不同 XML 数据源和 Web 服务。

124．Chicago Data Portal

https：//data.cityofchicago.org/

芝加哥市拥有的完整的数据门户网站。数据集类别涵盖各种主题,包括行政与财务、道德、健康与人类服务、公园与娱乐、公共安全和历史保护。

125．Wikidata

https：//www.wikidata.org/wiki/Wikidata：Database_download

根据维基数据页面,有许多方法可以访问数据转储中的材料,JSON 的使用是网站最强烈推荐的。此处提供的所有数据均可在 Creative Commons 的许可下免费访问和下载。

126．Wiki Links

https：//code.google.com/p/wiki-links/downloads/list

Wiki Links 位于 Google Code 的框架内,是一个开源项目,旨在为个人提供对该特定数据集的访问权限。可以完全下载 README 文本、数据文件和 Creative Commons 许可证。

127．SEMRUSH

https：//www.semrush.com/

SEMRUSH 是在线营销人员可用的最成熟的智能搜索工具之一。出版商和记者可以轻松地掌握在线广告和搜索引擎优化的所有最新消息。

（六）新闻媒体/社交媒体

128．The Guardian

https：//www.theguardian.com/data

除了对突发新闻和事件的不间断报道之外,《卫报》还有许多包括严肃的主题和信息的数据。

129．Instagram

https：//www.instagram.com/developer/

人们发布的照片以及被标记在其中的个人所显示的标签和线索可能是信息的宝库。Instagram 是揭示不同行业趋势的有用方式。

130．Goverment Data

https：// www. theguardian. com/politics/government-data

该网站提供有关世界各国政府的数据，如关于网络安全的讨论，甚至是关于数据和统计在当前政治和社会气候中所起作用的成熟的讨论文章。

131．bigdatanews

https：// www. bigdatanews. datasciencecentral. com/profiles/blogs/big-data-set-3-5-billion-web-pages-made-available-for-all-of-us

大数据新闻是一个专注于大数据和数据科学基础，含大约 35 亿个网页的网站，该网站是最新消息的所在地，包括对深度学习和人工智能的讨论。

二、专题数据源

（一）法治类

132．EDRM

http：// www. edrm. net/resources/data-sets/edrm-file-format-data-set

EDRM 是致力于实现电子化搜索发现潜力以及开发围绕信息管理方式的规则和期望的法律专业人士的网站。

133．Canadian Legal Information Institute

https：// www. canlii. org/en/index. php

加拿大法律信息研究所（CanLII）是一个免费提供法律信息的网站，包括加拿大最高法院、省级和上诉法院以及女王法院在内的各法院的判例法。有 301 个案例法数据库和超过 140000 个可供查看的法院判决。

134．European Social Survey

http：// www. europeansocialsurvey. org/data/

欧洲社会调查（ESS）是一项在整个欧洲进行的调查，旨在衡量不同国家不同人群的各种行为模式、态度和信念。ESS Topline 系列涵盖的范围包括欧洲人的个人和社会福祉，对福利的态度，甚至包括英国的年龄歧视。

135．Texas Department of Criminal Justice

http：// www. tdcj. state. tx. us/death_row/dr_executed_offenders. html

对德克萨斯刑事司法系统的内部运作感兴趣？很想知道目前谁在死囚区？德克萨斯州刑事司法部从执行死刑前因犯的最后陈述，按性别和种族划分的死囚统计数据以及进一步的执行统计数据和情况说明中获得了大量信息。

（二）文娱类

136．Gutenberg

http：//www.gutenberg.org/

一个包含公共领域小说、论文和其他作品目录的网站,该网站共收藏了54000多部电子书。

137．Million Song Dataset

http：//labrosa.ee.columbia.edu/millionsong/pages/additional-datasets

这是一个包含大约100万首流行歌曲的数据库,还提供了一些关于封面歌曲、流派标签和歌词等的数据集。

138．The Numbers

http：//www.the-numbers.com/

该网站为电影和娱乐业提供研究结果和数据,是研究人员可以第一个访问电影和娱乐业可靠统计数据的网站。

139．Film Forever

http：// www.bfi.org.uk/education-research/film-industry-statistics-research

Film Forever 是一个可以访问英国电影业市场情报和数据的网站,包含每周票房统计数据、受众研究报告、案例研究以及该组织的统计年鉴。

140．IFPI

http：//www.ifpi.org/global-statistics.php

IFPI 可以及时了解音乐行业的最新动态,存有大量有关录制音乐,本国和全球销售数据的见解以及音乐行业业务方面的报告,这些报告显示了公司如何投资音乐。

141．IMDb

http：//www.imdb.com/interfaces

IMDb 是网络上关于电影和表演行业信息最全面的网站,可用于商业和非商业用途。

142．Natural History Museum

http：//data.nhm.ac.uk/

英国自然历史博物馆被许多人认为是世界上最知名的博物馆之一,拥有数字化和开放数据门户以供用户查看。其拥有91个数据集,包括微化石和化石收集以及其他材料中的索引记录。

143．Getty Vocabulary

http：//vocab.getty.edu/

此网站非常适合于希望在描述和分类某些艺术品、艺术家名称、建筑、材料和地理名称时符合国际标准的记者和出版商，可以将用户直接链接到研究人员和编目员需要了解的受控词汇数据库。

144．CLiPS CSI Corpus

http：//www.clips.uantwerpen.be/datasets/csi-corpus

CLiPS 测量学调查 CSI 语料库是由学生评论和学生论文组成的数据集。除了文本本身之外，网站还注意到元数据和嵌入到文档中的信息具有多种用途。

145．Universal Dependencies v2

http：//universaldependencies.org/

Universal Dependencies v2 是 Universal Dependencies 项目的第二个更新版本，旨在开发可与几种不同语言一致使用的树库注释。在更新版本中，研究人员将在英语的基础上找到几十种不同语言的 UD 树库。

146．Webhose

https：//webhose.io/datasets

Webhose 是直接从网站的存储库中获取并向公众开放的数据集的来源。可以按语言对新闻文章进行分类，英语新闻文章进一步细分为娱乐和体育等类别以及评论和论坛帖子。

147．DraftExpress

http：//www.draftexpress.com/

DraftExpress 提供选秀前的球探报告，提供球员的身高等数据。希望提供与篮球相关的评论的体育记者或内容提供者可以在此获得统计数据。

148．Betfair

http：//data.betfair.com/

Betfair 可能是最知名的体育赌注网站。然而，内容提供商和数字出版商特别感兴趣的是网站定价数据和详细历史信息的可用性。

149．CRICSHEET

http：//cricsheet.org/

CRICSHEET 是一个专门提供板球数据的网站。该网站提供来自多个联赛的统计数据，包括印度超级联赛、国际比赛以及男女球队的数据。

150．ESPN Sports API

http：//espn.go.com/apis/devcenter/

ESPN 不仅是有线电视上最受欢迎的体育频道，而且其影响力已扩展到编码和 API。准备用体育内容撰写故事的记者可以通过浏览这些内容获益。

151. Sports Reference

http：//www.sports-reference.com/

对于那些喜欢统计数据和资源的运动爱好者而言,Sports Reference 是最好的网站之一,拥有球队和球员在进攻和防守方面的统计数据的历史数据。体育研究人员可以根据自己的需要在此网站上寻找信息。

152. Million Songs Collection

http：//aws.amazon.com/datasets/6468931156960467

Million Songs Collection 拥有完整的 28 个数据集的元数据和有关 100 万首歌曲的音频特征的信息。这些信息可以在亚马逊的 AWS 系统上访问和托管。用户可以通过 Infochimps 对信息进行搜索。

(三)财经类

153. Inforum

http：//inforumweb.umd.edu/econdata/econdata.html

Inforum 通过马里兰大学向公众提供美国经济数据,该网站拥有有关工业生产、价格指数、劳动统计和商业指标等的数据。

154. Nasdaq

https：//data.nasdaq.com/

Nasdaq 是美国著名的证券交易所,长期以来一直是记者和研究人员寻找金融和商业数据的绝佳资源。

155. Quandl

http：//www.quandl.com/

Quandl 是一个主要提供来自 CLS 集团、联合国、中央银行和 Zacks 等可信组织的 500 多个信息来源的经济和金融数据的汇总网站。

156. Hubspot

http：//www.hubspot.com/marketing-statistics

Hubspot 主要向研究人员讲述营销行业内发生的一切,以及行业内人们现在正在谈论的内容。

157. World Bank

http：//data.worldbank.org

该网站提供了全球及各国主要发展指标数据汇编,数据来自官方认可的国际来源。提供分析和可视化工具,展示各种主题数据集合的时间序列。

世界银行主持了发展数据集团在金融部门编制的大量统计数据以及宏观经济学。

158. Bureau of Labor Statistics

http：//www.bls.gov/iag/tgs/iag71.htm

该网站涉及当前的工作条件,劳动力市场正在发生的事情,以及价格如何变化并影响美国经济。

159. BEA

http：//www.bea.gov/

美国经济分析局(简称 BEA)发布了大量经济信息,包括消费者支出、GDP和固定资产以及其他有用数据。

160. NBER

http：//www.nber.org/data/

美国国家经济研究局(NBER)的网站是从分析角度看待经济学的数据来源。它载有关于广泛经济主题的数据,包括非洲治理指数、官方商业周期、实验重合、领先和经济衰退指数以及宏观历史数据库。

161. 美国证券交易委员会

https：//www.sec.gov/dera/data/financial-statement-data-sets.html

该网站提供的财务报表数据集可以追溯到 2009 年 1 月,每个季度都会进行更新,研究人员可以依靠本网站了解最新消息。

162. 国际货币基金组织

http：//data.imf.org/? sk＝7CB6619C-CF87-48DC-9443-2973E161ABEB

研究人员可以在该网站上找到关于财务金融的大量数据。流行的数据集包括贸易方向、初级商品价格、财务稳健性指标、调查和国际金融统计以及其他有价值的信息。

163. Atlas of Economic Complexity

http：//atlas.cid.harvard.edu/

该网站提供强大的数据可视化分析工具,可让人们探索跨市场的全球贸易流量,跟踪变化,为每个国家发现新的增长机会。

164. Doing Bussiness

http：//www.doingbusiness.org/rankings

该网站对近 200 个经济体和众多城市进行了检查,测量了经济指标等细节,并对营商的便利性进行了排名。允许用户检查各国之间各种类型的商业法规的效果差异,为了解和改善世界各国的营商监管环境提供一个客观的依据。

165. Comtrade

http：//comtrade.un.org/labs/BIS-trade-in-goods/

该网站为用户提供了一个交互式图表,可用于搜索、比较和分析各国之间确切的贸易量和货物的数量。

166．Global Financial Data

https：//www.globalfinancialdata.com/index.html

该网站包含从 1200 年开始到现在的财务信息，这些信息有各种来源，包括书籍、档案材料、学术期刊和新闻期刊。

167．OCED

http：//www.oecd.org/dac/financing-sustainable-development/development-finance-data/

在这个网站上，可以找到同行评审的材料、出版物，以及有利于制定标准的论据。经合组织还提供了一本事实手册，提供了一个可靠的经济参考工具，可以在其页面上找到关于经济前景的一些调查和预测。

168．SBA

https：//www.sba.gov/starting-business/how-start-business/business-data-statistics/employment-statistics

该网站提供大量有关就业的统计数据以及允许研究人员进行市场调查和竞争分析的信息。

169．Travel Trade

http：//travel.trade.gov/research/monthly/departures/

旅行贸易是一个网站，包含有关美国公民在 1996 年至 2016 年间离境的数据。

170．Asset Marco

http：//www.assetmarco.com/

Asset Marco 是一个提供历史财务数据和宏观经济指标的网站。

171．Cboe

http：//www.cboe.com/data/

芝加哥期权交易所网站提供了大量关于波动性期货的材料，该网站提供各种市场数据，包括历史数据、每日市场统计数据和 VX 期货每日结算价格。

172．St. Louis Fed

https：//fred.stlouisfed.org/

在该网站上，可以直接阅读圣路易斯联邦储备银行过去和现在的工作文件、经济数据、出版物。

173．OANDA

https：//www.oanda.com/lang/cns/

OANDA 是一个受欢迎的在线股票交易平台，它还提供了许多历史汇率数据、网站上货币转换器的历史信息、有关投资策略以及新闻和市场分析的信息。

174．Historicalstatistics．org

http：//www．historicalstatistics．org/

Historicalstatistics．org 可用于查找历史汇率转换经济信息类型。它还提供出版物和论文,有关经济历史领域中使用的指标的问题的咨询服务,以及可按国家过滤的价格指数和货币供应信息。

175．Joint External Debt Hub

http：//www．jedh．org/

通过国际清算银行、经济合作与发展组织(经合组织)、国际货币基金组织和世界银行的合作开发的联合外债中心提供有关债务数据和国际债权人、债务人的信息。

176．International Trade Data

http：// www．macalester．edu/research/economics/PAGE/HAVEMAN/Trade．Resources/TradeData．html

国际贸易数据网站提供的数据集包括关税数据、宾夕法尼亚大学世界表、公用事业数据、进口数据、制造业生产率、商品分类、Rauch 产品差异化代码、NBER 数据、1997 年商品流量调查结果等。

177．OpenCorporates

https：//opencorporates．com/

OpenCorporates 是世界上最大的公司数据库之一。记者可以通过 Open-Corproates API 以及批量核心数据集或其他核心数据集实时访问数据。

178．The Observatory of Economic Complexity

http：//atlas．media．mit．edu/en/

经济复杂性观察站,通常被称为 OEC,允许研究人员、学生、经济学家和其他任何人对国际贸易数据进行可视化。

179．Lending Club

https：//www．lendingclub．com/info/download-data．action

Lending Club 采用点对点贷款的方式,不仅对传统贷方进行借入信用评分,也允许借款人获得贷款。同时,它还提供统计数据,包括拒绝贷款信息、投资者业绩数据,甚至是包含历史数据的数据字典。

180．AngelList

https：//angel．co/

AngelList 有 Craigslist 和 LinkedIn 两部分,其重点是将投资者、求职者和创业公司集中在一起。记者有机会在最热门的创业公司成为主流之前尽早发现它,以及发现最新的投资趋势。

181．Acquired By

https：//acquiredby.co/

在几乎所有行业中,业务收购几乎可以在一夜之间改变整个行业。被收购的网站承担了在技术部门进行收购时向公众通报的任务。在这一网站上可以查看与此有关的充分的统计数据。

182．Mattermark

https：//mattermark.com/

Mattermark 是一项付费服务,通过生成公司的优质客户名单,使公司决策者的决策更轻松。Mattermark 提供全面的公司简介,更好地定位公司的外展活动,同时跟踪其广告结果。

183．DataFox

https：//www.datafox.com/

DataFox 是一家致力于为其业务客户提供他们所需的信息,以最大化其CRM,并做出数据驱动决策的公司。

184．OpenSpending

https：//openspending.org/

OpenSpending 是一个免费的平台,允许用户搜索和检查公共领域的财务数据。这也是一个可以进行可视化操作和分析的强大工具。

（四）知识科普类

185．Konect

http：//konect.uni-koblenz.de/

Konect 是科布伦茨-兰道大学网络科学与技术研究所收集的数据,提供网络科学及其相关主题领域的研究素材。

186．NASA

http：//nssdc.gsfc.nasa.gov/

NASA 提供了诸如天体物理学、图像资源和太阳物理学等的空间科学任务数据以及许多白皮书中提供的新数据。

187．EPA

http：//www.epa.gov/open/data-inventory-and-activities

在 EPA 的网站上,用户可以查看大量有关环境主题的数据集。

188．KD Nuggets

https：//www.kdnuggets.com/datasets/index.html

KD Nuggets 是一个主要致力于为人们提供数据科学、业务分析、机器学习和数据挖掘的网站。包括 Bioassay Data、Asset Marco、DataMarket、Casualty Workbench Data Ferrett 和 Datamob 等数据集。

189. RDataMining

http：//www. rdatamining. com/

该网站提供了大量的示例和文档,可以深入了解如何用 R 语言进行数据挖掘,还提供了培训课程的链接,例如堪培拉大学提供的短期课程。

190. Analyze Survey Data for Free

http：//asdfree. com/

在本网站的帮助下,用户可以参加分析调查数据的课程,而无须支付特权。

191. Analytic Bridge

https：//www. analyticbridge. datasciencecentral. com/

Analytic Bridge 致力于提供有关商业智能的资源,研究人员在这将找到关于机器学习和 AI 的讨论、网络研讨会和会议的链接,甚至是求职标签。

192. Knowledge Discovery Laboratory

https：//kdl. cs. umass. edu/publications. html

知识发现实验室是一个致力于开发创新技术、机器学习基础知识,以及将这些知识应用于网络科学、欺诈检测和科学数据分析等实际领域的网站。

193. Planet OS

https：//planetos. com/

Planet OS 提供了一个强调可再生能源的大数据框架,寻找新的方法来对数据进行可视化和背景化。网站的 DataHub 拥有超过 2000 个数据集,包括 NASA 和哥白尼的开放数据,数据定期更新。

194. Crystallography Open Database

http：//www. crystallography. net/

Crystallography Open Database 是除了生物聚合物之外,385,697 种金属有机矿物和化合物、有机和无机晶体结构的数据集合。如希望了解有关晶体结构的更多信息,可以通过结构公式进行搜索,也可以使用匹配的搜索查询进行浏览。

195. NASA Exoplanet Archive

http：// exoplanetarchive. ipac. caltech. edu/

NASA 一直被认为是外太空信息的主要来源之一,该站点拥有一系列交互式工具和软件,如 Transit 和 Ephemeris 服务,Periodogram,Confirmed Planets Plotting Tool 以及交互式上传文件和搜索表的功能。

196．Sloan Digital Sky Survey

http：//www．sdss．org/

借助 Sloan Digital Sky Survey,任何人都可以创建宇宙三维地图。用户可以访问算法、成像数据、数据集、教程以及视觉材料的进一步开发等内容。

197．Socio Patterns

http：//www．sociopatterns．org/datasets/

SocioPatterns 是一个专注于通过数据查找人类活动和社会动态模式的项目,涉及从疾病传播到个人在线和离线人格之间差异的案例研究等一系列主题。

（五）学术类

198．Europeana

https：//pro．europeana．eu/resources/datasets

Europeana 收藏了超过 5000 万条记录,包括 3D 模型、意大利第一次世界大战地图等,甚至还有来自立陶宛博物馆等地的超过 20000 张的历史照片的集合。

199．Figshare

http：//figshare．com/

Figshare 是一个拥有 5000 多条科学内容的网站,可用于学术研究和引用。

200．Scopus

https：//www．elsevier．com/solutions/scopus

Scopus 是一种工具,允许个人快速、轻松地找到研究和学术引文,包括医学、技术、社会科学、艺术和人文科学等领域。

201．Dataverse

http：//thedata．harvard．edu/dvn/

研究人员可以轻松搜索、发现和引用数据,同时将此站点用作自己信息的存储库,涵盖的主题包括社会科学、农业科学、医学、健康和生命科学以及地球和环境科学等领域。

202．UC Data

http：//ucdata．berkeley．edu/

UC Data 与加州大学伯克利分校的社会科学数据实验室合作,是该大学最大、最知名的档案馆,涵盖主题包括医疗保健、福利和社会保险、人口统计、投票和信息技术等。

203．academictorrents

http：//academictorrents．com/

该网站将自身称为一个旨在使共享和下载大型数据集变得更容易的系统。

提供论文、课程和收藏品以供观看，利用洪流技术简化数据分发。

204．SourceForge. net Research Data

https：//www3. nd. edu/～oss/Data/data. html

该网站存储了圣母大学使用 SourceForge. net 提供的研究数据，数据通过关系数据库提供，但访问者必须通过电子邮件以书面形式提出访问请求。

205．SOCR Data

http：//wiki. stat. ucla. edu/socr/index. php/SOCR_Data

在加州大学洛杉矶分校维基站点，研究人员可找到许多可用于演示的数据集，如气候数据、人口数据、生物医学数据、神经影像数据、美国人口普查数据、选举数据以及许多其他类别的经济数据。

206．Delve Datasets

http：//www. cs. toronto. edu/～delve/data/datasets. html

在其网站页面上，多伦多大学为研究人员提供了所谓的 Delve 数据集，这些数据集合是为了在学习方法之间进行比较而设计的更大产品的一部分。

207．Mejn net data

http：//www-personal. umich. edu/～mejn/netdata/

此站点旨在共享网站所有者已使用和编译的网络数据集的链接。数据集的主题包括美国大学橄榄球、政治博客、美国政治书籍、社交网络等。

208．Stanford GraphBase

http：//www3. cs. stonybrook. edu/～algorith/implement/graphbase/implement. shtml

Stanford GraphBase 是斯坦福大学的唐纳德·克努特（Donald Knuth）为一堆数据集和程序提供的名称，在此站点上，可以通过链接下载所需的材料。

209．SuiteSparse Matrix Collection

http：//www. cise. ufl. edu/research/sparse/matrices/

佛罗里达大学稀疏矩阵集合，是一系列具有现实生活意义的矩阵，在开发和改进稀疏矩阵算法时，这个特定的集合经常被用于数值线性代数。

210．CNetS

http：//cnets. indiana. edu/groups/nan/webtraffic/click-dataset/

CNetS（复杂网络和系统研究中心）在印第安纳大学网络科学研究所和信息学与计算学院的旗帜下运作，该网站旨在成为数据科学、计算社会科学以及复杂网络和系统领域的资源。

211．General Social Survey

http：//gss. norc. org/

一般社会调查(GSS)的工作重点是收集有关现代美国社会各方面的信息，以此作为跟踪人口中态度、行为趋势和模式的手段。

212．GESIS

http：//www. gesis. org/en/home/

GESIS 是一家致力于社会科学领域研究的德国基础设施研究所。它提供不同的社会科学的调查方法、数据收集、研究计划和数据分析的研究工作和服务。

（六）政治军事类

213．Bureau of Justice Stastics

http：//www. bjs. gov/index. cfm? ty=dca

在该网站上，你可以找到关于逮捕、囚犯死亡、死刑执行、执法统计和监狱普查的数字。

214．UCR

http：//www. ucrdatatool. gov/

UCR 汇集了联邦调查局收集的有关财产犯罪和暴力犯罪的统计数据，可追溯到 1958 年。

215．Uniform Crime Reporting

https：//www. fbi. gov/services/cjis/ucr

除了 UCR 计划提供的信息之外，该网站还包括关于仇恨犯罪的统计数据，执法人员被杀和被殴打(LEOKA)的报告，以及国家事故报告系统提供的结果和数据。

216．NACJD

https：//www. icpsr. umich. edu/icpsrweb/NACJD/

NACJD 的数据有多种形式，包括实验、定性和纵向，为记者和其他研究人员提供了另一种可视化和访问刑事司法统计数据的方法。

217．Crowdpac

https：//www. crowdpac. com/

Crowdpac 是一个允许政治候选人筹款和组织的平台，该网站提供了基层政治相关信息。

218．Lib. Berkeley

http：//guides. lib. berkeley. edu/Intro-to-Political-Science-Research/Stats

该网站汇编了许多有关政治科学研究的统计数据，其中包括美国历史统计数据(HSUS)、千禧年版、数据行星、ProQuest 统计洞察以及大学间政治和社会研究联合会。

219. ACLED

http：//www.acleddata.com/

ACLED提供有关武装冲突地点和事件的数据、发展中国家抗议和政治暴力等公共数据。提供的信息包括死亡人数、暴力或抗议的日期和地点等信息,相关群体的名称,以及发生骚乱和暴力冲突的数据。

220. Center for Systemic Peace

http：//www.systemicpeace.org/

系统和平中心(CSP)是一个致力于分析全球系统以解决政治暴力问题的组织。在这个网站上可以获得有关非洲冲突的分析、全球层面的冲突趋势以及该组织三个主要出版物的摘要。

221. Correlates of War

http：//www.correlatesofwar.org/

"战争相关"(COW)计划的重点是帮助收集和分发定量数据,将科学原则应用于国际关系数据收集、分发。这些数据库包含国家之间的军事冲突、国家系统成员、国家物质能力和正式联盟等。

222. Paul Hensel's General International Data Page

http：//www.paulhensel.org/dataintl.html

Paul Hensel的通用国际数据页面是一系列链接,分为国家和国际体系、国际地理数据、国家能力、社会科学数据收集以及联盟、条约和组织。

223. TRAC

http：//www.trackingterrorism.org/

TRAC在trackingterrorism.org上提供了有关恐怖主义及其对当地人口的破坏性影响的广泛分析和信息。该网站包含数千个恐怖组织的信息。

(七)医学健康疾病类

224. Gene Expression Omnibus

http：//www.ncbi.nlm.nih.gov/geo/

由国家生物技术信息中心主办,对研究基因组或获取有关该主题的信息感兴趣的人可以在这个网站上找到数据。

225. HealthData.gov

https：//www.healthdata.gov/

HealthData.gov是由美国卫生与人类服务部管理,旨在为公众提供"高价值健康数据"的网站。

226. Broad Institute

http：//www.broadinstitute.org/cgi-bin/cancer/datasets.cgi

该网站为寻找癌症深入数据的记者提供了支持,还包括其他主题的信息,如生物信息学和计算生物学以及脑癌和分子模式发现。

227. First Databank

http://www.fdbhealth.com/

First Databank 是一个处理药物数据的网站,它的数据可以帮助团队在新信息出现时进行调整。

228. FDA

http://www.fda.gov/Drugs/InformationOnDrugs/ucm079750.htm

FDA 是通过监督和批准药品、食品、补品、疫苗和化妆品等消费品来保护公众健康的机构。它拥有可供公众阅读的数据集,同时还提供技术数据。

229. Drugbase

https://www.drugbase.gov/related-topics/trends-statistics

Drugbase 提供了一个包含有关美国药物趋势和使用情况的大量统计数据的数据库。

230. 美国卫生与人类服务部(President's Council on Sprots, Fitness & Nutrition)

http://www.fitness.gov/resource-center/facts-and-statistics/

该网站提供有关美国人健身、体育和营养信息。研究人员还可以找到关于儿童身体活动、成年人肌肉强壮习惯的信息,关于公众节食习惯的信息,以及许多其他事实和统计数据。

231. HHS

https://phpartners.org/health_stats.html

本网站的主题页面包括赠款和资金、健康促进和健康教育以及文献和指南等主题。在公共卫生专题部分,还有关于生物恐怖主义、公共卫生基因组学和牙科公共卫生等主题的数据。

232. America Health Rankings

http://www.americashealthrankings.org/

该网站提供大量报告和出版物,其中包括有关服务人员健康状况的报告、高级报告、妇女和儿童的健康状况、年度报告,甚至还有关于该领域重要主题的简报。

233. Medicare

https://data.medicare.gov/data/hospital-compare

除了实时提供的服务外,Medicare 可通过比较图表和规则提供跨设施和医院的标准、治疗质量数据。

234. SEER

http：// seer. cancer. gov/faststats/selections. php？ series＝cancer

SEER 主要提供癌症相关的研究数据,它根据癌症的部位、种族、年龄、性别,甚至数据类型进行分类。该网站还提供更深入分析的出版物、数据集和软件。

235. 1000 Genomes

http：// www. internationalgenome. org/data

该网站是 2008 年至 2015 年同名项目的网站,该项目的目的是找到至少1％的被研究人群可能发生的遗传变异。该网站包括变体单元、原始序列文件和样本可用性的单独数据库。

236. CRCN

http：// crcns. org/data-sets

计算神经科学中的协作研究,也称为 CRCN,具有许多可通过其站点访问的数据集,数据集按大脑的各个部分进行分类,例如视觉皮层、海马区。

237. The Protein Data Bank archive（PDB）

https：// www. wwpdb. org/

蛋白质数据库档案一直是关于核酸、蛋白质的三维结构和复杂装配的首要资源并且持续更新,研究人员可以在此查看验证在线报告和数据词典。

238. PubChem

https：// pubchem. ncbi. nlm. nih. gov/

PubChem 的目的是告知公众从生物学的角度来看小分子能够做什么。该网站有三个数据库链接,包括 PubChem Compound、PubChem Substance 和 PubChem BioAssay。

239. Vital Net Health Data

https：// www. ehdp. com/vitalnet/datasets. htm

该网站是与健康相关的大型数据集,提供人们可以访问和查找信息的集合的链接,可以链接到 CDC Wonder、Eurocat、Health Data All Star 等资源,以及北美中央癌症登记协会等慈善组织。

240. cellimagelibrary

http：// www. cellimagelibrary. org/

该网站提供了一个公共图书馆,提供资源、信息以及对图像和动画的访问,描绘细胞和细胞过程,这里的信息在讨论公共健康和疾病时几乎总是相关的。

241. Complete Genomics

http：// www. completegenomics. com/public-data/69-genomes/

这是 Complete Genomics 公司的网站,该公司认为自己是人类基因组测序领域生物技术领域的一部分,Complete Genomics 已经为公众提供了相当多的全基因组序列。

242. Array Express

https：//www.ebi.ac.uk/arrayexpress/

Array Express 是一个存储库,用于存储需要进行大量测序或处理的基因组学实验结果的信息,用户可以在此找到超过 70 000 个实验的结果。

243. ENCODE：Encyclopedia of DNA Elements

https：//www.encodeproject.org/

DNA 元素百科全书是来自世界各地的研究小组的成果,他们彼此合作,最终目标是编制一份基因组所有功能部分的清单。

244. Ensemble Genomes

http：//ensemblegenomes.org/info/genomes

Ensemble Genomes 是一个成立于 2000 年的网站,涉及脊椎动物的基因组,多年来,该资源增加了无脊椎动物后生动物、植物、细菌和真菌的配套信息。

245. Gene Ontology Consortium

http：//geneontology.org/page/download-go-annotations

基因本体论是一个网站,其目的是寻找一种方式来表示当前对基因如何通过计算机运作的理解。

246. HIMS LINCS PROJECT

http：//lincs.hms.harvard.edu/

哈佛医学院 LINCS 中心帮助研究界和公众更多地了解人体细胞在受到药物干扰时的反应,使用 HIMS LINCS 数据库和项目资源管理器工具。

247. Human Genome Diversity Project

http：//www.hagsc.org/hgdp/files.html

人类基因组多样性项目通过斯坦福人类基因组中心的努力取得了很大进展,该网站有数千个样本和标记。

248. JCB DataViewer

http：//jcb-dataviewer.rupress.org/

该网站有一个完整的图库,允许对"细胞生物学杂志"内容感兴趣的人看到与那里发表的文章相关的图像数据,还可以选择在仔细阅读网站时对数据进行进一步分析。

249. Opensp

https：//opensnp.org/

Opensp 是一个以社区为动力的项目,旨在分享基因型,使用 FamilyTreeD-NA,23andMe 或 deCODEme 键入的人可以将该信息上传到网站上。

250．Pathguide

http：//www．pathguide．org/

Pathguide 是一个致力于提供代谢和信号通路信息以及分子水平蛋白质之间相互作用信息的网站,此页面包含与主要主题相关的大约 697 个资源的列表。

251．RCSB PBB

http：//www．rcsb．org/

这是一个致力于向学者和公众通报与核酸和蛋白质相关的所有事物的网站,提供可视化工具、3D 结构等各种工具,可以使生物学在这一方面更容易被人理解。

252．psychiatric genomics consortium

https：//www．med．unc．edu/pgc/acl_users/credentials_cookie_auth/require_login? came_from = https%3A//www．med．unc．edu/pgc/old-pages/downloads

精神病学基因组学联盟是研究人员和来自世界各地的科学家合作的成果,他们正致力于研究精神疾病的遗传成分。该网站提供数据查询及下载功能。

253．Pub Chem

https：//pubchem．ncbi．nlm．nih．gov/

该网站以医学和生物学研究领域著名的 Pub Chem 命名。在该网站上能够搜索结构以及 Compound、BioAssay 和 Substance 数据库,可以通过 3D conformer 和 BioAssay 等工具查看此信息。

254．COSMIC

https：//cancer．sanger．ac．uk/cosmic

癌症中的体细胞突变目录(COSMIC)致力于记录和探索癌症中体细胞突变的影响,该网站可以搜索按癌症类型、基因和突变分类的 COSMIC。

255．Genomics of Drug Sensitivity in Cancer

https：//www．cancerrxgene．org/

癌症中药物敏感性的基因组学致力于寻找能够帮助医生确定患者更有可能应对的抗癌药物类型的生物标志物,包含细胞系的数据汇编、记录癌症特征的数据库等。

256．Stowers

http：//www．stowers．org/research/publications/odr

Stowers 医学研究所的网站为研究成员提供免费获取其科学家、研究科学家和基因组学科学家用于其出版物的数据。

257. SSBD database

http://ssbd.qbic.riken.jp/

生物动力学科学数据库系统,通常简称为 SSBD 数据库。提供了一套工具和资源,用于检查显微图像和评估定量生物数据。

258. personal genomeproject

https://www.personalgenomes.org/cn

个人基因组计划是一个专注于创建健康基因组和特征数据的网站,这些数据是公开的,可供公众使用。

259. USCS

http://hgdownload.soe.uscs.edu/downloads.html

USCS 基因组浏览器允许个人查看基因组装配,分为哺乳动物、其他脊椎动物、后口动物、昆虫、线虫等。

260. UniProt

https://www.uniprot.org/downloads

UniProt 的 Universal Protein Resource 是获取蛋白质测序和注释信息的地方。

261. Genomic Data Commons

https://gdc.cancer.gov/

NCI 的 Genomic Data Commons 是网络上最全面的癌症数据库之一,专注于癌症基因组研究领域。该网站的数据门户网站拥有数千个案例,涵盖 38 种疾病。

262. PhysioBank Database

https://www.physionet.org/physiobank/database/

PhysioBank 数据库通过公共领域为个人提供生理数据,这些数据库被分为波形和临床两大类。

263. Medicare Coverage Database

https://www.cms.gov/medicare-coverage-database/

Medicare Coverage 数据库由医疗保险和医疗补助服务中心通过卫生和人类服务部维护,提供大量有关慢性病、药物支出、电子临床模板、债务催收系统等有关医疗服务的信息。

264. Open Payments Data

https://openpaymentsdata.cms.gov/

公开付款数据可以告知公众医生或医院从公司收到的任何食物、研究费用、礼品、演讲费和旅行费用等,可用以研究医生在与医疗保健制造商合作后是否在经济上受益。

265. Allen Brain Atlas

http：//www.brain-map.org/

由艾伦脑科学资源研究所创建的艾伦脑图谱是一种工具,用于研究和学习更多关于人类大脑的信息。研究人员可以了解人类大脑及其发育以及胶质母细胞瘤和癌症对大脑的影响。

266. Neuroimaging Informatics Tools and Resources Clearinghouse

http：//fcon_1000.projects.nitrc.org/index.html

NITRC 是共享神经影像数据的一个网站,汇集并推广来自多个项目的数据,如 1000 Connectome 项目、Addiction Connectome 预处理计划以及 INDI-Prospective 和 Retrospective 项目。

267. NeuroElectro

http：//neuroelectro.org/

NeuroElectro 项目旨在收集与不同神经元类型相关的各种电生理特征,并将其聚合到一个数据库中。该网站链接到文章并列出了迄今为止发现的神经元类型和电生理学特性。

268. Open Access Serial Imaging Studies

http：//www.oasis-brains.org/

开放获取系列成像研究旨在使科学界可以访问脑 MRI 的数据集,包括比较成人之间 MRI 数据的出版物,来自 OASIS 综合论文的综合情况说明书,以及比较和对比 400 多名受试者的结果。

269. OpenfMRI

https：//openfmri.org/

OpenfMRI 专注于向公众提供各种 MRI 数据集。这个站点上的数据集直接来自研究人员自己。

270. Studyforrest.org

http：//studyforrest.org/

Studyforrest 的名字来自于电影《阿甘正传》,大多数研究通过简化的刺激来研究大脑。该研究旨在了解大脑在处理大量跨感官的不同输入时能做什么。该网站从研究中收集的 fMRI 数据数量比最初设定的目标更广泛。

三、其他数据源

271．UCR

http：//www.cs.ucr.edu/～eamonn/time_series_data/

该网站提供了一个需要了解的所有有用的背景信息的简报文档,以及一些优质的阅读资源。

272．Yelp

http：//www.yelp.com/academic_dataset

Yelp 是一个集合用户商业评论的网站,研究人员能够访问评论,挖掘信息和趋势。

273．NCES

https：//nces.ed.gov/

NCES 是展示所有与教育有关的统计数据的地方。该网站提供有关学生贷款状况、教育趋势预测以及可用于进行更深入分析的数据集和比较工具的统计数据。

274．VisualizingEconomics

http：//visualizingeconomics.com/

通过这个网站,记者有机会与具有多年经验的专业人士合作,将经济数据转化为一般公众更容易获得的信息。

275．Gallup

http：//www.gallup.com/home.aspx

著名民意调查机构,该网站汇集了大量的关于全球工作场所状态、美国生产力讨论等各方面的报告。

276．US Travel

https：//www.ustravel.org/research

该网站提供有关美国护照、美国签证、跨国收养、海外死亡和国际父母绑架儿童等主题的统计数据、信息和报告。

277．Foursquare

https：//developer.foursquare.com/

记者可以使用它来了解有关特定位置和使用该应用程序的人员的更多信息。

278．NationMaster

https：//www.nationmaster.com/

NationMaster 包含了 300 多个国家的完整编译数据,已经具有5000多个类别,包括已登记死亡百分比的数字,第二次世界大战的统计数据,甚至是有关核战争和测试的信息。

279．OONI Explorer

https：//ooni.torproject.org/data/

OONI Explorer 是 Open Interservatory of Network Interference 的一部分,是一个致力于提供免费和开源软件的项目,用户可以使用该软件尝试阻止其他应用程序中的网站和消息应用程序。

280．DataX

https：//www.datax.ai/en/

DataX 目前在 CrowdANALYTIX 旗下,是社区驱动计划的机器组成部分,利用集体的力量创建自定义人工智能、机器学习和神经语言编程应用程序。

281．DrivenData

https：//www.drivendata.org/

DrivenData 将众包与数据科学结合在一起,通过其实质性数据科学社区用于创建解决预测性问题的统计模型来提供帮助。

282．Dandelion API

www.dandelion.eu

蒲公英 API 是一个处理大数据语义文本分析的应用程序,这意味着该程序将采用无组织的文本并找到将其置于上下文中的方法。

283．Archive-It

http：//www.archive-it.org/

Archive-It 成立于 2006 年,是由 Internet Archive 提供的服务,该服务可帮助组织和企业创建数字馆藏,因此它有机会与非营利组织、大学和政府合作。

284．ArcGIS

http：//opendata.arcgis.com/

ArcGIS 提供了一个双向互动的框架,将政府、组织机构与个人连接起来。政府、组织机构提出问题或倡议,通过开放的数据和模板工具,让城市中、组织中的每个人都参与到决策来中。

285．HCP Young Adult

http：//www.humanconnectome.org/data/

人类连接组项目青年成人项目旨在创建人类连接组的精确地图,通过静息状态 fMRI 和扩散成像技术的组合扫描 1200 名健康成人。

286．NeuroData

http：//neurodata.io/

NeuroData 致力于研究心灵与大脑之间的独特关系,可以通过网页上的链接访问数据集。

287. Open Data Certificates

https：//certificates.theodi.org/en/datasets

ODI(开放数据研究所)的网站是开放数据证书的所在地,这是一种在线免费工具,专为严格检查和识别开放数据的质量而开发。

288. IPUMS

https：//ipums.org/

IPUMS 是一个聚合器、归档器和其他实体提供的数据的组织者。例如,IPUMS USA 充当了美国人口普查微观数据的存储库,其数据可以追溯到1790 年。

289. Inform Index

http：//inform-index.org/Results/Global

风险管理指数(也称为 INFORM)是在存在人道主义危机或灾难风险的情况下可以进行风险评估的地方。该组织提供了关于儿童死亡率、性别不平等指数和干旱频率等数据的链接。

290. GitHub Archive

https：//www.gharchive.org/

GitHub 是用于数据存储库和存档网站,无论是涉及创建可以执行某些任务的机器人的尝试,还是开发应用程序,GitHub 都是一个内容发布者和记者很容易偶然发现的可能有新闻价值的产品的网站。

291. WorldPop

http：//worldpop.org.uk/data/get_data/

WorldPop 项目是合并 AsiaPop、AfriPop 和 AmeriPop 项目的最终结果,致力于空间人口统计数据集的归档,参与社会公正事业或正在研究有效救灾机会的内容出版商和记者可能对该项目感兴趣。

292. Mozilla Science

https：//mozillascience.org/collaborate

Mozilla Science 是一个开源的开放式的协作软件,可以帮助开发和分发不同的数据源和研究成果。

293. Cool Datasets

http：//cooldatasets.com/

在此页面上的数据集分为政府、娱乐、科学、用户提交、杂项和机器学习六大类。希望探索数据和故事的记者可以从网站提供的内容中获得最大收益。

294. Open Data Monitor

http://opendatamonitor.eu/

Open Data Monitor 平台将公共数据集以更直观、更容易让人关注的方式呈现。研究人员可以访问该平台,查看开放数据资源的功能摘要。

295. Crunchbase

http://www.crunchbase.com/

Crunchbase 最著名的是它强调统计数据,并致力于让读者获得最佳数据。在这里可以找到有关最新商业趋势的新闻和新讨论。同时,作为付费选项的一部分,该网站还托管了可以使用 Crunchbase 软件工具进行分析的大量数据集。

296. Index

http://www.index.co/

Index 平台可以为初创公司、投资者、分析师提供信息服务。该网站还提供有关科技行业 100000 多家公司的信息,同时为用户提供分类、构建和导出电子表格的服务。

297. Ahrefs

https://www.ahrefs.com/

Ahrefs 网站提供内容研究、网络监控、关键字研究和反向链接研究等服务组合,帮助用户对竞品的成功进行分析,并提供超越它们的行动建议。

后　记

　　本教材的编写始于 2015 年,当时学校鼓励教师们积极申报汕头大学教改课题,于是我就申报了一个,内容是编写一本适合于本科教学的数据新闻教材,没想到这个课题得到学院和学校的重点支持,还被推荐为 2015 年广东省级教改及质量工程精品教材项目。

　　其实从 2014 年初,我就开始有编写数据新闻教材的想法。一是因为发现当时国内数据新闻实践发展很快,但国内高校培养的新闻专业学生学科背景知识仍然比较单一,往往缺少胜任数据新闻工作需要的综合专业能力;二是当时高校新闻学院中开设数据新闻课程的不多,数据新闻教材也很少。从 2015 年开始,我就积极关注数据新闻人才的教育和培养问题,并且主动申报编写数据新闻教材的教改项目。在我的数据新闻精品教材获得立项后,我才发现完成这个任务其实并不简单。因为我自己的专业特长在数据分析方面,但是在数据新闻选题与策划以及数据可视化方面,相关经验是非常缺乏的。

　　有困难,那就想办法去解决。教材是为教学服务的,教材内容在正式出版之前应当是经过教学实践证明是适合学生学习的,这样的教材才符合精品教材的定位。于是我决定把数据新闻课程先开设起来,通过教学实践积累经验和素材,最后再整理成教材,这可能是一条可行的解决途径。由于一个教师很难胜任数据新闻课程所涉及的多个专业领域内容的教学,于是我在学院组建了一个数据新闻课程教学团队,把几个在新闻选题策划、数据处理与分析以及信息图表设计等方面具有不同特长的教师组织在一起,大家一起合作编写教学大纲,讨论教学方法和案例,并商讨授课内容计划。2016 年秋学期,在汕头大学长江新闻与传播学院的支持下,我先尝试开设数据新闻工作坊。第一次数据新闻工作坊,还特别邀请到了财新数据可视化实验室的 CTO 黄志敏、主编黄晨、图表总监冷斌、数据新闻记者陈嘉慧。虽然参加首期数据新闻工作坊的学生只有 20 名,但这次数据新闻工作坊对这批学生未来的职业选择产生了明显的影响。这 20 人中就有目前供职于财新数据可视化实验室的丁苗同学和任职于《新京报》数据新闻专栏的汤子帅同学。

　　从 2017 年春学期开始,汕头大学长江新闻与传播学院正式开设数据新闻课程,由 3 位教师负责讲授数据新闻各个内容模块。教学相长,授课过程其实也是一个老师的学习过程。本教材多数内容,就是在授课讲义的基础上编辑而成的。

2018年本教材开始正式进入撰写阶段。在教材的撰写过程中,我的两位毕业研究生汤子帅同学和丁苗同学分别走上了数据新闻编辑的工作岗位,而且都成了各自单位里的数据新闻业务骨干,他们加入教材编写团队,为本教材提供了大量最新的实践案例,给教材增色不少。

本教材的出版得到汕头大学教材补贴资助。本教材能够顺利完成和出版,还得感谢许多人的帮助和支持。首先,感谢汕头大学长江新闻与传播学院前任院长范东升教授的支持,他不但在精品教材项目立项上给予重点推荐支持,而且他在担任院长期间,将数据新闻训练营项目作为学院特色项目争取得到了学校的经费支持;感谢汕头大学长江新闻与传播学院刘昶院长在教材出版问题上的支持与帮助。其次,感谢学院的徐少林副教授,南京大学新闻与传播学院白净教授(2017年8月以前任职于汕头大学),深圳技术大学赖明明副教授(2018年7月以前任职于汕头大学),他们是数据新闻课程教学团队的核心成员,为数据新闻课程的顺利开设和教材编写的素材积累贡献良多。再者,我的硕士研究生全思凝同学、向晨雨同学和叶知春同学为本教材附录的整理也做了很多工作。此外,感谢浙江大学出版社编辑李海燕女士为本教材出版提供的帮助与支持。最后,感谢我的家人在我撰写教材过程中提供的默默支持,使我不必分心于照顾小孩和操持一日三餐等琐碎家务,让我能够集中精力做好教材撰写工作。

本教材的最后完工,正值本人在美国北卡罗来纳大学教堂山分校新闻与媒体学院做访问学者期间。访学期间,我特地去旁听了访学所在学院的数据新闻课程,主讲教师为 Ryan Thornburg 教授,他的课程让我了解到很多关于数据抓取、数据管理、数据分析及数据可视化的新工具和新用法,感觉获益良多,在此一并致谢。

毛良斌

2018 年 12 月 15 日于北卡罗来纳大学教堂山分校

图书在版编目（CIP）数据

数据新闻：操作与实践／毛良斌主编.—杭州：
浙江大学出版社，2019.8（2022.2重印）
ISBN 978-7-308-19624-6

Ⅰ.①数… Ⅱ.①毛… Ⅲ.①数据处理－应用－新闻
学－高等学校－教材 Ⅳ.①G210.7

中国版本图书馆 CIP 数据核字（2019）第 223952 号

数据新闻：操作与实践

主　　编　毛良斌
副主编　汤子帅

责任编辑　李海燕
责任校对　陈　欣　杨利军
封面设计　雷建军
出版发行　浙江大学出版社
　　　　　（杭州市天目山路 148 号　邮政编码 310007）
　　　　　（网址：http：//www.zjupress.com）
排　　版　杭州好友排版工作室
印　　刷　杭州高腾印务有限公司
开　　本　710mm×1000mm　1/16
印　　张　16
彩　　插　8
字　　数　328 千
版 印 次　2019 年 8 月第 1 版　2022 年 2 月第 2 次印刷
书　　号　ISBN 978-7-308-19624-6
定　　价　46.00 元